Klaus Mücke ÖkoSysteme Verlag

Dieses Buch beschäftigt sich mit den **wesentlichen Themen** bei **psychotischen Problematiken**:

- Systemische und entwicklungs-psycho-logische **Erklärungsmodelle** bei schizophrenen, manisch-depressiven und schizoaffektiven Psychosen. – **Ursachen, Verlauf** und psychotherapeutische **Interventionen**.

- Psychotherapeutische und pragmatisch-alltagstaugliche **Umgangsweisen** bei psychotischen Erlebens- und Verhaltensweisen.

- Zur professionellen Chronifizierung psychosozialer Probleme: Wie lassen sich **Chronifizierungsprozesse** besonders nach psychotischen Krisen vermeiden?

- **Bedingungen** für eine gute **Kooperation** zwischen **Psychiater/inne/n** und **Psychotherapeut/inn/en** bei psychotisch diagnostizierten Menschen unter der Annahme größtmöglicher Unterschiedlichkeit – pragmatische Überlegungen.

- **Psychotherapie** und **soziale Kontrolle** – eine wesentliche Unterscheidung.

- **Kritik der Psychotherapie** als **medizinischer Heilbehandlung**.

- **Implikationen** und **Konsequenzen** des „diagnostischen Blicks" in der Psychiatrie.

- Provokative **Thesen zum psychiatrischen Krankheitsverständnis**.

Klaus Mücke, Dipl.-Psych., Psychotherapeut/Supervisor BDP/DGVT/IGST/SG, Hypnotherapeut M.E.G., arbeitet in freier Praxis als Psychologischer Psychotherapeut. Im **ÖkoSysteme Institut für Beratung und Psychotherapie** lehrt er als Supervisor und Fortbildner systemische und systemisch-hypnotherapeutische Beratungs- und Psychotherapie-Konzepte. Er ist zudem in den Bereichen Coaching und Teamentwicklung tätig.

Postanschrift: Klaus Mücke, Heinrich-von-Kleist-Str. 1a, 14482 Potsdam
e-mail: klaus.muecke@t-online.de
homepage: www.klaus-muecke.de

Klaus Mücke

Die psychotische Krise

Ein systemisches und entwicklungs-psycho-logisches Erklärungsmodell

Ursachen, Verlauf und psychotherapeutische Interventionen

Erste Auflage

Klaus Mücke ÖkoSysteme Verlag Potsdam 2001

Über alle Rechte der deutschen Ausgabe verfügt
Klaus Mücke ÖkoSysteme Verlag und Verlagsbuchhandlung Potsdam
Fotomechanische Wiedergabe nur mit Genehmigung des Verlages
Satz: Klaus Mücke
Umschlaggestaltung: Klaus Mücke
Abbildungen soweit nicht anders angegeben: Klaus Mücke
Gesamtherstellung: Oktoberdruck, Berlin

Erste Auflage, 2001 (1-5000)

Die Deutsche Bibliothek - CIP-Einheitsaufnahme

Mücke, Klaus:
Die psychotische Krise : ein systemisches und
entwicklungs-psycho-logisches Erklärungsmodell ; Ursachen, Verlauf und
psychotherapeutische Interventionen / Klaus Mücke. –
Potsdam : Mücke, Ökosysteme-Verl., 2001
    ISBN 3-9806094-2-1

Meiner Mutter und ihrem
unerschütterlichen Optimismus

Kühner, als das Unbekannte zu erforschen,
kann es sein, das Bekannte zu bezweifeln.
Kaspar

Inhaltsverzeichnis

Vorwort und Danksagung

Umberto Eco teilte in einem Interview mit, dass er auf die Idee kam, seinen berühmten Roman „Der Name der Rose" zu schreiben, weil er Lust verspürte, einen Mönch zu ermorden (was er glücklicherweise nicht getan hat). Ich verspürte Lust, im Reich der Psychiatrie blasphemische Gedanken zu entwickeln, nämlich das Fundament der modernen Psychiatrie, dass „psychische Krankheiten ... Erkrankungen des Gehirns" (GRIESINGER zit. nach ACKERKNECHT 1985, S. 63) seien, in Frage zu stellen.

Sie werden vielleicht einwenden, dass es bei der Wissenschaft nicht um Lust geht, sondern um die rationale Gewinnung objektiver Erkenntnisse, worauf ich erwidere: Ohne Lust denkt es sich schlecht. Und: Wer einige Zeit psychotherapeutisch arbeitet, wird die Erfahrung teilen, dass man am kreativsten ist und die besten Anregungen und Veränderungen anregen kann, wenn man Spaß an seiner Arbeit hat. Es wäre aber ein Missverständnis, wenn Sie glauben, dieses Buch sei nur aus einer Laune heraus entstanden und deswegen nicht ernst zu nehmen. Im Gegenteil: Es bildet das Kondensat meiner nunmehr fast 20-jährigen theoretischen und praktischen Auseinandersetzung mit den Themen „Ver-rückte (psychotische) Erlebens- und Verhaltensweisen und Psychiatrische Krankheitskonstruktionen". Wer sich detailliert über den Prozess dieser Auseinandersetzung interessiert, sei auf mein in Vorbereitung befindliches Buch „Wahn-Sinn und Psychiatrie" verwiesen.

Noch ein Missverständnis möchte ich von vornherein ausschließen: Wer meint, hier eine psychiatriefeindliche oder antipsychiatrische Arbeit mit den üblichen Tiraden gegen Neuroleptika und psychiatrische Behandlungen vor sich zu haben, wird sicherlich enttäuscht werden: Mir geht es um eine doppelte Entmystifizierung: nämlich die Entmystifizierung sowohl der Psychiatrie als auch so genannter psychotischer Phänomene. Gegen psychiatrische Einrichtungen als in erster Linie „Institutionen sozialer Kontrolle" ist unter der Voraussetzung, dass mit ihnen kein Machtmissbrauch gegen politisch oder anderweitig unbequeme Personen betrieben wird, nichts einzuwenden. Auch einer kategorischen Ablehnung von Psychopharmaka, insbesondere Neuroleptika, kann ich nicht zustimmen. Allerdings sollten diese Substanzen nicht als Medikamente oder Heilmittel mystifiziert werden, da sie im Wesentlichen zur Kontrolle sozial unerwünschten Verhaltens dienen. In dieser Funktion haben sie Zwangsjacken und andere Formen direkter Gewaltanwendung ersetzt, sind aber auch nicht ohne unerwünschte physische wie psychische Wirkungen zu bekommen.

Viele der in diesem Buch entwickelten Gedanken wären ohne meine Begegnungen mit ARNOLD RETZER und GUNTHER SCHMIDT nicht gedacht worden. Ihnen bin ich zu großem Dank verpflichtet. HELM STIERLIN möchte ich besonders für seine Art der Wissensvermittlung, seine Unterstützung und seinen Ansporn danken.

Natürlich liegen die hier formulierten Wirklichkeitskonstruktionen allein in meiner Verantwortung, was mögliche Fehlinterpretationen bzw. Fehlschlüsse mit einschließt. Wie jede wissenschaftliche Theorie reduziert die von mir hier entwickelte Konstruktion der Wirklichkeit die Welt in ihrer Komplexität; würde sie das nicht tun, wäre sie bloße Verdoppelung, Abbildung nach dem Maßstab eins zu eins. Zwangsläufig wird sie nicht in allen Punkten auf ungeteilte Zustimmung stoßen. Unter der Voraussetzung, dass Sie meine Aussagen für diskussionswürdig halten, freue ich mich jetzt schon auf konstruktive gedankliche Auseinandersetzungen, denn nur sie können dazu führen, dass die Theorien über bestimmte Phänomene sich ihrem Gegenstand so nähern, dass mit der geringstmöglichen Zunahme von Hypothesen die größtmögliche Anzahl von Phänomenen beschrieben, erklärt und vorhergesagt werden kann (Komplexitätserhöhung unter Beachtung des Prinzips der Komplexitätsreduzierung).

Zum Schluss möchte ich noch Annette Pälchen für ihre Geduld und die wertvollen Korrekturen am Text danken.

A) Die psychotische Krise als Lösungsversuch existentiell erlebter Loyalitätsambivalenz[1]

1. Einige grundsätzliche erkenntnistheoretische Überlegungen

Entia non sunt multiplicanda sine necessitate[2]

Wilhelm von Ockham

Das große Ziel aller Wissenschaft ist es, die größte Anzahl empirischer Tatsachen durch logische Herleitung aus der kleinsten Anzahl von Hypothesen oder Axiomen zu erfassen.

Albert Einstein

Wir wissen nicht, was wir sehen, sondern wir sehen, was wir zu wissen glauben.

frei nach Goethe

Im Gegensatz zu neurotischen Problemen werden so genannte endogen-psychotische Verhaltens- und Erlebensweisen, wie sie bei den Schizophrenien, den manisch-depressiven und den schizoaffektiven Psychosen[3] zu beobachten sind, immer noch als (ursächlich) biologisch bzw. genetisch bedingte psychiatrische Erkrankungen angesehen. Hierfür gibt es wissenschaftshistorische Gründe, die sehr genau beispielsweise von FOUCAULT („Histoire de la folie", 1961) und DÖRNER („Bürger und Irre", 1969) beschrieben wurden.

---

[1] Eine gekürzte Fassung dieses Kapitels wurde auf den Viersener Therapietagen vom 11. bis 13. Mai 2000 in Form eines Vortrags vorgestellt, der in dem von Wilhelm Rotthaus (2001) herausgegebenen Sammelband „*Systemische* Kinder- und Jugendlichen*psychotherapie*" unter dem Titel „Die schizophrene Krise als Lösungsversuch existentiell erlebter Loyalitätsambivalenz – Ein systemisches und entwicklungspsychologisches Erklärungsmodell" veröffentlicht wurde.

[2] WILHELM VON OCKHAM 1984 (1323): Ohne Notwendigkeit dürfen keine Wesenheiten hinzugefügt werden. – Übersetzung: K.M.

[3] Die diagnostischen Begriffe „Schizophrenie", „manisch-depressive Psychose" und „schizoaffektive Psychose" werden von mir nicht als Krankheitsbegriffe, sondern rein deskriptiv verwendet.

Auf der phänomenologischen Ebene haben wir es bei den nicht-exogen psychotischen Phänomenen zunächst einmal mit bloßen Erlebens- und Verhaltensauffälligkeiten zu tun. Krankhafte (hirn-)organische Veränderungen müssen zuvor ausgeschlossen worden sein, um die Diagnose „endogen-psychotisch" zu verifizieren. Aufgrund solcher Voraussetzungen sollte man erkenntnistheoretisch eigentlich davon ausgehen, dass „endogen-psychotische" Phänomene wie andere psychische Probleme betrachtet und deshalb zunächst ebenfalls rein psychisch, psychosozial bzw. sozialpsycho-biologisch erklärt und begriffen werden. Erst wenn die hierdurch zustande kommenden Erkenntnisse die beobachteten Phänomene und ihre Ursachen nicht plausibel und vollständig erklären können, ist es nach WILHELM VON OCKHAMs Erkenntnistheorie, dem so genannten OCKHAM'schen Rasiermesser, statthaft, auf andere (biologische, genetische, stoffwechselphysiologische etc.) Erklärungsmodelle und Verursachungstheorien zurückzugreifen. Denn nach WILHELM VON OCKHAM sind alle (Zusatz-)Hypothesen „wegzurasieren", die zur Erklärung eines Phänomens nicht zwingend notwendig sind.

Psychotische[4] Phänomene scheinen Menschen aller Epochen jedoch so unterschiedlich zu anderen psychischen Symptomen wahrgenommen zu haben, dass fast durchgängig und von vornherein psychologische Erklärungsmodelle ausgeschlossen wurden. Ursächliche Erklärungen wurden je nach vorherrschender Weltsicht bzw. Wirklichkeitskonstruktion in anderen Sinnzusammenhängen gesucht, um sich das – auf den ersten Blick – fremd anmutende und unverständliche psychotische Verhalten und Erleben erklären zu können. So nahm man bekanntermaßen an, dass böse Geister oder gar der Teufel von der Seele eines Menschen Besitz ergriffen hätten, die in einem Austreibungsritual exorziert werden müssten.

Die moderne Psychiatrie hat diese Tradition fortgesetzt, indem sie psychotische Phänomene als für den normalen Verstand nicht nachvollziehbar und unverständlich deklarierte. Wahnsinn wurde als das „ganz Andere der Vernunft" (FOUCAULT 1985) wahrgenommen. Die Psychiatrie als gesellschaftliche Wächterin über Vernunft und Unvernunft ließ aus diesen Gründen kein (psycho-)logisches Erklärungsmodell zu. Folgerichtig hat man sich in den letzten 150 Jahren in der Psychiatrie praktisch keine Gedanken hinsichtlich psychischer Zusammenhänge bei Psychosen gemacht und die Indi-

---

[4] Zur Vereinfachung der Schreib- und Ausdrucksweise soll sich der Begriff „Psychose" und seine (adjektivischen) Ableitungen im Folgenden ausschließlich auf die so genannten endogenen Psychosen beziehen. Exogene Psychosen werden damit ausdrücklich aus diesem Erklärungszusammenhang ausgeschlossen.

vidualgeschichte, den Kontext, die situativen und systemischen Bedingungen etc. nahezu vollkommen ausgeblendet. Was bei den Neurosen und anderen psychischen Problemen als Ursache angesehen wird, bekommt bei den Psychosen nur den Status des Auslösers einer irgendwie schlummernden – endogenen – Erkrankung.

Diese Arbeit möchte einen Beitrag zu dem Versuch leisten, sich die psychotischen Phänomene – ganz puristisch – mit rein psychologischen (Erkenntnis-)Mitteln zu erschließen, um dieses Versäumnis der Geschichte und der Psychiatrie nachzuholen und die erschlossenen Erkenntnisse für psychotherapeutische Zwecke nutzbar zu machen. Natürlich bin ich nicht der erste, der einen derartigen Versuch wagt: Implizit haben ihn verschiedene Psycholog/inn/en, Sozialwissenschaftler/innen, Kommunikationstheoretiker/innen u.a. besonders aus dem Bereich der Systemwissenschaften bzw. der Systemischen Psychotherapie (vormals „Familientherapie") unternommen (BATESON 1984; WATZLAWICK, BEAVIN & JACKSON 1985; WATZLAWICK 1986; SELVINI PALAZZOLI, BOSCOLO, CECCHIN & PRATA 1985 u. SELVINI PALAZZOLI, CIRILLO, SELVINI & SORRENTINO 1992; STIERLIN 1982, 1989 u. 1993; RETZER 1991 u. 1994; SIMON 1990 u. 1993 etc.). Eigentümlicherweise wurden diese Erkenntnisse nur als zusätzliche Aspekte eines dominierenden psychiatrischen Krankheitsbegriffs wahrgenommen und rezipiert, ohne dass daraus eine grundsätzliche Revision oder gar eine Aufhebung des psychiatrischen Krankheitsparadigmas bezüglich psychotischer Phänomene resultierte.

Ein systemisches und entwicklungs-psycho-logisches Erklärungsmodell sollte folgende Bedingungen erfüllen:
➤ Es sollte das auf den ersten Blick extrem komplexe und unverständliche Verhalten und Erleben sich psychotisch zeigender Menschen aus den einfachsten Prämissen ableiten und einer psychologischen Erklärung zugänglich machen können.
➤ Die Entstehungsbedingungen eines Wahngebäudes und seine innere Logik sollte von ihm so beleuchtet werden können, dass es nachvollziehbar wird.
➤ Ein solches Erklärungsmodell muss schließlich in der Lage sein, psychotherapeutische Interventionen logisch abzuleiten. Es muss zudem ihre Wirksamkeit verständlich und nachvollziehbar erklären können.

Ein solches Modell sollte weiter insbesondere folgende Phänomene bzw. Fragestellungen zufriedenstellend beantworten können:
➤ Warum verläuft die Pubertät später sich psychotisch zeigender Menschen für äußere Beobachter/innen häufig auffallend unauffällig? (Inner-

lich wird diese Zeit von den sich später psychotisch zeigenden Jugendlichen in der Regel krisenhaft und mit extremen inneren Konfliktspannungen und Kämpfen erlebt.)

➢ Warum können normale und unauffällige Familienverhältnisse zu psychotischen Erlebens- und Verhaltensweisen führen?

➢ Wie lassen sich psychotische Symptome (schizophrene, manisch-depressive und schizoaffektive Symptome) psychologisch erklären?

➢ Warum treten überzufällig häufig kurz vor, während oder kurz nach Abschluss der Schule, der Ausbildung oder des Studiums psychotische Reaktionen auf?

➢ Wie kommt es bei der Zyklothymie zu dem Wechselspiel zwischen Manie und Depression?

➢ Warum führen häufig aufdeckende Gespräche zu (akuten) psychotischen Reaktionen?

➢ Wie lässt sich erklären, dass es häufig dann zu einem Aufleben des psychotischen Verhaltens und Erlebens und damit zu einem für alle Beteiligten unerwarteten Klinikaufenthalt kommt, wenn sich beispielsweise eindeutige Erfolge in der Psychotherapie oder Rehabilitation zeigen?

➢ Warum ist die Therapiemotivation bei Menschen, die sich psychotisch verhalten bzw. erleben, in der Regel weit geringer als bei Menschen, die unter neurotischen Symptomen leiden?

➢ Wie wirken Psychopharmaka, insbesondere Neuroleptika, auf der psychischen Ebene? Welche Auswirkungen hat eine Langzeiteinnahme neuroleptisch wirkender Substanzen?

Bei der Beantwortung dieser Fragen habe ich mich nicht in erster Linie davon leiten lassen, was wirklich oder wahr ist, weil das Wesen von Wahrheit oder *wirklicher* Wirklichkeit grundsätzlich im Verborgenen liegt. Vielmehr richtete ich mich nach dem pragmatischen Grundsatz, die Wirklichkeit so zu konstruieren, dass diese Konstruktion am Ende nicht nur die erklärungsbedürftigen Phänomene erhellt, sondern mit hoher Wahrscheinlichkeit auch zu den bestmöglichen Auswirkungen führt. Ist in dieser Hinsicht aufgrund der Retrospektive eine Wirklichkeitskonstruktion einer anderen überlegen, so kann man mit guter Legitimation davon ausgehen, dass sie auch der Wahrheit näher kommt. Ob also etwas wahr oder falsch ist, wird nicht so sehr von der Vergangenheit bestimmt, sondern vielmehr von der Zukunft.

2. Schizophrenie: Ein Erklärungsmodell

Psychotisches Verhalten und Erleben zeichnet sich unter anderem dadurch aus, dass der/die Betreffende bei sich selbst Phänomene feststellt, die er/sie als fremd und nicht zu seiner/ihrer Person gehörig erlebt. JASPERS beschreibt das wie folgt:

> „Etwas Gemeinsames, das fast alle seelischen Vorgänge als Akzent bekommen können, und das dem ganzen Seelenleben eine neue Note gibt, scheint alles das zu sein, was die Kranken als ‚gemacht' bezeichnen. Wir haben bei allen unseren seelischen Vorgängen das Bewusstsein, dass es unsere seelischen Vorgänge sind, dass ich wahrnehme, ich handle, ich fühle. Selbst bei passivem Verhalten, bei Zwangsvorstellungen usw. ist immer dieses Bewusstsein, dass es meine seelischen Vorgänge sind, die ich erlebe, noch da. [...] Nur negativ und durch Vergleiche können wir jenes im ganzen Wesen veränderte Seelenleben uns vor Augen stellen, in dem ‚gemachtes' Seelisches eine Rolle spielt. Es handelt sich nicht um die Fremdheit und Aufdringlichkeit von Zwangsvorgängen, und es handelt sich nicht um einfach passive Vorgänge, wie bei Bewegungen, die durch einen stärkeren Menschen an meinen Gliedern gegen meinen Willen vollzogen werden. Und doch können wir die gemachten Vorgänge nur mit diesen vergleichen. *Gemacht* werden *Gefühle, Wahrnehmungen, Willenshandlungen, Stimmungen* usw. Die Kranken fühlen sich infolgedessen unfrei, unter fremder Macht, nicht Herr ihrer selbst, nicht ihrer Bewegungen, nicht ihrer Gedanken, nicht ihrer Affekte. Sie fühlen sich schließlich bei hohen Graden gleichsam als eine Marionette, die beliebig in Bewegung gesetzt oder stillgestellt wird. Fast immer bilden sie auf Grund dieser Erlebnisse den Wahn von physikalischer oder anderer Beeinflussung, von komplizierten Apparaten und Maschinen, in deren Gewalt sie sind, von übersinnlichen Einflüssen, die hier auf die reale Welt einwirken" (JASPERS 1973, S. 484).

Im Folgenden soll das hier vorgestellte systemische und entwicklungspsycho-logische Erklärungsmodell aus bestimmten familialen Gegebenheiten abgeleitet werden. Es soll verständlich und nachvollziehbar machen, dass es in bestimmten Kontextbedingungen für das Unbewusste eines Menschen sehr sinnvoll sein kann, einen extremen inneren Konflikt dadurch zu lösen, dass es diesem Menschen und in der Regel auch seinen Beobachter/inne/n so vorkommt, als ob er keinen freien Willen über seine Wahrnehmungen, Stimmungen, Handlungen und Gefühle mehr hätte, so als ob eine fremde Macht bzw. eine obskure Krankheit Besitz von ihm ergriffen hätte.

2.1 Systemische und entwicklungs-psycho-logische Überlegungen

2.1.1 Bindungskräfte

Nehmen wir einmal an, dass zwischen Eltern und Kind sehr enge Bindungen bestehen, die natürlicherweise mit extrem starken Loyalitätskräften einhergehen (vgl. auch STIERLIN 1993). Die Erfahrungen aus meiner Praxis mit Familien, in denen psychotisches Verhalten aufgetreten ist, bestätigen diese enormen Bindungskräfte, die als existentiell erlebt werden. Zur Veranschaulichung möchte ich ein Beispiel herausgreifen:

Ewige Verdammnis

Eine Mutter kam zu mir in die Beratung, weil sie mit dem Verhalten ihres Sohnes nicht mehr zurecht komme und mehr Distanz zu ihm haben möchte. Ihr Sohn habe erfolgreich sein Abitur gemacht. Danach habe er sich immer kurz vor dem Urlaub der Eltern „daneben" benommen und sich irgendwie verrückt gezeigt, indem er unverständliche Dinge erzählt, sich mehr und mehr zurückgezogen und sich mysteriös verhalten habe. Dennoch schafften es die Eltern trotz des absonderlichen Verhaltens ihres Sohnes, in ihren Urlaub zu fahren. Auch der Sohn unternahm verschiedene Reisen ins Ausland und kam nach diesen Urlaubsreisen in einem verwirrten Zustand zurück und erzählte von Werwölfen und anderen für die Eltern nicht nachvollziehbaren Phänomenen. Schließlich wurde das Verhalten des Sohnes immer aggressiver. Es eskalierte darin, dass er den Vater einer Bekannten mit einer Stange angriff, was – da er verwirrt wirkte – zu einer Zwangseinweisung führte. In der Psychiatrie wurde das Verhalten des Sohnes als Folge einer Schizophrenie diagnostiziert. Weiter berichtete die Mutter, dass sich ihr Sohn umso selbständiger zeige, je mehr sie und ihr Mann sich ihm gegenüber zurückhielten. Wenn ihr Sohn sie dagegen frage, was er tun solle und sie ihm hierauf einen Ratschlag gebe, lehne er diesen immer ab und sage, dass das falsch sei. Ihr Sohn habe ihr vor ein paar Wochen gestanden, dass er sich für den Zusammenhalt der Familie verantwortlich fühle und dass er die schreckliche Befürchtung habe, dass er, wenn er die Familie verlasse, von Gott mit dem Tod und ewiger Verdammnis bestraft werden würde.

Dieses Bespiel zeigt auf sehr deutliche Weise, wie stark die Bindungskräfte zur Herkunftsfamilie erlebt werden. Wenn man das Gefühl hat, diese Bindung zu lösen, setzen extreme Schuldgefühle ein, die dadurch gemildert werden können, dass die Eltern wie in dem Beispiel die Verantwortung für die Ablösung übernehmen und sich in Bezug auf die Lebensgestaltung des

Sohnes zurückhalten, was aber durch das bizarre Verhalten des Sohnes erschwert wird, so dass es herkulische Kraftanstrengung auf Seiten der Eltern braucht, um dieses Verhalten auszuhalten. Zur Vervollständigung möchte ich noch erwähnen, dass eine meiner Hauptinterventionen in dem Gespräch darin bestand, der Mutter Folgendes mitzugeben: „Sagen Sie zu ihrem Sohn, dass es keine Möglichkeit gibt, seine Herkunftsfamilie zu verlassen, selbst dann nicht, wenn er sich entscheiden sollte, in Südafrika oder einem anderen weit entfernten Land sein Leben zu verbringen. Es ist nämlich unmöglich, diese Bindung zu lösen, weil man sie immer in seinem Herzen und seinen Erinnerungen wach hält. Oft ist es sogar so, dass man sich der Familie am nächsten fühlt, wenn man am weitesten von ihr entfernt ist." Der Gedanke ist dabei, dass man nur dann die Familie mit einem guten Gefühl verlassen kann, wenn man sie nicht verrät und man verrät sie nicht, wenn man sie quasi beim Verlassen mitnimmt. So kann man autonome Schritte tun und sich gleichzeitig loyal der eigenen Familie gegenüber erleben. Die Gründe für diese extreme (existentiell erlebte) Loyalität können vielfältiger Natur sein:

➤ Beispielsweise kann der frühe Tod eines älteren Geschwisters die Eltern – und welche Eltern nicht? – dazu bringen, sich besonders um das lebende Kind zu kümmern und ihm sehr viel Fürsorge und Zuwendung zu geben.

➤ Eine enge Kind-Eltern-Bindung kann auch entstehen, weil man einen Partner bzw. eine Partnerin durch Tod, Trennung oder Scheidung verlor und sich umso intensiver um das eigene Kind bzw. die eigenen Kinder kümmert.

➤ Wenn Eltern zunächst ein Kind nicht haben oder abtreiben wollten und sich erst nach langem Ringen mit sich selbst für ihr Kind entschieden haben, entstehen ebenfalls große Bindungskräfte. Die Eltern könnten nun versuchen, ihre durch ihre ambivalente Haltung entstandenen Schuldgefühle durch hohe eigene Verzichte und Opfer zum Wohle des Kindes zu kompensieren.

➤ Eine extrem enge Bindung der Kinder zu den Eltern entsteht ebenfalls dann, wenn die Kinder Wunschkinder der Eltern waren und der Familienverband nach außen eher abgeschlossen erscheint, so dass – wenn überhaupt – nur zu wenigen anderen Personen außerhalb der eigenen Familie Beziehungen bestehen.

➤ Wenn ein Elternteil allein erziehend ist, entstehen in der Regel und natürlicherweise intensive Bindungen zwischen dem Kind und diesem Elternteil.

> Das Gefühl, Schuld am Tode oder Unglück (Behinderung, Krankheit etc.) eines Familienmitglieds zu sein, führt ebenfalls zu enormen Bindungskräften, mit deren Hilfe man Entlastung von Schuld sucht.
> Gesellschaftliche Umstände wie Kriege und politische Verfolgung bzw. Naturkatastrophen wie Überschwemmungen, Erdbeben, Grippewellen und andere Epidemien, die mit knapper Not überlebt wurden, können ebenfalls starke Bindungskräfte hervorrufen bzw. begünstigen.
> Besonders intensive Bindungskräfte zu einem Elternteil oder einer anderen nahe stehenden Person entstehen dann, wenn dieser Elternteil oder diese nahe stehende Person für das Kind früh verstirbt. Das Kind wird dann den Früh-Verstorbenen vermissen und große Sehnsucht nach ihm verspüren, es wird versuchen alles zu tun, um ihm nahe zu sein. In einer solchen Konstellation entstehen in der Regel die stärksten Bindungskräfte zwischen Menschen, also einem lebenden und einem verstorbenen Menschen. Ähnlich starke Bindungskräfte lassen sich zu – aus welchen Gründen (Trennung, Scheidung, berufliche Abwesenheit etc.) auch immer – nicht anwesenden Menschen beobachten.[5]

Generell gilt: Sehr engagierte und auf das Wohl der Kinder bedachte Eltern evozieren bei den Kindern starke Gefühle, in der Schuld ihrer Eltern zu stehen. Die Kinder haben unter solchen Bedingungen ein starkes Bedürfnis, sich in besonderer Weise für das dankbar zu erweisen, was sie von den Eltern bekommen haben und entwickeln starke Loyalitäten zu ihnen.

Sicherlich gibt es noch eine Vielzahl anderer Erklärungen für extrem starke Bindungskräfte in familialen Systemen. Bei all diesen Zusammenhängen sollten wir aber nicht den Fehler begehen, den Eltern oder Kindern die Schuld für die extrem bindenden Verhaltensweisen zu geben; denn erstens lag diesem Verhalten weder eine bewusste noch eine schlechte Absicht zugrunde. Zweitens sind Bindungskräfte welcher Art auch immer generell in Beziehungen nicht ohne Schuldgefühle zu denken, was durchaus wertneutral zu verstehen ist. Je größer nun die Schuldgefühle, umso größer auch die Bindungskräfte. Drittens benötigt man weder bei Eltern noch Kindern zur Erklärung einer solch überdurchschnittlich engen Bindung und des damit einhergehenden emotionalen Engagements die Zuschreibung von (frühkindlichen) Persönlichkeitsstörungen. Allein die Tatsache des Vorliegens spezifischer bindungsfördernder Lebenskontexte und -situationen ist hierfür ausreichend. Im Gegenteil: Der Aufbau solch intensiver emotionaler Bindungen ist ebenfalls eine allgemein-menschliche Fähigkeit, die – wie ich

---

[5] In den mir bekannten Adoptionsstudien wurde auf diesen Aspekt meines Wissens nicht eingegangen.

später noch zeigen werde – psychotherapeutisch hervorragend genutzt werden kann.

Ergänzend hierzu muss noch ein konstruktivistischer Aspekt erwähnt werden: Emotionale Bindung ist kein objektives Phänomen, ihre Stärke kann nicht wie eine physikalische Größe gemessen, sondern nur subjektiv erlebt werden. Erschwerend kommt hinzu, dass in menschlichen Beziehungen diese Bindung durchaus unterschiedlich wahrgenommen werden kann: In ein und derselben Beziehung ist es beispielsweise möglich, dass ein Mensch zu einem anderen eine geringe oder gar keine Bindung hat, während der andere zu ihm eine extrem große Bindung erleben kann. In unserem Zusammenhang reicht es also allein aus, wenn ein Kind *glaubt*, es würde – aus welchen Gründen auch immer – in der Schuld seiner Eltern stehen, ohne dass sie hierzu irgendetwas beigetragen hätten. Als autopoietisches, also autonomes, sich selbst organisierendes und produzierendes System (MATURANA, VARELA & URIBE, „Autopoiese: Die Organisation lebender Systeme, ihre nähere Bestimmung und ein Modell", 1985b, S. 157-169) verfügt jeder Mensch über diese Möglichkeit, seine Wirklichkeit in Unabhängigkeit zu seiner unmittelbaren Umwelt zu konstruieren. Kurzschlüssige Folgerungen aus einer von einem Menschen erlebten Bindung zu anderen bezüglich dieser anderen sollten aus diesem Grunde vermieden werden.

2.1.2 Innere Konflikte

> *Kinder tun nur so, als hätten sie Probleme mit der Ablösung, weil sie die Eltern bei der Ablösungsproblematik entlasten möchten. Sie selbst haben keine Ablösungsprobleme.*
>
> *Arnold Retzer*

Wenn ein Kind sehr enge Bindungen zu seinen Eltern hat und versucht, sich ihnen gegenüber dankbar und loyal zu erweisen, kommt es – in der Regel in der Pubertät und Frühadoleszenz – aufgrund seiner eigenen reifungsbedingten Entwicklungsprozesse zu zunächst rein inneren Konflikten: Auf der einen Seite verlangt sein Reifungsprozess unter den vorliegenden gesellschaftlichen Bedingungen von ihm, dass es sich mehr und mehr von seinem familialen Ursprung distanziert und nach außerfamilialen Kontakten und Zugehörigkeiten strebt. Hier kann man von der Notwendigkeit sprechen, sich selbst gegenüber loyal zu sein, also den eigenen sich reifungsbedingt entwickelnden Bedürfnissen zu folgen. Auf der anderen Seite erlebt es damit den Verstoß gegen die Zugehörigkeit zu seinem Herkunftssystem und fühlt sich ihm gegenüber illoyal. Im Endeffekt geht es dabei um einen Kampf zwischen der Loyalität zu sich selbst (Eigenloyalität, Streben nach Autonomie, Unabhängigkeit und sexueller Selbstverwirklichung) und der Loyalität zu seiner Herkunftsfamilie, insbesondere seinen Eltern (Familienloyalität, Zugehörigkeitsbedürfnisse).

Ein sehr stark gebundenes Kind schafft es vielleicht in seiner Pubertät diesen Konflikt vorübergehend dadurch zu lösen, dass es sich auf die Seite der Loyalität zu seinen Eltern schlägt und damit zunächst in einer abhängigen Position verharrt. Es wird dann die – hinsichtlich der Familie – zentrifugalen Kräfte der erwachenden sexuellen Bedürfnisse und der damit einhergehenden aggressiven Regungen fast perfekt unterdrücken. Damit bezahlt es den Preis, die Eigenloyalität bzw. die eigene Autonomie für die Familienloyalität mehr oder weniger vollständig zu opfern. Von außen betrachtet, wirkt das Kind dann zurückhaltend, schüchtern, gehemmt, „brav" und hinsichtlich des familialen Systems überangepasst und treu. Gleichzeitig wirken in seinem Unbewussten die unterdrückten zentrifugalen Kräfte und werden – je länger sie nicht zum Zuge kommen und die reifungsbedingte Entwicklung fortschreitet – immer stärker.

Da die Seite der Familienloyalität weiter dominiert, suchen sich nun – nach Jahren einer nach außen allzu ruhig und konfliktlos verlaufenen pubertären Entwicklung – die sexuellen und aggressiven Bedürfnisse und Impulse ein Ventil. Sie äußern sich beispielsweise in mit Schuldgefühlen überlagerten sexuellen Vorgängen und Vorstellungen und bekommen – entwicklungs-logisch, weil sie sich nicht ungehindert entfalten durften – häufig eine sadistische, masochistische bzw. sadomasochistische Einfärbung, was wiederum ein schlechtes Gewissen auf den Plan ruft, so dass in einer Art Teufelskreis diese sexuellen Impulse, Phantasien und Bedürfnisse noch weiter unterdrückt werden.

Die aggressiven Strebungen in der pubertären bzw. frühadoleszenten Entwicklung, also circa zwischen dem 13. und 21. Lebensjahr, haben im Wesentlichen zwei Ursprünge: Zum einen speisen sie sich aus der reifungsbedingten **Umgruppierung der Bedürfnisstruktur**, weil nach Befriedigung strebende sexuelle Triebkräfte hinzukommen. Diese Triebkräfte können aber nicht unmittelbar befriedigt werden, da hierfür zunächst ein/e passende/r Partner/in gefunden werden muss, so dass es entwicklungsbedingt zu einem erhöhten Maß an Frustration kommt, die wiederum das Aggressionspotential erhöht. Zum anderen kommt es zu Aggressionen gegen die als restriktiv und fordernd erlebte Welt der Erwachsenen, vor allem der Eltern, infolge des sich entwickelnden Bedürfnisses nach persönlicher Autonomie.

Diese aggressiven Strebungen führen in der Regel zu einer verstärkten Auseinandersetzung mit gesellschaftlichen Konventionen, als deren Vertreter/innen vor allem die Eltern gelten. In letzter Konsequenz leitet diese Umgruppierung der Bedürfnisstruktur und die mit ihr entwicklungs-logisch einhergehende Verstärkung aggressiver Strebungen den Ablösungsprozess von der Herkunftsfamilie ein: Es kommt zu einer Distanzierung von den Eltern und einer gleichzeitigen Hinwendung zur Peer group und zum anderen Geschlecht. Das Eingehen sexueller Beziehungen führt dann zu einer Zäsur, weil hiermit zum ersten Mal im Leben eines Menschen stärkere Bindungskräfte als zu den Eltern hervorgerufen werden.

Bei sehr stark an die Eltern gebundenen Kindern sind sexuelle Kontakte folgerichtig mit einem enormen Schuldgefühl verknüpft, weil sie das Gefühl haben, die eigenen Eltern zu verraten; denn die mit sexuellen Erfahrungen einhergehenden Bindungskräfte können es gut mit denen zu den Eltern aufnehmen. Für diese Kinder erscheint die von mir beschriebene Umgruppierung der Bedürfnisstruktur als existentielle Bedrohung, weil sie die Beziehung zu den Eltern aufs Spiel zu setzen scheint, was häufig von ihnen als drohende Vernichtung der eigenen Existenz(-grundlage) erlebt wird. Aus diesem Grunde werden extrem starke Kräfte mobilisiert, diese reifungsbedingten Entwicklungsprozesse einzudämmen und zu unterdrücken, was jedoch ein unmögliches Unterfangen und über kurz oder lang zum Scheitern verurteilt ist.

Warum kommt es gerade beim Übergang vom Kind bzw. Jugendlichen zum Erwachsenen, kurz vor dem Ende der Schulzeit, kurz vor Abschluss des Studiums oder der Lehre zu psychotischen Reaktionen? Weil sich hier der Kampf zwischen Eigenloyalität und Familienloyalität nach dem Muster „Entweder-oder" zuspitzt: Die sexuellen und aggressiven Strebungen, also die bezogen auf die Herkunftsfamilie zentrifugalen Kräfte, die jahrelang in den Untergrund gedrängt wurden, bekommen nun durch die „drohende" berufliche und damit finanzielle Selbständigkeit eine zusätzliche Verstärkung, so dass sie nicht mehr eingedämmt werden können. Die Seite der extrem stark ausgeprägten Familienloyalität lässt sich nicht so einfach an den Rand drängen bzw. übergehen und stemmt sich diesem Prozess entgegen. Dem Unbewussten stellt sich nun folgende Problemsituation:

1. Die infolge jahrelanger Unterdrückung angestauten sexuellen und aggressiven Bedürfnisse fordern ihr Recht nach Ausdruck ein.
2. Die Seite der Familienloyalität fühlt sich von diesem Drängen in ihrer Existenz bedroht. Sie befürchtet zudem die völlige Auflösung der Fami-

lienbande (was sie wie die Vernichtung der eigenen Existenz erlebt), sollten die sexuellen und aggressiven Strebungen ausgedrückt werden.

3. Der in greifbare Nähe gerückte Abschluss der Schule, des Studiums bzw. der Lehre und die damit möglich werdende Selbständigkeit verstärkt das Bestreben, sowohl sich selbst als auch der Herkunftsfamilie gegenüber loyal zu sein.

4. Keine der beiden Seiten kann diesen Konflikt letztlich für sich entscheiden, doch beide Seiten fordern unerbittlich, als würde es um Leben oder Tod gehen, berücksichtigt zu werden.

Das Unbewusste versucht diese interne Konfliktkonstellation mit Hilfe einer **Lösung dritter Art** zu begegnen, d.h., nun kann es nicht mehr eine Seite auf Kosten der anderen zurückdrängen (Lösung der ersten und zweiten Art), sondern muss gleichzeitig beide – sich jedoch gegenseitig ausschließenden und bekämpfenden – Seiten (simultanes Entweder-oder) berücksichtigen, quasi die Quadratur des Kreises ermöglichen.

Zur Veranschaulichung dieser sich dem Unbewussten stellenden Aufgabe mag folgende konkrete Problemstellung dienen, die sich beispielsweise aus der sich widersprechenden Forderung ergibt, den aggressiven Bedürfnissen nachzukommen, beispielsweise indem man der Mutter eine Ohrfeige verpasst (für die reale oder ihr unterstellte Forderung nach Anpassung an ihre Lebensvorstellungen), ohne die Beziehung zu ihr zu gefährden und ohne sich dafür schuldig fühlen zu müssen, also unter gleichzeitiger Wahrung der Familienloyalität: Wie könnte man die Mutter, nachdem man sie geohrfeigt hat, dazu bringen zu sagen: „Du armer Junge/armes Mädchen heute geht es dir aber wieder schlecht". Natürlich – und das muss betont werden – wird eine derartige Überlegung nicht bewusst geführt, sondern solche Verhaltensweisen geschehen wie andere psychische Symptome auch unwillkürlich-unbewusst.

2.2 Dissoziation aggressiver Strebungen

Die einzig mögliche Lösung für diese – fast – unlösbare Aufgabe besteht für das Unbewusste darin, psychotisches Verhalten und Erleben hervorzurufen, d.h., ein Verhalten und Erleben zu erzeugen, das von anderen und einem selbst als Zeichen gedeutet wird, nicht verantwortlich für das eigene Handeln, also unzurechnungsfähig bzw. „psychisch krank" zu sein. Es ist eine genial anmutende Lösung bzw. Kompromissbildung des zugrunde liegenden Loyalitätskonflikts, die allerdings den extrem hohen Preis fordert, auf ein eigenständiges und selbstbestimmtes Leben zu verzichten, da es als Hauptsymptom das Prinzip der Eigenverantwortlichkeit und damit der aktiven Lebensgestaltung und Selbstverwirklichung angreift und unterdrückt, was sich damit quasi auf das „psychische Immunsystem" direkt auswirkt. In diesem Sinne haben psychotische Prozesse eine große Ähnlichkeit mit selbstschädigenden Autoimmunreaktionen, was allerdings nur als Metapher verstanden werden soll. Man könnte nämlich das Gefühl, für die eigenen Handlungen und Erlebensweisen selbst verantwortlich zu sein, als psychisches Immunsystem verstehen, das bei so genannten neurotischen Reaktionen (Ängsten, Zwängen, Depressionen etc.) Abwehrkräfte mobilisiert, um wieder Herr im eigenen Haus zu werden.

Bei psychotischen, insbesondere schizophrenen Prozessen werden diese psychischen Abwehrkräfte selbst angegriffen, was erklärt, warum die Motivation sich psychotisch verhaltender bzw. erlebender Menschen häufig geringer als die der Angehörigen bzw. von Menschen mit „neurotischen" Problemen ist, an einer Psychotherapie teilzunehmen. Wer sich nämlich für seine Handlungen und inneren Vorgänge (Gefühle, Erlebensweisen, Motivationen, Impulse und Bedürfnisse) nicht verantwortlich fühlt, der erlebt sich in Bezug auf sie wie ein hilfloses Opfer, das selbst überhaupt keinen Einfluss auf diese Handlungen und psychischen Prozesse nehmen kann. Aus diesem Grunde macht es dann auch keinen Sinn, eine/n Psychotherapeuten/Psychotherapeutin aufzusuchen.

Die unbewussten Kräfte fungieren als Konfliktmanagementinstanzen und versuchen die enorme innere Konfliktspannung zwischen Autonomie und Familienbindung zu reduzieren, indem der/die Jugendliche oder junge Erwachsene sich in einen offiziellen (normalen) und einen inoffiziellen (ver-rückten) Anteil aufspaltet. Allerdings werden die Inhalte und Kräfte des inoffiziellen – ver-rückten – Aspekts als so bedrohlich erlebt, dass sie – dissoziiert vom Bewusstsein – ein Eigenleben entfalten. Solange sie allein im Unbewussten wirken, sind sie nicht wahrnehmbar. Wenn sie jedoch in bestimmten Situationen, in denen die Ambivalenz extrem stark erlebt wird, nicht mehr allein in der Verdrängung bzw. im Unbewussten gehalten werden können, sondern ins Licht des Gewohnheits- bzw. Alltagsbewusstseins geraten, wirken die inoffiziellen – d.h. ver-rückten – Kräfte, Inhalte und die daraus resultierenden Erlebens- und Verhaltensweisen sowohl für äußere Beobachter/inn/en als auch für den/die Betroffene/n selbst als etwas vollkommen Wesensfremdes.

Das Auftreten von psychotischen Symptomen wie beispielsweise dem Hören von Stimmen, die einem etwas mitteilen oder befehlen, optischen Halluzinationen, dem Gefühl, von außen beeinflusst zu werden, indem Gedanken entzogen oder eingegeben werden, kommt oft so überraschend und wirkt so überwältigend, dass zunächst keine psychologische Erklärung hierfür gefunden werden kann. Fragt man die Betroffenen selbst nach einer Erklärung, so antworten sie einem in der Regel, dass sie sich selbst auch nicht verstehen und keine Situation benennen können, die für derartige Phänomene verantwortlich gemacht werden könne. Von vielen Psychiater/inn/en wurde diese Erzählung oder besser Nicht-Erzählung der Patient/inn/en so interpretiert, dass es sich um Phänomene handelt, die ohne äußere Ursache auftreten und psychologisch nicht zu erklären sind. Aus allein diesem Grunde ging man von dem Konzept einer endogenen Entwicklung psychotischer Phänomene aus, das unhinterfragt und – will man nicht seine wissenschaftliche Seriosität aufs Spiel setzen – unhinterfragbar das Kernstück der modernen Mainstream-Psychiatrie bildet. Unwillkürlich muss man in diesem Zusammenhang an ein unkorrigierbares Fehlurteil denken.

Durch das Konzept einer endogenen Entwicklung psychotischer Phänomene haben biologisch orientierte Psychiater/inn/en sich – ohne Wissen und Absicht – mit der inoffiziellen, der ver-rückten Seite der Betroffenen verbündet: Diese Psychiater/innen wie die Betroffenen selbst glauben daran, dass psychotische Symptome auf außerhalb der – von ihnen betroffenen – Persönlichkeit liegende Prozesse verweisen, auf die kein direkter Einfluss möglich ist und für die niemand verantwortlich gemacht werden kann: Während diese Psychiater/inn/en von einem zugrunde liegenden, nicht direkt beeinflussbaren Krankheitsgeschehen ausgehen, glauben die Betroffenen, dass es sich bei den erwähnten psychotischen Phänomenen um das Resultat einer äußeren Beeinflussung, einer – wie auch immer gearteten und erklärungsbedürftigen – Fremdeinwirkung handelt. So lässt sich sagen, dass der sich in bestimmten Situationen psychotisch verhaltende Mensch bzw. sein Unbewusstes – unwillentlich und unwissentlich – sich und andere, insbesondere viele Psychiater/inn/en, erfolgreich täuscht.

Gerade die Annahme des so genannten gesunden Menschenverstandes, dass es sich beispielsweise bei Aggressionen im Kontext psychotisch erlebter Phänomene nicht um ein verantwortliches Geschehen handelt, sondern um das Ergebnis eines Krankheitsprozesses, ist in einer Art positiver Rückkopplungsschleife Bedingung für ebendiese Verhaltensweisen. Der schizophren diagnostizierte Mensch sagt nämlich: „Nicht ich habe die Mutter geohrfeigt, sondern Stimmen, die von außen in mich eingegeben wurden und auf die ich keinen Einfluss habe, haben mir bei Todesdrohung befohlen, die Mutter zu ohrfeigen. Die Psychose hat also die Mutter geohrfeigt." Die Mutter sagt: „Wäre mein Sohn nicht psychisch krank, nie hätte er es gewagt, mich zu ohrfeigen. Er ist doch sonst so ein guter Sohn." Der/die Psychiater/in sagt: „Für die Ohrfeige ist der Sohn nicht verantwortlich, weil er unter einer schweren Geisteskrankheit infolge eines biologisch bedingten Krankheitsprozesses leidet." Der/die Richter/in sagt: „Die betreffende Person ist aufgrund einer psychischen Erkrankung nicht schuldfähig und kann deswegen nicht zur Rechenschaft gezogen werden." Damit sind sich alle einig, wodurch das psychotische Geschehen – so bestätigt – immer weiter zementiert wird.

Nach der von mir vorgeschlagenen Wirklichkeitskonstruktion ergibt sich jedoch ein ganz anderes Verständnis schizophrener Erlebens- und Verhaltensweisen, das ich wie folgt zusammenfassen möchte: Entwicklungslogisch verbündet sich zunächst das „bewusste Ich", das als (Selbst-)Wahrnehmungs- und Steuerungsinstanz des Wachbewusstseins verstanden werden kann und das Gefühl eigener Identität ermöglicht, mit der Seite der Familienloyalität gegen die Seite der Eigenloyalität. Hierdurch werden die bekämpften Strebungen der Seite der Eigenloyalität, die weiter nach Ausdruck drängen, in den Untergrund gedrängt. Sie verselbständigen sich dort im Laufe der Jahre immer mehr und verwandeln sich schließlich durch Dissoziation von der eigenen Person in wesensfremd erlebte Phänomene (aggressive bzw. kommentierende Stimmen etc.). In diesem Sinne – so muss hier angemerkt werden – ist der ursprüngliche psychiatrisch-diagnostische Begriff „Spaltungsirresein" sehr treffend.

Diese Phänomene werden schließlich als Ursache für (vermeintlich) die Familienloyalität existentiell bedrohende Kräfte angesehen. Mit Hilfe dieser Hilfskonstruktion des Unbewussten, dass die bedrohlich erlebten Regungen und Triebkräfte quasi von außen gemacht wurden, wird es nun den abgewehrten aggressiven und sexuellen Strebungen möglich, in bestimmten Situation nach außen zu dringen, weil man das „bewusste Ich" der betroffenen Person scheinbar nicht mehr verantwortlich machen kann. Da Men-

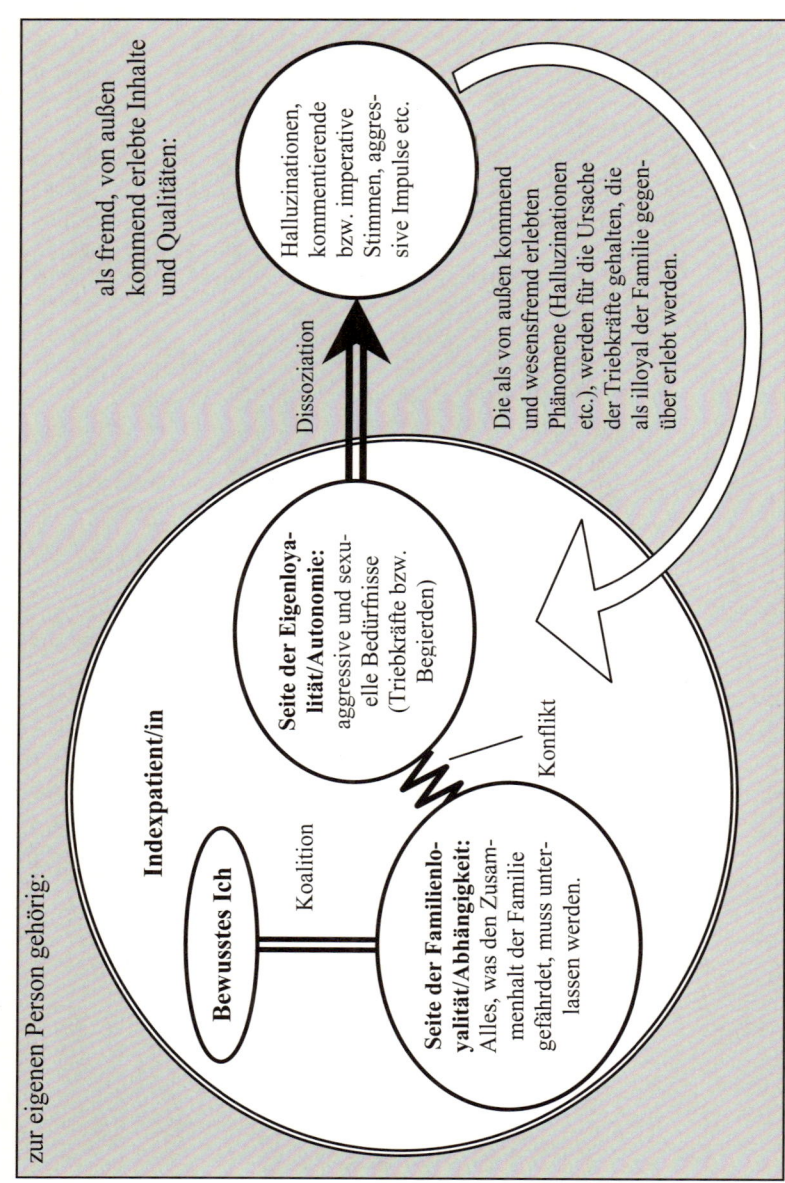

Abbildung 1: Dissoziation als illoyal erlebter aggressiver und sexueller Strebungen

schen sich infolge dieser Dissoziation nach außen wie fremdgesteuert und als nicht Herr ihrer Sinne zeigen, glauben auch andere (äußere Beobachter/innen, also Angehörige und professionelle Helfer/innen), dass die sich so – psychotisch – verhaltenden Menschen nicht zurechnungsfähig und daher nicht verantwortlich zu machen sind. An dieser Stelle muss ich noch anmerken, dass in meiner Wirklichkeitskonstruktion folgender – für die therapeutische Arbeit sehr hilfreiche – Grundsatz gilt: **Menschen sind in gleicher Weise für ihr Unbewusstes wie für ihr Bewusstes verantwortlich.**

Einschränkend muss allerdings Folgendes festgestellt werden: Zum einen muss nicht jede überdurchschnittlich eng erlebte Bindung zu den Eltern zwangsläufig zu den beschriebenen inneren Konflikten und den daraus abgeleiteten psychotischen Phänomenen führen, zumal es noch andere Einflussfaktoren wie beispielsweise die Bindung relativierende Bezugspersonen gibt. Zum anderen handelt es sich hierbei um *ein* mögliches Modell. Wir bekommen ein etwas anderes Bild und eine andere Dynamik des psychischen Systems, wenn sich ein Elternteil psychotisch zeigte. Hier wirken nämlich direkte Loyalitätskräfte, die von einem fordern, es dem sich psychotisch zeigenden Elternteil gleichzutun.

Bei Zwillingen bzw. Mehrlingsgeburten kommt noch ein weiterer Unterschied hinzu: Sie sind nämlich – insbesondere wenn sie monozygot sind – aufgrund ihrer extrem ähnlichen und zeitgleichen Entwicklung in außerordentlicher Weise emotional aneinander gebunden, was dann dazu führt, dass viele Zwillinge ihr Leben lang beieinander bleiben und sich nicht vollständig fühlen, wenn die andere „Zwillingshälfte" nicht in der Nähe ist. Die Bindung und damit die Loyalität von Zwillingen ist weit höher als zwischen anderen Geschwistern. Im Gegensatz zu allen anderen Kindern haben Zwillinge bzw. Mehrlinge zueinander sogar eine höhere Bindung als zu den eigenen Eltern. Aufgrund dieser enormen Bindung weisen Verhaltens- und Sichtweisen (Einstellungen, Vorlieben, Geschmäcker etc.) bei Zwillingen bzw. Mehrlingen eine extrem überdurchschnittliche Ähnlichkeit auf. Natürlich muss das in gleicher Weise ebenfalls für psychotische Sicht- und Verhaltensweisen gelten.

2.3 Erklärungsbedürfnisse und die Entwicklung eines Wahnsystems (Logik von Erklärungsnotwendigkeiten)

Wenn der/die Betreffende aufgrund von unbewussten Dissoziationsprozessen eigene Strebungen in transformierter Form als fremd erlebt, führt das sofort zu der Frage, wie sich erklären lässt, dass etwas Fremdes von einem/einer Besitz ergreifen kann. Wie soll man sich erklären, dass fremde Stimmen im eigenen Kopf sind? Fieberhaft wird in einer solchen Situation nach Erklärungen gesucht: So kommt man aus Gründen einer zwingenden Logik auf die Idee, dass diese Gedanken einem eingegeben wurden. Es folgt die Frage, wie das denkbar sei. Und die Antwort könnte dann – ebenfalls logisch zwingend – lauten: „Mit einer besonderen und geheimen Vorrichtung, einem Apparat." Und weiter muss – dem *natürlichen* Erzählzwang folgend – gefragt werden: „Wer könnte ein Interesse daran haben, so etwas zu tun?" „Jemand, der einem schaden will." „Und wer kann überhaupt solche Apparate bauen?" „Sicherlich keine Einzelperson, sondern eine Organisation, die sehr mächtig sein muss und über die notwendigen finanziellen Mittel verfügt. Oder vielleicht handelt es sich dabei um eine außerirdische Zivilisation, weil Menschen zu einer solchen Technologie noch gar nicht fähig sind?" „Warum haben sie es auf mich abgesehen?" „Weil sie mich für irgendetwas in der Vergangenheit bestrafen wollen, was ich falsch gemacht habe." Usw., usf.

Aufgrund des *natürlichen* Bedürfnisses, sich selbst unverständlich und fremd erscheinende Phänomene zu erklären und eines in der Erzählung selbst liegenden Erzählzwanges entwickeln sich zunächst vage Vermutungen, die mit der Zeit zu Gewissheiten werden und schließlich ein ganzes Wahngebäude entstehen lassen. Die Entwicklung von Wahnideen ist damit nichts anderes als die *logische* Folge der Dissoziation und Verselbständigung nicht akzeptierbarer Impulse und Bedürfnisse und der damit einhergehenden Notwendigkeit ihrer Erklärung. Bei solchen Wahnideen handelt es sich um sekundäre Symptome, also von anderen Symptomen oder besser: psychischen Organisationsstrukturen abgeleitete Phänomene.

Ein derartiges Wahngebilde hat zudem den Vorteil, dass es zwangsläufig das mit der Dissoziation einhergehende Erleben der Machtlosigkeit und Fremdbestimmtheit kompensiert, weil man sich nun sekundär als Menschen erleben und begreifen kann, der von besonderer Wichtigkeit ist und quasi von einer höheren Macht auserwählt wurde. Es beinhaltet also nicht nur den Verlust der konsensualen Realität, sondern führt ebenso zu einer enormen „narzisstischen" Aufwertung, die für das Erleben der Machtlosigkeit und des Opferseins entschädigt.

2.4 Weitere schizophrene Symptome und ihre (psycho-) logische Erklärung

Der Vollständigkeit halber möchte ich nun noch einige andere für die Schizophrenie wesentliche Symptome einer psychologischen Erklärung zugänglich machen. Bisher habe ich mit der Theorie der Dissoziation der Familienloyalität widersprechender Strebungen folgende *typisch* schizophrene Symptome (psycho-)logisch erschlossen: Hören von Stimmen, die das eigene Tun mit Bemerkungen begleiten; Hören von Stimmen in der Form von Rede und Gegenrede; Wahnwahrnehmungen; Erleben, dass Gefühle, Wahrnehmungen, Willenshandlungen, Stimmungen *gemacht werden*; Ambivalenz; Ambitendenz und autistische Symptome (vgl. EUGEN BLEULER 1988 [1911], KARL JASPERS 1973, S. 484, KURT SCHNEIDER 1973, S. 135f).

Jetzt möchte ich mich noch mit den Symptomen des Gedankenlautwerdens bzw. der Gedankenausbreitung, den paranoiden Symptomen, den formalen Denkstörungen (wie beispielsweise dem konkretistischen Denken), der Vermeidung verständlicher Kommunikation und der scheinbar größeren Verletzlichkeit psychotisch reagierender Menschen befassen.

2.4.1 Gedankenlautwerden: Schuld- und Dissoziationslogik

In den vorhergehenden Kapiteln habe ich bereits gezeigt, dass ein stark an die Eltern gebundenes und ihnen loyales Kind existentielle Angst erfährt, wenn es das Gefühl hat, es könne durch seine Gedanken, Gefühle und Bedürfnisse ihnen gegenüber illoyal werden und die elterliche Liebe verlieren. Da wie bereits dargestellt der innere Abwehrkampf gegen diese – die Familienloyalität bedrohenden – inneren Kräfte sie auf Dauer stärkt und gleichzeitig in ihrer Qualität aggressiver werden lässt, muss ebenso die Angst zunehmen, dass Gedanken wie beispielsweise „Mutter ist eine Hexe.", „Vater ist gar nicht der richtige Vater.", „Die eigenen Eltern sind böse Menschen", „Wenn die Eltern tot wären, könnte man erben und wäre endlich frei (von dem inneren Loyalitätskonflikt)." etc. zu den Eltern dringen könnten.

Zusätzlich haben sich diese abgewehrten inneren Regungen – aufgrund ihrer Dissoziation – quasi verselbständigt und damit der bewussten Kontrolle entzogen, was die Angst zudem noch verstärken muss, dass sie sich vielleicht doch noch einen Weg bahnen könnten, sich Ausdruck zu verschaffen. Aber selbst wenn ihnen das nicht gelingt, wird befürchtet, dass solche Gedanken von anderen erahnt, wahrgenommen oder – eventuell doch – gelesen werden könnten.

2.4.2 Paranoide Ideen: Beziehungslogik

Allein aufgrund des subjektiven Erklärungsversuchs für akustische Halluzinationen sind paranoide Ideen – wie ich gezeigt habe – eine logische Konsequenz der Dissoziation aggressiver bzw. anderer als problematisch erlebter Inhalte und Strebungen. Erstaunlich wäre es, wenn es unter solchen Bedingungen zu keinen derartigen Verfolgungsideen kommen würde; denn schließlich müsste jeder halbwegs *vernünftige* Mensch paranoide Vorstellungen infolge der Konfrontation mit wesensfremd erlebten Kräften entwickeln. Aus diesem Grunde hat – zumindest im deskriptiven Sinne – die Diagnose paranoid-halluzinatorische Psychose als Synonym für Schizophrenie durchaus ihre Berechtigung.

An dieser Stelle möchte ich noch erwähnen, dass paranoide Ideen sich auch ohne die für die Schizophrenie typische Dissoziation aggressiver Kräfte relativ schnell entwickeln können. Allein wer – aus welchen Gründen auch immer – längere Zeit sozial isoliert lebt, sei es, dass er/sie sich immer mehr in seine/ihre eigene Wohnung zurückzieht, sei es, dass er/sie als Schiffbrüchiger auf einer einsamen Insel strandet, entwickelt in der Regel rasch Beziehungsphantasien. Man denkt beispielsweise, die Radiomoderator/inn/en oder der/die Nachrichtensprecher/in im Fernsehen spricht einen direkt an oder leitet geheime Botschaften an einen persönlich weiter. Wenn man unter der Dusche steht, bekommt man in einer solchen Situation der Isolation häufig Angst, ob nicht hinter dem Duschvorhang ein Mörder lauert.

Wenn jemand das Gefühl hat, verfolgt zu werden oder denkt, andere würden über ihn/sie tuscheln und hinter seinem/ihrem Rücken eine Verschwörung aushecken, stellt damit automatisch eine Verbindung, also Beziehung, zwischen sich und den vermeintlichen Verfolger/inne/n her. Die Hypothese liegt deswegen sehr nahe, dass es sich bei paranoiden Vorstellungen um ins Gegenteil gekehrte Beziehungs*wünsche* handelt. Fatalerweise bewirken diese Phantasien, dass sich andere Menschen eher zurückziehen, so dass sich Isolation und Rückzug verstärken, was wiederum die paranoiden Ideen intensivieren mag. Wenn es jedoch beispielsweise im Rahmen einer Psychotherapie oder durch andere Umstände wieder zu befriedigenden Kontakten und realen sozialen Beziehungen kommt, lösen sich in der Regel solche Beziehungsideen relativ schnell wieder auf.

Es gibt noch eine dritte Ursache für paranoide Beziehungsideen: Sie besteht in massiven und geheim gehaltenen Schuldgefühlen, seien sie nun berechtigt oder nicht. Wer das Gefühl hat, sich schuldig gemacht zu haben für etwas, was er/sie vor anderen geheim hält, muss fast zwangsläufig mit der Entwicklung von Verfolgungsideen rechnen. In einer solchen Situation denkt man, die anderen unterhielten sich über das, was man auf sich geladen hat, zeigten mit dem Finger auf einen und forderten Genugtuung. Diese paranoiden Vorstellungen lösen sich in der Regel auf, wenn ein Weg gefunden wird, die Schuldgefühle aufgeben zu können, indem man entweder sich überzeugen kann, keine objektive Schuld zu haben oder eine Möglichkeit findet, die Schuld durch Wiedergutmachung oder durch ein Wiedergutmachungsritual abzutragen.

Demnach sind paranoide Ideen bei der schizophrenen Krise in der Regel doppelt begründet: Zum einen speisen sie sich aus dem natürlichen Erklärungszwang der erlebten dissoziativen Phänomene (*Andere* verfolgen einen mit Apparaten, die Stimmen eingeben und Befehle erteilen etc.) und zum anderen resultieren sie aus dem Schuldgefühl wegen der – abgewehrten – aggressiven Gedanken und Impulse, die sich gerade gegen die am nächsten stehenden Personen, in der Regel die Eltern, richten und die als unvereinbar mit den starken Bindungskräften erlebt werden.

2.4.3 Konkretistisches Denken: kognitive Logik

Formale Denkstörungen wie konkretistisches Denken gehören ebenfalls zu häufig beobachteten schizophrenen Symptomen. Man spricht dann von konkretistischem Denken, wenn metaphorische Redewendungen nur noch wortwörtlich verstanden werden können. Wenn beispielsweise das Sprichwort „Geduld bringt Rosen" wortwörtlich verstanden wird, nämlich: dass die Geduld mit einem Rosenstrauß vorbeischaut. Auch um Witze verstehen zu können, muss man die Fähigkeit besitzen, über den genauen Wortsinn hinauszugehen. Konkretistisches Denken ist die Konsequenz des vergeblichen Versuchs, im Erfassen einer Botschaft absolut sicher zu gehen und um jeden Preis Fehler zu vermeiden; denn nur so – glaubt man – kann die Loyalität nach außen gezeigt werden. Dabei wird die Botschaft in ihre *konkreten* Wortbestandteile aufgelöst und seziert, so dass ihre metaphorische Bedeutung und damit ihr Sinn gänzlich verloren gehen muss. Die Seite der Abhängigkeit und der Anpassung an elterliche Normen und Erwartungen wird ständig bedroht von der sie desavouierenden Seite der Autonomie, so dass sie doppelt auf der Hut sein muss, um ja nichts falsch zu machen, was dann zu einem Pyrrhus-Sieg der familienloyalen Seite führt: Indem sie nämlich so viel Wert darauf legt, alles richtig zu machen und sich von der eigenloyalen Seite nicht aus dem Konzept bringen lassen möchte, hypertrophieren die von ihr geforderten Anpassungsleistungen so sehr, dass sie einen absurden Charakter annehmen und nicht ernst genommen werden, so dass auf diese Art und Weise die eigenloyale Seite doch noch – quasi durch die Hintertür ins Lächerliche gesteigerter Pflichterfüllung – ihren Protest ausdrücken kann. Wie bereits beschrieben, führt das auf der verbalen Ebene zu konkretistischen Fehlinterpretationen, auf der Verhaltensebene kommt es zu grotesken Reaktionen. Das mir in einer Supervision geschilderte Verhalten eines als schizophren diagnostizierten jungen Mannes gibt ein sehr anschauliches Beispiel für derartige Reaktionsweisen: Nach dem erfolgreich bestandenen Abitur wurde er zum Wehrdienst eingezogen und versuchte die Anordnungen und Befehle, die er dort erhielt, extrem gründlich und gewissenhaft zu erfüllen, indem er in der Nacht – während seine Kameraden schliefen – im Stechschritt marschierte, sich dabei brüllend militärische Kommandos gab und exerzierte. Dieses Verhalten führte schließlich zum ersten Psychiatrieaufenthalt und der Ausmusterung aus dem Militärdienst. In der Supervision wurde weiter berichtet, dass er seine Eltern, zu denen er eine starke Bindung hatte, als sehr dominant und mit hohen Erwartungen an ihn *erlebte*, was ja die Voraussetzung für den eingangs beschriebenen, existentiell erlebten Ambivalenzkonflikt zwischen den eigenen expansiven und den abhängigen, familienloyalen Kräften darstellt, der erst zu dem geschilderten ver-rückten Verhalten führte.

2.4.4 Vermeidung intentionaler Kommunikation: exkommunikative Strategien[6]

Schizophren sich verhaltende Menschen haben – wie das die Vertreter der Heidelberger Schule sehr schön auf den Begriff gebracht haben – in besonderer Weise die Fähigkeit, intentionale Kommunikation zu vermeiden, also unklar zu kommunizieren, was gleichzeitig auf ihre Fähigkeit zu klarer Kommunikation verweist. Lassen Sie mich zur Veranschaulichung dieser exkommunikativen Fähigkeit folgenden – politisch nicht korrekten – Witz erzählen, den ich im Übrigen ARNOLD RETZER verdanke und den FRITZ SIMON hervorragend analysiert hat (SIMON 1990, S. 97f): Zwei Schizophrene spielen „Mensch ärgere Dich nicht", sagt der eine: „Schach". Darauf der andere: „Beim Halma gibt es doch keinen Elfmeter."

---

[6] Den Begriff „Exkommunikation" im Zusammenhang mit schizophrenen Verhaltensweisen hat ARNOLD RETZER geprägt.

Während sich konkretistisches Denken darauf bezieht, die Bedeutung einer Botschaft möglichst fehlerlos zu erfassen, liegt die Ursache exkommunikativer Strategien darin, sich nicht eindeutig kommunikativ festzulegen; denn jede derartige Festlegung oder Aussage könnte der Familienloyalität gefährlich werden. Position zu beziehen, bedeutet, sich ein für alle Mal festzulegen, einen Elternteil zu verraten und mit einem anderen zu koalieren. Ein schönes Beispiel hierzu berichtet GUNTHER SCHMIDT (1997): Während der Therapie einer Familie mit einem schizophren diagnostizierten Sohn verhielt sich der Sohn zunächst kommunikativ klar. Doch auf eine die elterliche Beziehung betreffende Frage reagierte er offensichtlich akut psychotisch, indem er voller Angst und Erregung behauptete, dass Russen mit ihren Panzern im Anmarsch seien, immer näher kämen und schließlich über GUNTHER SCHMIDT rollten (was unausweichlich den unangenehmen Fragen ein Ende bereitet hätte). Im Nachhinein stellte sich heraus, dass die Frage offensichtlich zu brisant für den Sohn war, weil er mit ihrer Beantwortung eine angreifbare Aussage über die elterliche Beziehung getroffen hätte. Durch ihre Nicht-Beantwortung hätte er aber ebenfalls Position beziehen müssen, zumindest in der Form, dass er hierüber keine Aussage machen möchte. In einer solchen Situation psychotisch zu reagieren, ist ein Beleg für die Genialität des Unbewussten, sich durch exkommunikative Prozesse aus der Affäre zu ziehen; denn hierdurch muss die Frage weder beantwortet werden, noch muss man den Willen bekunden, sie nicht zu beantworten.

2.4.5 Zur scheinbar größeren Verletzlichkeit schizophren diagnostizierter Menschen

Aufgrund des extremen inneren Ambivalenzkonflikts befinden sich schizophren sich verhaltende Menschen in einer extrem instabilen Position; denn jeder Zeit kann es zu heftigen inneren Konflikten kommen: Äußere bzw. innere (An-)Forderungen wie beispielsweise der Wunsch eines Elternteils nach der eigenen Meinung hinsichtlich eines Sachverhalts, beziehungsrelevante Fragen oder ein Anwachsen bestimmter sexueller bzw. aggressiver Bedürfnisse können äußerst unangenehm erlebte innere Konfliktspannungen hervorrufen. Jeder Mensch würde sich in einer solch prekären Situation unsicher, ängstlich und verletzlich zeigen. Daraus muss man den Schluss ziehen, dass nicht die Persönlichkeit schizophren sich zeigender Menschen verletzlich *ist*, sondern die Position, in der sie sich befinden. Metaphorisch lässt sich diese Position mit dem Versuch, eine Kugel auf einer gewölbten Oberfläche in stabiler Position zu halten, versinnbildlichen.

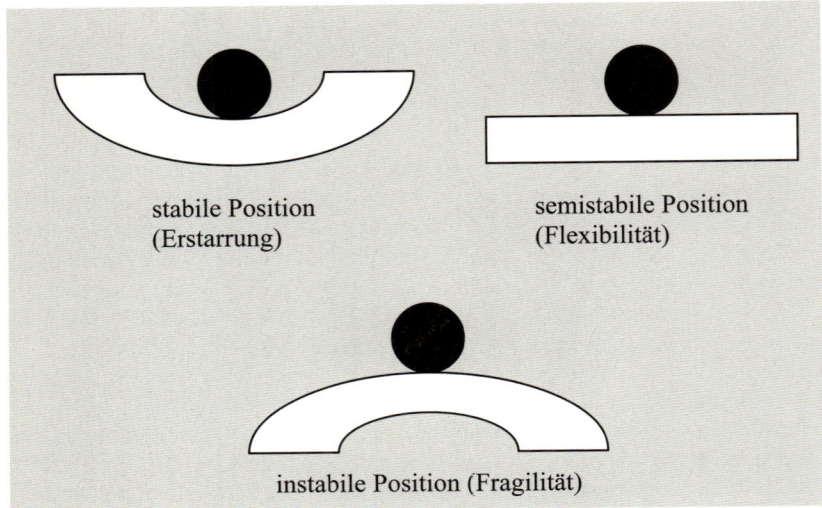

stabile Position
(Erstarrung)

semistabile Position
(Flexibilität)

instabile Position (Fragilität)

Abbildung 2: Die fragile Position schizophren sich zeigender Menschen

2.4.6 Zusammenfassung

In Form einer tabellarischen Gegenüberstellung möchte ich dieses Kapitel über die psychologische Erklärung der wesentlichen schizophrenen Symptome zusammenfassen:

Schizophrene Symptome	Psychologische Erklärung
Hören von Stimmen, die das eigene Tun mit Bemerkungen begleiten	Von der entwicklungslogisch früheren und deshalb zunächst stärkeren Seite der Familienloyalität werden bestimmte Aspekte der eigenen Persönlichkeit (Gedanken, Gefühle, Bedürfnisse und Strebungen wie Aggressionen und Sexualität) abgelehnt, wodurch sie in den unbewussten Untergrund gehen. Mit der Zeit erstarken sie immer mehr und werden schließlich als von der Person dissoziiert und wesensfremd erlebte Eingebungen und Stimmen wahrgenommen, die das eigene Tun aus ihrer Sicht kommentieren.
Hören von Stimmen in der Form von Rede und Gegenrede	Mit diesen dissoziierten Aspekten der eigenen Person kann wie mit einem/einer Fremden geredet werden, was häufig – aufgrund des Kampfes zwischen den gegensätzlichen Kräften der Eigen- und Familienloyalität – zu heftigen inneren und äußeren *monologischen Streitgesprächen* führt.
Wahnvorstellungen	Der *natürliche* Erklärungszwang des *gesunden* Menschenverstandes dieser Phänomene führt dazu, dass – *logisch folgerichtig* – immer abstrusere Vorstellungen entwickelt werden, um sie sich plausibel zu machen, was schließlich und zwangsläufig zu elaborierten Wahngebäuden führen muss.
paranoide Symptome	Der *natürliche* Zwang des *gesunden* Menschenverstandes zu erklären, wie es zu den wesensfremd erlebten Stimmen kommt, führt *logisch folgerichtig* zu paranoiden Ideen.
Ambivalenz	Der Kampf zwischen der Seite der entwicklungslogisch erstarkenden Seite der Eigenloyalität und der Seite der Familienloyalität, die sich gegenseitig ausschließen, wird innerlich als ständige Ambivalenz erlebt.
Ambitendenz	Nach außen erscheint diese Ambivalenz in ambitendenten Handlungen, z.B. befiehlt eine Seite, Kaffee zu trinken, während eine andere Seite es verbietet. (Beim Kaffeetrinken in einer Therapeutischen Wohngemeinschaft, die ich in den 80er Jahren betreute, bemerkte ich, dass eine schizophren diagnostizierte Bewohnerin eine Kaffeetasse lange Zeit schwebend genau in der Mitte zwischen Tischplatte und Mund hielt. Auf Nachfrage schilderte sie mir genau diesen Sachverhalt.)

Tabelle 1: Typische schizophrene Symptome und ihre psychologische Erklärung

Schizophrene Symptome	Psychologische Erklärung
autistische Symptome	Innerhalb der eigenen Familie muss dieser ständige innere Kampf um jeden Preis für sich behalten werden, was dazu führt, dass das Verhalten immer autistischer erscheint.
Katatonie	Der innere Kampf zwischen den sich gegenseitig bekämpfenden Persönlichkeitsseiten bei dem gleichzeitigen Versuch, ihn geheim zu halten und alles zu unterlassen, was falsch sein könnte, führt zur Katatonie, der extremsten Form der Ambitendenz „etwas zu tun und gleichzeitig nicht zu tun". Aufgrund der gewaltigen inneren Anspannung kann sie – ohne massive Intervention – zum Tode führen, was heute allerdings kaum mehr vorkommt.
Gedankenlautwerden bzw. Gedankenausbreitung	Negative, gegen die Familienloyalität gerichtete Gedanken werden an ihrem Ausdruck gehindert, was – da diese Gedanken um Ausdruck ringen – zur massiven Befürchtung Anlass gibt, sie könnten doch nach außen dringen, was für den/die Betroffene/n manchmal zur furchtbaren Gewissheit wird.
Erleben, dass Gefühle, Wahrnehmungen, Willenshandlungen, Stimmungen gemacht werden	Die dissoziierten Aspekte (Gefühle, Handlungen, Wahrnehmungen, Gedanken und Stimmungen) erscheinen als eigenständige und fremde Wesenheiten in der eigenen Person.
konkretistisches Denken (formale Denkstörung)	Das Bestreben, um jeden Preis Fehler zu vermeiden, bei dem gleichzeitigen Ansturm dissoziierter, innerer, familial-zentrifugaler Kräfte führt dazu, Mitteilungen anderer wortwörtlich zu sezieren, so dass metaphorische Inhalte verloren gehen müssen.
Vermeidung verständlicher Kommunikation (z.B. durch „Danebenreden")	Um eindeutige Festlegungen zu vermeiden, welche die Gefahr beinhalten, von einem Elternteil illoyal erlebt zu werden, muss die Fähigkeit genutzt werden, nicht-intentional, d.h. uneindeutig, zu kommunizieren.
Verletzlichkeit	Die größere Verletzlichkeit ist kein feststehendes Persönlichkeitsmerkmal, sondern entsteht – logisch zwingend – infolge der instabilen Position (innerer und äußerer Kontext) schizophren sich zeigender Menschen.

Tabelle 1: Typische schizophrene Symptome und ihre psychologische Erklärung (Fortsetzung)

2.5 Eine psychologische Erklärung für psychotische Reaktionen bei aufdeckendem psychoanalytischen Vorgehen

Bei einem aufdeckenden psychoanalytischen Vorgehen wird zwangsläufig einseitig die familienloyale Seite durch Aktivierung von Erinnerungen aus der Kinderzeit gestärkt, was nach einer Weile zu heftigen Protesten der eigenloyalen Seite führen muss, die dann zu psychotischen Reaktionen führen. Zudem führt die analytische Regression und das aufdeckende Vorgehen häufig dazu, die eigene Persönlichkeit und das eigene Leben überwiegend defizitär und problematisch wahrzunehmen, was die Verunsicherung der Betroffenen enorm steigert. Aus diesem Grunde sollten bei psychotischen Verhaltens- und Erlebensweisen aufdeckende Verfahren der klassischen Psychoanalyse unterlassen werden.

2.6 Zwang und Schizophrenie: Ähnlichkeiten und Unterschiede

KISKER, FREYBERGER, ROSE & WULFF stellen fest, dass Zwangssymptome oft im Vorfeld einer Schizophrenie auftreten (1987, S. 99). Tatsächlich ist diese Feststellung nicht gesichert. Vielmehr muss angenommen werden, dass kaum jemals eine Zwangssymptomatik in eine Schizophrenie übergeht. Dennoch gibt es zwischen der Zwangssymptomatik, genauer den Zwangsgedanken und der Schizophrenie auf verschiedenen Ebenen große Ähnlichkeiten, aber natürlich auch signifikante Unterschiede.

Unter den Neurosen haben Zwangsgedanken die meisten Ähnlichkeiten mit den Schizophrenien: Auch bei ihnen handelt es sich um vom bewussten Ich nicht akzeptierbare und deshalb abgewehrte aggressive Regungen, die in den unbewussten Untergrund gedrängt werden. Dort entfalten sie jedoch bald ein Eigenleben und drängen sich dem Bewusstsein unwillkürlich als Zwangsgedanken mit gewalttätigen und/oder sexualsadistischen Inhalten auf. Zwar werden diese Zwangsgedanken so wie die Stimmen bei der Schizophrenie als Ich-fremd erlebt, jedoch ist die Dissoziation nicht so weit fortgeschritten, als dass man nicht die eigene Person als Entstehungsherd dieser äußerst unangenehmen – weil extreme Schuldgefühle erzeugenden – Gedanken verantwortlich macht. Obwohl also der Inhalt der Zwangsgedanken als den eigenen moralischen Grundüberzeugungen widersprechend angesehen wird, erlebt man sich doch als Schöpfer/in derselben, was einerseits den Vorteil hat, dass man versucht, mit Hilfe verschiedener Maßnahmen wie Zwangsrituale und -handlungen wieder Herr über die eigenen

Gedanken zu werden, andererseits fühlt man sich als Täter/in dieser Gedanken weit schuldhafter als bei einer schizophrenen Symptomatik. Aufgrund dieses bei Zwangssymptomatiken weiter bestehenden Verantwortlichkeitsgefühls ist hier die Motivation für die Aufnahme einer Psychotherapie weit höher als bei einer schizophrenen Problematik.

Unter systempsychologischem Gesichtspunkt besteht die Ähnlichkeit zwischen beiden Symptomatiken darin, dass beide als Voraussetzung einer starken Bindung zur Herkunftsfamilie bedürfen. Menschen, die unter Zwangsgedanken und Zwangshandlungen leiden, haben in der Regel das Bestreben, Aufgaben sehr gewissenhaft zu erfüllen und Fehler zu vermeiden. Sie haben infolgedessen einen ausgeprägten Gerechtigkeitssinn und ein hohes Maß an Verantwortungsbewusstsein und Pflichtgefühl. Einerseits verfügen sie über ein sehr gut ausgeprägtes Gewissen, andererseits stellen gleichzeitig ihre Bedürfnisse hohe Ansprüche daran, beachtet und realisiert zu werden, was häufig zu starken inneren Konflikten führt. So korrespondiert die Stärke ihres Gewissens mit der Stärke ihres Bedürfnisdrucks.

Systemisch resultiert ein gut entwickeltes Gewissen aus den Bindungskräften des sozialen Zugehörigkeitssystems. Nur Menschen, welche die existentielle Not spüren, von den Mitgliedern eines sozialen Systems (meist der Herkunftsfamilie) anerkannt zu werden, zu dem sie sich zugehörig fühlen, entwickeln ihm gegenüber ein intensives Verpflichtungsgefühl. Diese Bindungskräfte (Loyalitäten) können so stark ausgeprägt sein, dass Menschen bereit sind, sich im Dienste für dieses System aufzuopfern und sogar das eigene Leben hinzugeben. So wie Schizophrene leiden zwanghafte Menschen[7] unter der Ambivalenz zwischen den zentrifugalen entwicklungsbedingten Strebungen und den Loyalitätsbindungen zur eigenen Familie. Das Gemeinsame von Zwangsgedanken und Schizophrenie besteht also in starken zugrunde liegenden Loyalitätsbindungen. Der Unterschied besteht meines Erachtens darin, dass bei der Schizophrenie die zentrifugalen sexuellen und aggressiven Kräfte vollständiger in den unbewussten Untergrund verbannt werden als bei den Zwangsphänomenen, weil entweder diese Triebkräfte nicht so stark sind wie bei einer zwanghaften Persönlichkeitskonstellation oder weil die Unterdrückung infolge einer stärkeren Familienloyalität vollständiger verläuft.

---

[7] Natürlich gibt es in der Realität weder schizophrene noch zwanghafte Menschen. Sie sind idealtypische Konstruktionen, die nicht lebensfähig wären. Kein Mensch kann nur und ausschließlich schizophren oder zwanghaft sein.

2.7 Die psychische Wirksamkeit von Neuroleptika und ihre Folgen

Wer nicht handelt, weil er für sein Tun keine Verantwortung übernimmt, wird (bald) be-handelt.

Unbestritten ist, dass durch die Einnahme von Neuroleptika akute schizophrene Verhaltensweisen (produktive Symptome, Plus-Symptomatik) zurückgedrängt und somit kontrolliert werden können. Allerdings ändert sich hierdurch nichts an der zugrunde liegenden innerpsychischen Dynamik. Im Gegenteil: Das Entweder-oder-Muster zwischen Autonomie und Loyalität wird hierdurch weiter aufrechterhalten, weil sich nun die Neuroleptika mit der Seite der Familienloyalität verbünden, um mit vereinter Kraft die Seite der Eigenloyalität und die damit zusammenhängenden vitalen Interessen und Bedürfnisse zu bekämpfen und in den Untergrund zu drängen. Wenn man diese vitalen Bedürfnisse aufgrund von Gewissensbissen mit Hilfe von Neuroleptika in Schach halten will, kommt es sogar zu einem Triumvirat zwischen „bewusstem Ich", abhängig-angepasster Familienloyalität und Neuroleptika gegen die Seite autonomer Strebungen und Bedürfnisse.

Die Einnahme von Neuroleptika ist damit im systemischen Sinne keine therapeutische Maßnahme, weil sie gegen das Gebot der Beziehungsneutralität (oder besser: Allparteilichkeit) verstößt, denn sie nimmt eindeutig Partei für die Seite der Familienloyalität, indem sie angepasstes Verhalten auf chemischem Wege erzwingt. Die **Neuroleptika-Behandlung** ist aus diesen Gründen eine **Maßnahme sozialer Kontrolle**, die eingesetzt wird, um unerwünschtes, sozial inakzeptables Verhalten zu unterdrücken. Maßnahmen sozialer Kontrolle sind – um es unmissverständlich auszudrücken – in bestimmten Situationen bzw. bei bestimmten Verhaltensweisen (von anderen beobachtete bzw. selbst berichtete drohende Selbst- und Fremdgefährdung) nicht zu vermeiden. Sie sollten jedoch als solche deklariert und nicht als medizinische Behandlung verschleiert werden (siehe auch Kapitel C).

Kurzfristig wird damit der Konflikt auf Kosten autonomer Strebungen beruhigt. Unter systemischen Gesichtspunkten führt dies zu einer Musterunterbrechung im betreffenden Kontext, was mitunter günstige Auswirkungen nach sich ziehen kann, aber auch unter den gegenwärtigen Bedingungen zu kaum vermeidbaren ungünstigen Effekten führt (siehe Tabelle 2). Eine langfristige, über mehrere Jahre andauernde Be-handlung mit Neuroleptika muss jedoch zwangsläufig allein aufgrund der oben beschriebenen psychi-

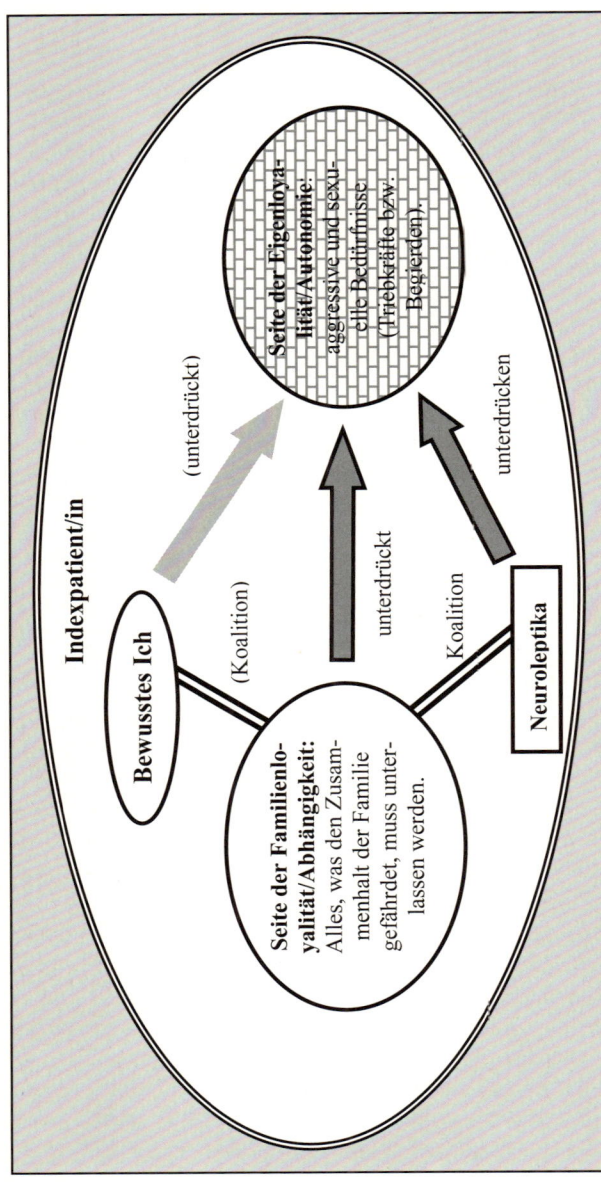

Abbildung 3: Neuroleptika unterdrücken die autonomen Bestrebungen und verstärken damit die Seite der abhängigen Familienloyalität. In bestimmten Fällen werden sie zusätzlich noch vom bewussten Ich unterstützt. Die Seite der Eigenloyalität/Autonomie wird damit quasi eingemauert, so dass ihre Bedürfnisse und Strebungen kaum mehr wahrgenommen werden können und es deswegen zu keinen dissoziativen Prozessen mehr kommen kann. Infolgedessen verschwindet die akute schizophrene Symptomatik. Bei konstanter Aufrechterhaltung dieser Konstellation durch kontinuierliche Neuroleptika-Gaben kommt es unweigerlich zu einer enormen Einschränkung individueller Entwicklungsmöglichkeiten und zu Chronifizierungsprozessen. Die eigentliche zugrunde liegende Dynamik kann nicht mehr wahrgenommen werden.

schen Wirkungsweise zu einer Chronifizierung des zugrunde liegenden Konfliktes zwischen Autonomie und Loyalität und damit zur Aufrechterhaltung der schizophrenen Symptomatik führen. Denn bei passender Gelegenheit (Reduzierung der Neuroleptika-Dosis, Beginn einer sexuellen Beziehung, Schritte in die berufliche Unabhängigkeit etc.) werden die unterdrückten vitalen Interessen und Bedürfnisse ihre Chance wittern und – weil immer noch unvereinbar mit den Geboten der Familienloyalität – in Form von Stimmen oder anderen schizophrenen Symptomen wieder zum Vorschein kommen.

	Kurzfristige Auswirkungen von Neuroleptika	**Konsequenzen einer langfristigen Neuroleptika-Behandlung**
akute Symptomatik	Die Symptome klingen ab.	Die zugrunde liegende Dynamik bleibt unangetastet.
Selbstwahrnehmung	Die Einnahme von Neuroleptika, die als Medikamente und nicht als chemische Kontrollmittel verstanden werden, stützt die Wahrnehmung, krank im medizinischen Sinne zu sein.	Bei langfristiger Einnahme entwickelt sich die Überzeugung, chronisch und damit „unheilbar" krank zu sein.
Fremdwahrnehmung	Der/die Betroffene wird als krank erlebt.	Der/die Betroffene wird als chronisch/„unheilbar" krank wahrgenommen und entsprechend behandelt.
Interaktionen im Kontext	Da das verrückte, bedrohlich und störend erlebte Verhalten unterbunden wird, kommt es zu einer Entlastung (Musterunterbrechung).	Da sich langfristig kaum etwas Grundlegendes zu ändern scheint, steigt die Belastung für Angehörige und Betroffene wieder an.

Tabelle 2: Kurzfristige Auswirkungen und langfristige Konsequenzen der Neuroleptika-Behandlung für ausgewählte Merkmale.

	Kurzfristige Auswirkungen von Neuroleptika	Konsequenzen einer langfristigen Neuroleptika-Behandlung
Verantwortung	Entlastung von Verantwortung infolge der Übernahme des Krankheitskonzepts sowohl auf Seiten der Betroffenen als auch der Angehörigen.	Der/die Betroffene wird nicht ernst genommen, für nicht zurechnungsfähig gehalten; unangemessenes Verhalten wird entschuldigt (Narrenfreiheit).
körperliche Auswirkungen	Einschränkung der Motorik, Mimik und des Gefühlsausdrucks.	körperliche und hirnphysiologische Schädigungen mit den bekannten (Neben-)Wirkungen (Dyskinesien, Akathisie etc.)
Autonomie	eingeschränkt	eingeschränkt, enorme Verminderung von Lebenschancen.
Abhängigkeit	Die Abhängigkeit von den Angehörigen nimmt ab, während die zu psychiatrischen und psychosozialen Einrichtungen zunimmt.	Die Abhängigkeit zu den Angehörigen nimmt wieder zu, da es zu keiner grundsätzlichen Veränderung kommt. Die Abhängigkeit von psychiatrischen und psychosozialen Institutionen bleibt dabei weiter bestehen.
Entwicklungsmöglichkeiten	Werden von den Beteiligten zunächst noch als relativ offen eingeschätzt.	Werden mit der Zeit immer eingeschränkter wahrgenommen.

Tabelle 2: Kurzfristige Auswirkungen und langfristige Konsequenzen der Neuroleptika-Behandlung für ausgewählte Merkmale (Fortsetzung).

2.8 Psychotherapeutische Interventionen

Aus dem hier dargestellten psychologischen Erklärungsansatz können verschiedene psychotherapeutische Interventionen abgeleitet werden, die als Anregungen verstanden werden sollen, damit die Beteiligten mit höherer Wahrscheinlichkeit die schizophrene Problematik lösen können. Die wichtigsten psychotherapeutischen Interventionen möchte ich hier unter Berücksichtigung ihrer spezifischen Logik und ihrer möglichen Auswirkungen kurz skizzieren:

2.8.1 Das Anbieten einer krankheitsrelativierenden Wirklichkeitskonstruktion für psychotische Phänomene:

Wie ich beschrieben habe, lässt sich bei den meisten Menschen, die schizophrene Symptome entwickeln, in der Pubertät eine *auffallend unauffällige* Entwicklung feststellen, d.h., die Jugendlichen glänzen durch das Fehlen revoltierender Verhaltensweisen und passen sich der Erwachsenenwelt schnell – fast möchte man sagen: pflegeleicht – an. Umgekehrt darf allerdings nicht geschlossen werden, dass das Fehlen rebellierender Verhaltensweisen in der Adoleszenz immer zu schizophrenen Symptomen führt.

Für die psychotherapeutische Arbeit mit Familien, in denen ein Kind sich in bestimmten Situationen psychotisch verhält, ist es sinnvoll und häufig not-wendig, hypothetisch die Frage zu erörtern, welche Auswirkungen es für die Beteiligten hätte, wenn es sich bei den als problematisch erlebten Verhaltensweisen gar nicht um psychische Krankheitssymptome, sondern um ein nachgeholtes bzw. verspätetes pubertäres Verhalten handelte, das nur so aussieht, als sei es verrückt bzw. psychotisch, weil es unpassend für das Lebensalter des nun schon erwachsenen Kindes ist.

Die Reaktionen auf psychische Krankheitssymptome und die auf pubertäres (rebellisches, freches etc.) Verhalten und ihre jeweiligen Auswirkungen sollten dann gegenübergestellt werden und hinsichtlich einer Kosten-Nutzen-Analyse abgewogen werden. Dabei wird sich in der Regel herausstellen, dass es vorteilhafter ist, verrücktes Verhalten als pubertäres bzw. rebellisches und nicht als krankhaftes Verhalten zu bewerten. Zur Veranschaulichung dieses Vorgehens ein Beispiel aus meiner Praxis:

Die verspätete Rebellion

Die Eltern riefen einen Kollegen von mir in ziemlich verzweifelter Stimmung an, weil sie mit ihrem 25-jährigen Sohn, der immer noch bei ihnen wohne, nicht mehr zurechtkämen. Mein damaliger Kollege bat mich mit ihm zusammen das Familiengespräch zu führen. Während des ersten Gesprächs, das wir mit der ganzen Familie, also den Eltern und ihrem Sohn, führten, ergab sich folgendes Bild: Die Eltern waren im schon etwas fortgeschrittenen Alter und wirkten lebenserfahren, selbstbewusst und zugewandt. Der gemeinsame Sohn saß zwischen ihnen und wirkte eingeschüchtert, ängstlich und wenig selbstbewusst. Wurde er direkt befragt, antwortete er nur sehr zögerlich, schaute fast flehentlich Rat suchend zu Mutter und Vater, so als wolle er um jeden Preis die richtige Antwort geben. Nach diesem Gespräch, das wir als Abklärungsgespräch verstanden, ob eine Psychotherapie ratsam sei, entschlossen wir uns angelehnt an SELVINI-PALAZZOLIs invariante Verschreibung (Geheimnis- und Ausgehverschreibung) den Sohn auszuladen und nur noch den Eltern weitere Gespräche anzubieten. Weil jedoch die Eltern darauf drängten, boten wir dem Sohn zusätzlich an, Einzelgespräche mit uns zu führen, wovon er allerdings keinen Gebrauch machte.

Zu Beginn des zweiten Gesprächs fragte ich die Eltern, was sie glauben, aus welchem Grunde wir nur noch sie zu einem Gespräch eingeladen haben. Diese Frage ist deshalb notwendig, damit die Eltern nicht auf die unzutreffende und für die therapeutische Beziehungsgestaltung verheerende Idee kommen, wir würden sie nur deswegen allein einladen, weil wir sie als die eigentlichen Urheber des Verhaltens ihres Sohnes ansehen. Sollten die Eltern doch eine derartige Idee haben, sollte das sofort als Missverständnis enttarnt werden. Die Eltern antworteten beide: „Wir glauben, dass Sie uns deswegen allein sprechen wollten, weil wir hierdurch mehr Gelegenheit haben, uns offener über das problematische Verhalten des Sohnes zu unterhalten." Diese Antwort bestätigten wir sofort.

Nach beiden Gesprächen stellte sich Folgendes heraus: Die Situation zu Hause gestaltete sich für die Eltern im letzten Jahr immer unerträglicher, da sie sich – um Ärger zu vermeiden – in ihrer Lebensführung immer mehr eingeschränkt hatten: Sie fühlten sich bedroht von ihrem Sohn, dessen Verhalten immer unberechenbarer werde. Da der Sohn sich von den Geräuschen, welche die Eltern machten, gestört fühle und um aggressives Verhalten ihres Sohnes nicht zu provozieren, redeten sie nur noch leise miteinander, vermieden alle unnötigen Geräusche und bemühten sich in besonders fürsorglicher Weise um ihren Sohn. Aus Sorge, der Sohn könne etwas anstellen, trauten sich die Eltern kaum noch, die Wohnung zu verlassen. Die Eltern berichteten weiter, dass sich ihr Sohn immer eigenartiger verhalte, seitdem er an seiner Diplomarbeit schreibe und sich auf seine Diplomprüfung vorbereite. Er ziehe sich tagelang in sein Zimmer zurück, sei kaum ansprechbar, habe den Kontakt zu Freunden eingestellt und zeige zudem ein zwanghaftes Verhalten, das sich in stundenlangem Zurechtrücken von Wandbildern in der Wohnung manifestiere. In letzter Zeit sei es auch zu tätlichen Auseinandersetzungen gekommen. Beispielsweise habe der Sohn sich gegenüber der Mutter sehr ärgerlich gezeigt, weil sie – auf seinen Wunsch hin – mit einem Rotstift sehr genau seine Diplomarbeit korrigiert habe, woraufhin er ihr – angeblich aus Versehen – einen Druckbleistift in ihren Oberschenkel gerammt habe. Die Eltern seien beide mit ihrem Sohn auch schon bei einem Psychiater gewesen, der eine manisch-depressive Psychose diagnostiziert habe und eine ausschließlich medikamentöse Behandlung empfahl (Anmerkung: Meines Erachtens spricht das beschriebene Verhalten eher für eine – im deskriptiven Sinne – beginnende typisch schizophrene Symptomatik). Nachdem wir diese Informationen gehört hatten, schlugen mein Kollege und ich vor, eine Pause einzulegen. Obwohl wir keinerlei Informationen über die Kindheit und Jugend des Sohnes hatten, war ich überzeugt, dass er während seiner Pubertät keinerlei Probleme gemacht hatte, wie das andere Jugendliche in dem gleichen Alter zu tun pflegen.

Schließlich gingen wir wieder ins Gespräch. Ich teilte den Eltern mit, dass wir den Eindruck hätten, dass ihr Sohn in seiner Pubertät eher unauffällig war und es mit ihm auch sonst kaum Probleme in dieser für Eltern oft schwierigen Zeit gegeben habe. Die Eltern reagierten sehr erstaunt darüber, wie wir das wissen konnten. In der Tat habe der Sohn nie Probleme gemacht, seine schulischen Leistungen hätten auch keine Schwankungen aufgewiesen, er habe nie rebelliert und sich bisher auch nicht sonderlich um das andere Geschlecht bemüht. Auf diese Bestätigung meiner Vermutung bot ich folgendes Deutungsangebot an: „Aufgrund meiner Erfahrung weiß ich, dass Kinder, die sich in ihrer Pubertät sehr unauffällig verhielten, verspätet rebellieren, wenn sie schon 20, 25, 30 oder mehr Jahre alt sind. Diese Rebellion sieht mit einem Alter von 25 Jahren ganz anders aus als mit 15 Jahren, sie wirkt nämlich im Alter von 25 Jahren verrückt. Ich würde Ihnen aus diesem Grunde raten, auf das bizarre Verhalten Ihres Sohnes wie auf pubertär-rebellisches zu reagieren, wodurch Sie mehr Einfluss auf das Verhalten Ihres erwachsenen Kindes nehmen können, als wenn Sie davon ausgingen, Ihr Sohn sei psychisch krank." Da ich mit meiner Vermutung über das pubertäre Verhalten des Sohnes für die Eltern überraschend richtig lag, wurde zum einen die therapeutische

Beziehung zu den Eltern intensiviert und zum anderen wurde ich von ihnen als ausgewiesener Experte anerkannt. Das führte meines Erachtens letztlich dazu, dass sie meiner vorgeschlagenen neuen Sichtweise schnell zustimmen konnten. Im weiteren Verlauf wurden zudem folgende Strategien und Ideen mit den Eltern entwickelt:

➢ Die Eltern sollten so tun, als lebten sie mit ihrem Sohn nicht in einem gemeinsamen, sondern in zwei voneinander getrennten Haushalten.

➢ Je mehr sich die Eltern für ihren Sohn in fürsorglicher Weise einsetzen, umso aggressiver reagiert er. Aus diesem Grunde haben wir den Eltern nahe gelegt, dass sie dem Sohn zumuten, seine Probleme alleine zu lösen, gerade und besonders dann, wenn sie das Bedürfnis haben, dem Sohn zu helfen. Wir versicherten ihnen, dass das vielleicht die schwierigste Aufgabe von allen sei, weil sie sich vermutlich wie Rabeneltern dabei fühlen würden. Aber immer wenn sie sich als Rabeneltern fühlten, sei das ein Hinweis, dass sie richtig liegen würden.

➢ Wir haben den Eltern zudem empfohlen, dem Sohn – auch wenn er nachfragen sollte – nichts über das Gespräch zu erzählen, sondern ausdrücklich zu sagen, dass das allein ihr Geheimnis sei.

In dem darauf folgenden Gespräch berichtete der Vater folgende Begebenheit: Kurz bevor der Sohn zu einem Kurzurlaub fahren wollte, was den Eltern sehr gelegen kam, trödelte er umstandskrämerisch herum, so dass die Gefahr bestand, er könne seinen Zug verpassen. Die Eltern forderten ihn auf, schneller zu machen, was dann zu einer heftigen Auseinandersetzung führte, in deren Verlauf der Sohn die Mutter attackierte. Da nun der Vater nicht mehr davon ausging, dass es sich hierbei um psychisch krankes Verhalten handelte, rief er die Polizei, die auch relativ schnell kam und ein Protokoll aufnahm. Anschließend beruhigte sich der Sohn sehr schnell, so dass der Vater ihn noch zum Bahnhof fahren konnte. Durch dieses Verhalten zeigte der Vater deutlich, dass er nicht akzeptiert, wenn sein Sohn tätlich wird und Gegenmaßnahmen – wie das Rufen der Polizei – einleiten wird. Wären die Eltern davon ausgegangen, dass es sich bei dem gezeigten Verhalten des Sohnes um Symptome einer psychischen Krankheit handelt, hätten sie sich selbst als Experten im Umgang mit ihrem Sohn schachmatt gesetzt, weil für eine solche Krankheit Psychiater/innen bzw. Psychotherapeut/inn/en zuständig sind. Wir bestätigten das schnelle und konsequente Verhalten der Eltern und schlugen im weiteren Verlauf dieser und der nächsten Sitzung vor, den Sohn mehrmals ohne Vorankündigung zunächst über Stunden, später Tage und schließlich Wochen alleine zu lassen und nichts über die elterlichen Ausflüge und Urlaube mitzuteilen. Fünf Monate nach Abschluss der Therapie rief ich die Eltern an, um zu erfahren, wie die Entwicklung weitergegangen sei. Sie berichteten, dass sich das Verhältnis zwischen ihnen und ihrem Sohn entspannt habe, er in einer eigenen Wohnung lebe, seine sozialen Kontakte wieder aufgenommen habe und sich aktiv um seine berufliche Perspektive kümmere. Weitere Gespräche seien deswegen nicht mehr notwendig.

2.8.2 Wertschätzen der intensiven Bindung zwischen Eltern und Kind[8]

> *If you want to strengthen something, oppose it.*
> *Frank Farrelly*

Zunächst möchte ich feststellen, dass grundsätzlich gegen intensive und enge Bindungen zwischen Eltern und Kindern nichts einzuwenden ist, sie sind sogar die Voraussetzung für das Wohlergehen eines Menschen. Schädliche Auswirkungen haben sie nur dann, wenn man glaubt, ihnen zuliebe bzw. um keine Schuld auf sich zuladen, auf die Verwirklichung eigener vitaler Interessen verzichten zu müssen. Wenn man als Psychotherapeut/in von dem Gedanken inspiriert ist, dass das Engagement der Eltern für ihre Kinder schlecht, weil übertrieben, sei, dann läuft man Gefahr, alles dafür zu tun, dass die Eltern sich noch mehr für ihr Kind einsetzen, was wiederum eher problematische Verhaltensweisen auf Seiten des Kindes verstärkt.

Angenommen, Sie hätten – begründet oder unbegründet – ein Schuldgefühl in Bezug auf Ihr sich verhaltensauffällig zeigendes Kind, auf welche Art und Weise würden Sie sich dann diesem Kind gegenüber verhalten? Es liegt nahe, in einer solchen Situation dem Kind sehr viel zu geben, sich ihm gegenüber sehr fürsorglich und beschützend zu verhalten. Als logische Konsequenz dieses Verhaltens fühlt sich das Kind in der Regel aufgefordert, sich den Eltern gegenüber dankbar zu erweisen. Gleichzeitig fühlt es sich in seiner Autonomie bedroht, was negative Gefühle den Eltern gegenüber hervorruft, die aber unterdrückt werden müssen, um sich ihnen gegenüber nicht noch schuldiger fühlen zu müssen.

Angenommen, Sie würden von einem/einer professionellen Helfer/in darauf hingewiesen, dass Sie sich emotional überengagiert, over-protective und klammernd Ihrem Kind gegenüber verhalten und dass darin auch ein Grund für das problematische Verhalten des Kindes gesehen wird, welche

---

[8] vgl. meinen Artikel „Wertschätzung als zentrales, dialektisches Wirkprinzip in der Systemischen Psychotherapie" (MÜCKE 2000d)

Gefühle würde das in Ihnen auslösen? Sicherlich wären Sie mit Recht entrüstet über diese anmaßende Unterstellung, würden wahrscheinlich aber auch noch größere Schuldgefühle Ihrem Kind gegenüber entwickeln. Als logische Konsequenz könnten Sie nun Folgendes tun:

1. Sie könnten dem/der professionellen Helfer/in beweisen, dass Sie sich besser um Ihr Kind kümmern als er/sie, indem Sie ihm/ihr beispielsweise nachweisen, was er/sie alles falsch gemacht bzw. wo er/sie sich nachlässig verhalten hat.

2. Um sich vor diesen Unterstellungen zukünftig und effektiv zu schützen, wäre ein Besuch bei einem/einer biologisch orientierten Psychiater/in extrem hilfreich. Mit der zweifelsfreien Gewissheit exakter Wissenschaft könnte er/sie Ihnen nämlich bestätigen, dass psychotherapeutische Gespräche bei dieser schweren, genetisch bedingten Erkrankung des Gehirnstoffwechsels kontraindiziert, mitunter sogar schädlich sind.

3. Sie könnten versuchen, die von dem/der Helfer/in angeregten Schuldgefühle durch Intensivierung Ihrer Anstrengungen für Ihr nun als psychisch krank wahrgenommenes Kind abzubauen.

Und wieder hätten wir als Auswirkung die Intensivierung der Bindungskräfte und damit die *einseitige* Stärkung der Seite der Familienloyalität beim Kind.

Psychotherapeutisch sinnvoller und menschlich authentischer wäre es dagegen, wenn die Eltern endlich einmal für ihr bis an die Grenze der Selbstaufopferung reichendes Engagement Wertschätzung entgegengebracht bekämen. Sofort könnte sich ihr Verhältnis zu ihren Schuldgefühlen, zu ihrem Kind und nicht zuletzt zu den professionellen Helfer/inne/n entspannen. Sie wären nicht mehr unter Rechtfertigungsdruck und könnten sich hierdurch erleichtert und – legitimerweise – anerkannt fühlen, was dazu führen könnte, dass sich die Bindungskräfte lockern und eine entwicklungsdynamisch günstigere Qualität bekommen. Damit wäre sowohl den Eltern als auch dem Kind gedient.

2.8.3 Die Aufhebung der Exkommunikation

Wie ARNOLD RETZER (siehe Kapitel 2.4.4) sehr treffend beschrieben hat, gehen mit psychotischen Verhaltensweisen exkommunikative Prozesse einher: Einerseits exkommuniziert sich der/die Betreffende durch verrücktes Verhalten selbst, dazu gehören eine unklare und konfuse Kommunikation, die Vermeidung von Beziehungsdefinitionen, Andeutungen, Vorbeischauen, Schweigen, generell alle Verhaltensweisen, die im sozialen Kontext für unangemessen gehalten werden. Andererseits werden Verhaltensweisen und Äußerungen des/der Betroffenen selbst im sozialen Kontext nicht mehr ernst genommen, indem Beiträge des/der Betreffenden ignoriert werden, unterstellt wird, dass er/sie normale Kommunikation nicht versteht bzw. Äußerungen oder Verhaltensweisen als verständlich deklariert werden, obwohl sie nicht verstanden werden. Ein Beispiel für eine solche Exkommunikation wäre es, wenn ein/e Psychiater/in von einem/einer psychotisch diagnostizierten Patienten/Patientin während der Visite geschlagen wird und er/sie daraufhin zum Patienten/zur Patientin sagen würde: „Gell, heute geht es Ihnen schlecht" (STIERLIN/RETZER 1996). Die Zuschreibung des Etiketts „psychisch krank" ist die im gesellschaftlichen (psychosozialen, psychiatrischen und juristischen) Kontext gängige Form der Exkommunikation. Doch Exkommunikation bedeutet nicht nur den Ausschluss aus der vernünftigen Kommunikation, sondern mit ihr geht gleichzeitig der Ausschluss aus dem sozialen System der Vernünftigen einher, was zu einem immensen Einbruch der eigenen Identität führt, da die soziale Identität von der Zugehörigkeit zu bestimmten sozialen Systemen abhängig ist. Um eine stabile Identität beibehalten zu können, wird dann die Zugehörigkeit zu sozialen Systemen angestrebt, die sich über Krankheitsdiagnosen definieren: Psychiatrische Gemeinschaften, Patientenclubs, Kontakt- und Beratungsstellen, Therapeutische Wohngemeinschaften, Selbsthilfegruppen etc.

Für das Gelingen der Systemischen Psychotherapie mit psychotisch definierten Menschen ist es deswegen entscheidend, den/die Exkommunizierte/n wieder in die Kommunikation einzuführen (RETZER 1994, S. 198ff), was durch folgende Interventionen angeregt werden kann:

1. Der/die Indexpatient/in wird (im Rahmen einer Familienberatung) möglichst ausgiebig direkt angesprochen, dabei wird *unterstellt*, dass er/sie die Fähigkeit hat, Kontakt aufzunehmen und klar zu kommunizieren (RETZER 1997). Dieses Vorgehen ist möglich, weil sich zum einen kein Mensch permanent psychotisch verhalten kann, und zum anderen die Fähigkeit zu konfuser und unklarer Kommunikation die Kompetenz impliziert, eindeutig zu kommunizieren. Aus eigener Erfahrung weiß ich, dass durch das vernünftige Ansprechen eines Indexpatienten/einer Indexpatientin ebenfalls vernünftiges Reden auf seiner/ihrer Seite ermöglicht wird.

2. Indem der/die Indexpatient/in im Zuge der invarianten Verschreibung SELVINI-PALAZZOLIs aus der Psychotherapie explizit ausgeschlossen wird, was impliziert, dass er/sie keine Psychotherapie nötig hat, wird er/sie aufgewertet, als normal angesehen und damit wieder in die intentionale Kommunikation eingeführt.

3. Das Verhalten des Indexpatienten/der Indexpatientin wird als bedeutungsvolle und intentionale Kommunikation klassifiziert, was wie folgt geschehen kann: „Sie haben sicherlich gute Gründe, sich mir gegenüber im Moment unverständlich zu zeigen, auch wenn ich diese Gründe zur Zeit noch nicht verstehe" (RETZER 1997).

2.8.4 Innere Firmenkonferenz: Vom innerpsychischen Konflikt zur wertschätzenden Kooperation

> Eines ist bemerkenswert in seiner Einfachheit: Je geborgener ein Kind sich in seinem Alltag und in der Liebe seiner Eltern fühlt, desto begieriger ist es, diese Sicherheit zu verlassen und sie in seinen eigenen Leistungen und in seinen Beziehungen zu sich selbst und anderen Menschen zu finden.
>
> Eine schizophren diagnostizierte Mutter[9]

Solange der Kampf zwischen dem Persönlichkeitsanteil „Familienloyalität" und dem der Eigenloyalität einem Entweder-oder-Muster folgt, und die Seite der Familienloyalität im Verein mit dem „bewussten Ich" die Seite der Eigenloyalität in den unbewussten Untergrund drängt, besteht jederzeit die Möglichkeit, dass die betreffende Person schizophren reagiert.

Um eine dauerhafte Lösung der psychotischen Krise zu ermöglichen, ist es sinnvoll, in der direkten Psychotherapie mit dem/der Betroffenen beide sich bekämpfende Seiten so plastisch wie möglich mit Hilfe möglichst vieler Sinnesqualitäten (Größe, Alter, Aussehen, Farbe, Konsistenz etc.) zu konkretisieren. Als nächsten Schritt kann dann eine Innere Familien- bzw. Firmenkonferenz, die von GUNTHER SCHMIDT maßgeblich entwickelt wurde, durchgeführt werden, um eine Kooperation dieser unterschiedlichen Seiten anzuregen. Hierzu ist folgendes Vorgehen sinnvoll:

1. Externalisierung der Persönlichkeitsaspekte im Raum. Dabei ist zu beachten, dass die externalisierten Aspekte sich nicht außerhalb des Gesprächszimmers befinden – selbst wenn es zunächst die bevorzugte Variante wäre –, weil die Gesamtperson dann keinen bzw. nur einen geringen Einfluss auf diese Seite ausüben kann. Zu einer solchen Externalisierung kann man wie folgt einladen: „Angenommen, diese Seiten Ihrer Persönlichkeit wären nicht in Ihnen, sondern außerhalb von Ihnen in

---

[9] DuVal, M. *Schizophrenia Bulletin* 5 (1979) S. 631-636

diesem Raum, wo würden Sie diese am ehesten lokalisieren? In welcher Entfernung wären sie? Wie würden sie aussehen? Welche Gestalt und welches Geschlecht hätten sie? Wie alt und wie groß wären sie?" Etc.

2. Nachdem die verschiedenen Seiten plastisch externalisiert wurden, sollte man sofort den Präsidenten/die Präsidentin (Chef/in, Gesprächsleiter/in, die wertschätzende Steuerungsinstanz[10] etc.) einführen: „Natürlich fehlen jetzt noch Sie als Gesamtpersönlichkeit; denn Sie sind viel mehr als die von Ihnen beschriebenen Persönlichkeitsanteile. Sie sind der/die Chef/in in Ihrer Firma mit den von Ihnen beschriebenen Persönlichkeitsanteilen als Mitarbeiter/innen und Ratgeber/innen. Sie können den Gesprächsverlauf entscheidend beeinflussen und für die nötige Kooperation zwischen den Teilen und Ihnen sorgen."

3. Wenn ein/e Chef/in und die verschiedenen Aspekte in der Vorstellung des Kunden/der Kundin verankert sind, sollte man die Wirklichkeitskonstruktion eines kooperativen Persönlichkeitsmodells anbieten. Wenn nämlich die Seiten, die alle ihre Berechtigung haben – wie unterschiedlich sie sich auch immer zeigen – gut miteinander und mit ihrem Chef/ihrer Chefin kooperieren, haben alle einen enormen Gewinn davon und können sich gegenseitig nicht nur in ihrem Wohlbefinden unterstützen, sondern sind sogar wechselseitig aufeinander angewiesen. Der/die Berater/in fungiert hier als Coach des Kunden/der Kundin, um eine wertschätzende, allparteiliche Kommunikation zwischen dem/der Chef/in und seiner/ihrer Persönlichkeitsanteile anzuregen. Dabei gelten dieselben Prinzipien wie bei einer Familienberatung.

4. Als nächsten Schritt sollte man zunächst eine Kommunikation zwischen den Aspekten anregen: „Was würde ein Teil zu dem anderen sagen und welche Erwiderung bekäme er?" In der Regel werden sich die Teile zunächst noch feindselig gegenüberstehen. Wenn der Gegensatz extrem groß ist, dann sieht es beinahe so aus, als würde ein Teil den anderen am liebsten umbringen, nach der Devise in dem Kultfilm „Highlander" : „Es kann nur einen geben" – und Kopf ab (dieses Bild verdanke ich GUNTHER SCHMIDT). Die Persönlichkeitsaspekte sind allerdings viel kooperativer, wenn sie von dem/der Chef/in wertgeschätzt werden. Es kann auch hilfreich sein, einen Ortswechsel der Teile anzuregen, um eine gute

---

[10] Natürlich erheben diese Unterscheidungen keinen Anspruch darauf, die einzig wahren zu sein. Es sind Konstruktionen, mit denen eine psychische Umstrukturierung angeregt werden soll, die den inneren Konflikt entschärft. Der/die Präsident/in bzw. die wertschätzende Steuerungsinstanz schließt zwar auch das „bewusste Ich" mit ein, verkörpert aber die Gesamtheit aller Aspekte einer Person.

Kooperationsbeziehung zu ermöglichen. Der/die Chef/in hat dabei eine Sonderstellung, denn er/sie kann bestimmen und auch eindeutig Stellung beziehen, indem er/sie mitteilt, worunter er/sie leidet, so dass es auch zu einer Versöhnung zwischen den Teilen und dem/der Chef/in kommen kann.

5. Wenn man eine günstige Kooperationsbeziehung angeregt hat, können nun die Persönlichkeitsaspekte ihre eigentliche Aufgabe erfüllen, kooperierende Ratgeber des Chefs/der Chefin für Problemlösungen zu sein.

6. Nachdem man sich mit seinen Mitarbeiter/inne/n beraten hat, kann sich der/die Chef/in bei ihnen bedanken und sich mit ihnen zu einem nächsten Treffen wieder verabreden.

7. Es ist sehr zu empfehlen, nach dieser Konferenz nach Gegenständen zu suchen, welche die unterschiedlichen Persönlichkeitsaspekte gut symbolisieren. Man kann diese dann in der Tasche mit sich herumtragen und jederzeit eine Konferenz einberufen, wenn sie benötigt wird.

Das Ziel dieser Form der psychotherapeutischen Intervention besteht darin, dass *beide* Seiten ins Bewusstsein kommen und das Missverständnis gelöst wird, es könne nur eine Seite auf Kosten der anderen ihre Interessen durchsetzen. Häufig lässt sich dieses Ziel eines ausgewogenen Sowohl-als-auchs ebenso durch weniger komplizierte Prozeduren erreichen, beispielsweise indem man als Psychotherapeut/in Kontakt mit beiden Seiten aufnimmt und beide in ihren wichtigen Funktionen wertschätzt. Schließlich sollte man erkunden, wann und in welcher Situation mehr die eine Seite und wann und in welcher Situation mehr die andere Seite ausgedrückt werden sollte. Das synchrone Entweder-oder der beiden Seiten wird somit in ein diachrones Sowohl-als-auch transformiert.

2.8.5 Vom innerpsychischen Konflikt zur äußeren Auseinandersetzung

Eine weitere therapeutische Intervention, die sich aus dem bisher Dargestellten logisch ergibt, besteht – ganz im Gegensatz zum Vorgehen beim psychoedukativen Verfahren – darin, Anregungen zu geben, die inneren Konflikte des psychotisch sich verhaltenden Kindes in äußere Konflikte über Lebensvorstellungen mit seinen Eltern oder anderen Angehörigen zu überführen, was durch verschiedene Vorgehensweisen erreicht werden kann (vgl. RETZER 1997, SIMON & RETZER 1998 und 1999):

Erstens lassen sich Angebote machen, damit die Eltern oder andere Angehörige ihr **Krankheitskonzept relativieren** können, also nicht mehr davon ausgehen, dass störendes Verhalten immer gleich „krankes" bzw. psychotisches Verhalten sein muss, sondern einfach faul, frech, halbstark, nervend etc. sein kann. Man erreicht das beispielsweise mit Hilfe folgender Fragen:

- Wenn 100% ganz krank ist, was würden Sie denken, wie viel Prozent krank sind Sie im Moment?
- Zu wie viel Prozent waren Sie krank, als Sie sich entschlossen, in die Klinik zu gehen?
- Zu wie viel Prozent sind Sie im Moment in den Augen Ihres Psychiaters/Ihres Vaters/Ihrer Mutter/Ihrer Freundin etc. krank?
- Wo erleben Sie sich gesünder, zu Hause oder hier?
- Wem gegenüber zeigt sich Ihr Sohn/Ihre Tochter besonders krank?
- Angenommen, Sie würden denken, dass Ihr Kind, wenn es den Kontakt mit Ihnen vermeidet, Sie nicht anschaut und nicht ansprechbar ist, das nicht aus Krankheits- sondern aus Abgrenzungsgründen tut, wie würden Sie dann darauf reagieren? Etc.

Zweitens kann man dem psychotisch definierten Kind **hypothetische Fragen hinsichtlich konkreter Verhaltensweisen** stellen, **die bewusst provozieren sollen**. Hierdurch werden einerseits Konflikte als Thema eingeführt und andererseits können ihre Auswirkungen überprüft werden, ohne dass man sich gleich konflikthaft verhalten muss:

- Angenommen, Sie wollten – was ich Ihnen aber nicht unterstellen möchte, denn höchstwahrscheinlich wollen Sie genau das Gegenteil – Ihre Eltern provozieren und zwar so, dass sie Ihre Provokationen nicht als verrücktes oder krankes Verhalten deuten, sondern als ernst gemeintes, wie müssten Sie sich dann ihnen gegenüber verhalten? Wie würden dann Ihre Eltern auf Sie reagieren? Welche Konsequenzen hätte das für Ihre Beziehung zu den Eltern in einem Jahr? Etc.

Um solche beziehungsrelevanten Fragen stellen zu können, ist es wichtig sich hierfür viel Zeit zu lassen, damit sich die familienloyale Seite nicht bedroht fühlt und mit entsprechenden Gegenmaßnahmen reagiert, was zu psychotischen Verhaltensweisen führen kann. Aus diesem Grunde sollte für den therapeutischen Prozess zunächst möglichst lange offen bleiben, ob es überhaupt Sinn macht, psychotherapeutische Gespräche zu führen (Abklärungsphase); zudem sollte kein Zweifel daran gelassen werden, dass alle Beteiligten und auch das sich psychotisch verhaltende Kind sehr viel Wert darauf legten, gute Beziehungen zueinander zu haben.

Drittens kann man als Psychotherapeut/in den/die identifizierte/n Patientin/Patienten dazu **auffordern, kleine Fehler zu begehen**. Diese Aufforderung sollte in jedem Falle gut begründet sein und plausibel gemacht werden: „Leben heißt Fehler machen." „Aus Fehlern wird man klug, drum ist einer nicht genug." „Um sich zu entwickeln, ist es not-wendig (im Sinne der Wendung einer Not), Fehler zu machen." Ein Kunde von mir sagte einmal zu mir: „Fehler machen, ist wie ein Lexikon schreiben." Etc. Der Versuch, um jeden Preis Fehler zu vermeiden, wird damit in Frage gestellt. Falsches zu tun, kann sich als etwas sehr Sinnvolles erweisen (vgl. RETZER & SIMON 1999, S. 107f).

Viertens kann auch durch die **Verschreibung der Unsichtbarmachung von Konflikten durch symptomatisches Verhalten** verhindert werden, dass Konflikte neutralisiert werden. Ein Beispiel hierfür wäre die Aufforderung, immer dann vorzugeben, Stimmen aus dem Kühlschrank zu hören, wenn eine Auseinandersetzung vermieden werden soll. Indem solcherart symptomatisches Verhalten auf Konflikte bezogen wird, bekommt es intentionalen Charakter, wird also wieder in die Kommunikation eingeführt. Zudem kann es nun Konflikte nicht mehr auflösen, sondern muss eher als Indiz für das Bestehen eines Konflikts gewertet werden (vgl. RETZER & SIMON 1999, S. 108).

Fünftens können Konflikte durch die **Diachronisierung einer synchronen Zeitorganisation**, also durch das Einführen eines zeitlichen Nacheinanders wieder sichtbar werden, weil Gleichzeitigkeit äußere Konflikte auslöscht: „Angenommen, Sie würden sich entscheiden, in der kommenden Woche ganz in der engen Verbundenheit mit Ihrer Familie zu leben und das Familienleben, die Nähe zu den anderen Familienmitgliedern, die Versorgung durch die Eltern und Ihre Rolle als Sohn auszukosten, und in der darauf folgenden Woche würden Sie sich entscheiden, ganz die Beziehung zu Ihren Freunden zu genießen und sich in Ihrem Beruf zu engagieren, was würden Sie in der ersten Woche, was in der zweiten Woche tun? Wie würden Ihre Eltern und wie Ihre Freunde und Berufskollegen reagieren?" (RETZER & SIMON 1999).

Sechstens können Konflikte sichtbar werden, wenn Handlungen ambivalent bewertet werden: „Uneindeutiges Bewerten ermöglicht häufig erst eindeutiges Handeln. Insofern ist die Notwendigkeit des Entweder-oders im Handeln verknüpfbar mit einem Sowohl-als-auch oder Weder-noch des Bewertens (d.h. mit Ambivalenz). Die Verknüpfung von Handeln und Denken/Bewerten in schizophrenen Mustern ist dagegen umgekehrt: Mit dem Versuch uneindeutigen (verrückten, „ambitendenten") Verhaltens soll ambivalenzfreies Bewerten erreicht oder aufrechterhalten werden. Oder anders formuliert: Handlungen können uneindeutig („verrückt") werden, wenn sie eindeutig bewertet werden müssen, und Handlungen können eindeutig werden, wenn sie ambivalent bewertet werden können. Die therapeutische Aufgabe besteht nun darin,

a) ambitendentes Verhalten zu stören, um ambivalentes Bewerten zu ermöglichen, oder

b) ambivalenzfreies Bewerten zu stören, um eindeutiges Verhalten zu ermöglichen" (RETZER & SIMON 1999, S. 110).

Um dieses Vorgehen zu gewährleisten empfiehlt sich das **therapeutische Splitting**: Ein/e Therapeut/in betont die positiven Seiten, die es hätte, wenn die identifizierte Patientin ihren eigenen Weg verfolgt, Freunde findet und ihr selbständiges Leben genießt. Ein/e andere/r Therapeut/in beschreibt die Vorzüge, die es hätte, wenn man im Schoß der Familie bleiben würde, sich weiter versorgen lassen könnte und damit gleichzeitig Rücksicht auf die anderen Familienmitglieder nähme, die noch nicht bereit sein könnten, allein ohne die Tochter zurechtzukommen (vgl. RETZER & SIMON 1999, S. 111).

Dieses Vorgehen empfiehlt sich besonders auch zu Beginn einer Familienberatung mit einem schizophren diagnostizierten Mitglied: Gleich eine Therapie oder Beratung mit der Familie durchzuführen wäre nicht sinnvoll, weil man erst mit der Familie die Vor- und Nachteile eines derartigen Vorhabens abwägen sollte, was erst im Laufe von einem oder auch mehreren Abklärungsgesprächen stattfinden kann (ambivalentes Abwägen der Teilnahme an therapeutischen Gesprächen) (vgl. RETZER & SIMON 1999, S. 112).

2.8.6 Weitere psychotherapeutische Interventionen

Es würde den Rahmen dieser Arbeit sprengen, würde ich detailliert auf weitere aus diesem Konzept ableitbare bzw. erklärbare psychotherapeutische Interventionen bei schizophrenen Erlebens- und Verhaltensweisen eingehen oder auch nur den Versuch unternehmen, sie vollständig aufzulisten. Dennoch möchte ich zur Abrundung einige der für diese Problematiken wesentlichen Interventionen benennen[11] und hinsichtlich ihrer Wirksamkeit zusammen mit den bereits skizzierten in Tabelle 3 kurz zusammenstellen: Geheimnis- und Ausgehverschreibung (vgl. SELVINI PALAZZOLI, CIRILLO, SELVINI & SORRENTINO 1992), paradoxe Interventionen (vgl. SELVINI PALAZZOLI, BOSCOLO, CECCHIN & PRATA 1985 und WEEKS/L'ABATE 1985), konstruktivistisch-kompetenzorientierte Familienaufstellungen (vgl. LANGLOTZ 1998), kompetenzorientierte Deutungsangebote (Umdeutungen) (vgl. WATZLAWICK, WEAKLAND & FISCH 1988), Ritualverschreibungen (vgl. SELVINI PALAZZOLI, BOSCOLO, CECCHIN & PRATA 1985 und IMBER-BLACK, ROBERTS & Whiting, 1993), fürsorgliche Belagerung (SIMON 1996), Zurückverfolgen von Verhaltenssequenzen (RETZER 1997), Entlastung von Schuldzuschreibungen und Schuldgefühlen (SIMON 1996), Veränderung des Kommunikationsmusters bei Elternbesuchen (TRENKLE 1996).

Zum Schluss sei explizit auf die sowohl unter praktisch-therapeutischen als auch logisch-theoretischen Gesichtspunkten hervorragende Artikelserie „Therapeutische Schnittmuster. Ein Projekt. „Schizophrenie-Therapie" I und II (1998 und 1999) von RETZER und SIMON hingewiesen.

---

[11] Wer sich ausführlicher mit diesen Interventionen beschäftigen möchte, sei auf mein Lehr- und Lernbuch „Probleme sind Lösungen. Systemische Beratung und Psychotherapie – ein pragmatischer Ansatz", Potsdam 2001, verwiesen.

Intervention	Beschreibung	Intendierte Auswirkung
Infragestellen eines starren Krankheitskonzepts	Umdeutung des schizophrenen Verhaltens als pubertäre Rebellion, Prozentfragen hinsichtlich der Bewertung schizophrenen Verhaltens als krank oder faul, krank oder störrisch, krank oder frech etc.	Aufgabe des Konzepts der Verantwortungslosigkeit für das eigene „verrückte" Verhalten, Wiederherstellung der Handlungsfähigkeit der Eltern; Eltern sollen das Verhalten des Kindes ernst nehmen.
Wertschätzung der Bindung	Betonung der positiven Aspekte der Bindung für die Beteiligten	Die Eltern müssen nicht gegen Professionelle kämpfen und ihnen beweisen, dass sie gut für ihr Kind sorgen. Sie können eher loslassen.
Bindung und Autonomie	Gerade dadurch, dass man sich autonom und unabhängig zeigt, erfüllt man die Erwartungen, die Eltern in einen setzen.	Aufhebung des Widerspruchs zwischen Bindung und Autonomie
Aufhebung der Exkommunikation	Unterstellung der Kommunikationsfähigkeit des/der Betroffenen sowie der Intentionalität seines/ihres Handelns	Der/die Betroffene wird von anderen und sich selbst als Gesprächs- und Verhandlungspartner/in wieder ernst genommen.
Innere Firmenkonferenz	Bewusste Dissoziation ver-rückter Anteile.	Erhöhung der Verfügungsgewalt über abgespaltene bzw. dissoziierte Aspekte der eigenen Persönlichkeit.
behutsame Einführung von realen Konflikten	Mögliche äußere Konflikte zwischen Familienmitgliedern werden in Kommunikation gebracht.	Hypothetische Folgenabschätzung bei bestimmten Handlungen, Verringerung innerer Konfliktspannung, Erhöhung der Auseinandersetzungsmöglichkeiten
Ritualverschreibungen	Bestimmte Handlungsabläufe werden auf die immer gleiche Weise verschrieben und mit Bedeutsamkeit geladen.	Vermittlung von Sicherheit, aus der heraus man bestimmte Risiken eingehen bzw. auf sich nehmen kann.

Tabelle 3: Eine Auswahl spezifischer therapeutischer Interventionen bei schizophrenen Verhaltens- und Erlebensweisen.

Intervention	Beschreibung	Intendierte Auswirkung
Geheimnis- und Ausgehverschreibung	Den Eltern werden Geheimnisse und Ausgehabende bzw. -tage verschrieben.	Die Generationengrenze zwischen Kindern und Eltern wird deutlich gezogen. Die Beziehung der Eltern untereinander wird intensiviert. Die Unabhängigkeit der erwachsenen Kinder wird gefördert.
Entlastung von Schuldzuschreibungen und Schuldgefühlen	Nicht angemessene Schuldgefühle werden vom Therapeuten hinterfragt. Mögliche therapeutische Interventionen: provokatives Überzeichnen der Schuld, direktes Infragestellen der Schuld, Schuldentilgungsrituale etc.	Entlastung von angemaßten Schuldgefühlen, Verhinderung kompensatorischer Erklärungen für das verrückte Verhalten, Wiederherstellung von Handlungsfähigkeit
konstruktivistisch-kompetenzorientierte Familienaufstellungen	Aufzeigen des wechselseitigen Beziehungsgeflechts	Auflösung von Verstrickungen
fürsorgliche Belagerung („Pampern")	Regressives, kleinkindliches Verhalten wird dem/der erwachsenen Indexpatienten/Indexpatientin verschrieben.	Auf Seiten der Eltern wird die Übernahme von Verantwortung, Fürsorge und Handlungsinitiative für das Kind bewusst wahrgenommen und nach einiger Zeit abgelehnt. Das erwachsene Kind erlebt die elterliche Fürsorge immer einschränkender. Beide Parteien können ohne Gesichtsverlust ihr Verhalten aufgeben.
paradoxe Interventionen	Unbewusste, unwillkürliche Symptome (z.B. Stimmenhören) werden verschrieben („Tun Sie so, als hörten Sie Stimmen.")	Erhöhung der bewussten Einflussnahme auf negativ erlebte Symptome, Erhöhung der Handlungsfähigkeit der Betroffenen, Einführung von Intentionalität

Tabelle 3: Eine Auswahl spezifischer therapeutischer Interventionen bei schizophrenen Verhaltens- und Erlebensweisen (Fortsetzung 1).

Intervention	Beschreibung	Intendierte Auswirkung
Therapeutisches Splitting	Bei zwei Therapeuten bewertet der eine Therapeut eine Handlung als positiv und sinnvoll, während die andere Therapeutin das Gegenteil derselben positiv und sinnvoll findet. Ein einzelner Therapeut kann genauso vorgehen, indem er sich selbst splittet („Eine Seite in mir findet …, während eine andere Seite anderer Meinung ist.")	Störung ambitendenten (d.h. verrückten, scheinbar nicht-intentionalen) Verhaltens durch ambivalente Bewertungen dieses Verhaltens. Neuorganisation des Konflikts nach einem Sowohl-als-auch-Muster.
Zurückverfolgen von Verhaltenssequenzen	Im Falle, dass A sich über B beklagt: Wie müsste sich A verhalten, damit B sich in der beklagten Weise verhält? Dann: Wie müsste sich B verhalten, damit A sich so verhält, dass B das beklagte Verhalten zeigt?	Das wechselseitig aufeinander bezogene Verhalten wird bewusst wahrgenommen und kann aus diesem Grunde leichter verändert werden. Problematische Beziehungsmuster werden in ihren jeweiligen Auswirkungen wahrgenommen und können unterbrochen bzw. modifiziert werden.
kompetenzorientierte Deutungsangebote (Umdeutungen)	Unbewusst und unwillkürlich-passiv ablaufende Defizite werden als bewusst und aktiv-willkürliche Kompetenzen gedeutet.	Steigerung des Selbstbewusstseins, der Verantwortungsübernahme und damit der Handlungsfähigkeit, Erhöhung von Gestaltungsspielräumen
Veränderung des Kommunikationsmusters bei Elternbesuchen	Kinder sollten sich vor einem Besuch bei den Eltern vorbereiten, indem sie sich drei Themen überlegen, mit denen sie ein Gespräch beginnen können. Wenn sie die Thematik des Gesprächs nicht mehr bestimmen, sollten sie Gesprächspausen machen, für die sie ebenfalls drei plausible Gründe haben sollten.	Dadurch, dass die Kinder die Gesprächsthemen und den Gesprächsfluss bestimmen, werden sie als autonome, eigenständige und selbstverantwortliche Personen wahrgenommen.

Tabelle 3: Eine Auswahl spezifischer therapeutischer Interventionen bei schizophrenen Verhaltens- und Erlebensweisen (Fortsetzung 2).

2.9 Einige Bemerkungen zur Annahme gestörter, psychosefördernder bzw. -hervorrufender Familienverhältnisse

In den vorhergehenden Kapiteln bin ich davon ausgegangen, dass es keine gestörten Beziehungsstrukturen, Kommunikations- bzw. Interaktionsmuster und auch keine gestörten elterlichen Persönlichkeiten zwingendermaßen *braucht*, um schizophrene, aber auch im weiteren Sinne psychotische Erlebens- und Verhaltensmuster hervorzurufen. Nach dem Zweiten Weltkrieg gab es eine Vielzahl von familientherapeutischen Untersuchungen und Konzepten hinsichtlich der Kommunikations- und Beziehungsstrukturen von Familien mit einem psychotisch diagnostizierten Familienmitglied sowie der in ihnen vorherrschenden Glaubenssätze und Wirklichkeitskonstruktionen, von denen man annahm, dass sie psychotisches Verhalten ursächlich hervorrufen. Besonders das Konzept der schizophrenogenen Mutter von FRIEDA FROMM-REICHMANN und später BATESONs Double-bind-Konzept sind hier bedeutsam.

Diese Konzepte markieren den Wechsel von einer individuumzentrierten zu einer interaktionellen Sichtweise. Beziehungs- und Kommunikationsstrukturen und -muster traten in den Vordergrund. Allerdings beinhalteten diese Konzepte die Gefahr einer linear-kausalen Beziehungslogik, die nun den Müttern bzw. Eltern die Verantwortung und damit die Schuld für das psychotische Verhalten und Erleben der Kinder zuschrieb, was berechtigterweise zu heftigen Protesten führte und beinahe die ganze familientherapeutische Forschung in Misskredit brachte. Zudem mussten zwangsläufig therapeutische Veränderungsversuche auf der Grundlage einer derartigen Schuldzuschreibungstheorie kläglich scheitern: Die Eltern wurden häufig von den familientherapeutisch orientierten Therapeuten bzw. psychosozialen, sozial- und antipsychiatrischen Institutionen als böswillige bzw. neurotisch gestörte Verursacher psychotischer Entwicklungen angesehen. Als Lösung wurde kurzschlüssig die Forderung nach Ablösung von den Eltern vehement mittels verschiedener Methoden wie Ausschluss, Ausgrenzung und Anklagen forciert, was im Endeffekt die innere Not sowohl der Angehörigen als auch der sich psychotisch zeigenden Kinder verschärfte und Ablösungs- und Individuierungsprozesses erschwerte bzw. verhinderte, weil sich nun die Kinder bewusst gegen die eigenen Eltern stellen sollten (Verschärfung des inneren Konfliktes zwischen Autonomie und Familienloyalität) und die Familie diese Einmischung als äußere Bedrohung erleben und abwehren musste (Verstärkung des familialen Zusammenhalts und Abwehr feindlich erlebter, äußerer Beeinflussungsversuche).

Eine Gegenmaßnahme bestand darin, Entlastung dadurch zu bekommen, dass man abrückte von den familialen Beziehungsdynamiken und sich mehr einem biologisch-psychiatrischen Erklärungszusammenhang zuwandte. Diese Bewegung wiederum führte zu verschiedenen fatalen Konsequenzen: Erstens wurden hierdurch zwar die Eltern von Schuld entlastet, zahlten aber den enormen Preis, nicht mehr zuständig für die eigenen Kinder zu sein, sondern in Bezug auf das Verhalten ihrer Kinder von psychiatrischen Expert/inn/en abhängig zu werden, die nun quasi mit ihrer Definitionsmacht über dieses Verhalten als „erblich bedingte Geisteskrankheit" auch die Verfügungsberechtigung über es bekamen. Ein spontanes Reagieren der Eltern den Kindern gegenüber ist damit erschwert, wenn nicht blockiert. Zweitens verliert man die Hoffnung, dass sich grundsätzlich etwas an dem problematischen Verhalten der Kinder ändern könnte, weil das Verhalten als erbliche Krankheit festgeschrieben wird. Drittens verlieren auch die sich psychotisch zeigenden Kinder nochmals die Verfügungsmacht über ihr eigenes Verhalten, weil es ihnen in der Form einer Krankheit als etwas Fremdes gegenübertritt. Gleichzeitig wird damit das psychotische Erleben des Fremden bzw. des von außen Gemachten gestärkt. Und viertens besteht die Gefahr, dass die (erwachsenen) Kinder in Abhängigkeit von ihren Eltern bleiben, weil sie aufgrund der Krankheitszuschreibung permanent fürsorgebedürftig erscheinen.

Unzweifelhaft ist, dass bestimmte gestörte Kommunikationsmuster – wie sie beispielsweise von WYNNE und SINGER (1965) bei Familien mit einem schizophren diagnostizierten Kind festgestellt wurden – formale Denkstörungen und damit schizophrene Verhaltens- und Erlebensweisen begünstigen. WYNNE und SINGER war es aufgrund dieser Untersuchungen sogar möglich, allein von den Kommunikationsstörungen ausgehend bei einer Gruppe von 35 Familien 17 von insgesamt 20 schizophren diagnostizierten Personen als solche zu identifizieren. Allerdings bezweifle ich, dass diese gestörten Kommunikationsmuster *ursächlich* für Schizophrenie sind, weil hier die Kommunikation in Familien untersucht wurde, in denen sich bereits schizophrene Verhaltensweisen eines Kindes manifestiert hatten und ein solches Verhalten zwangsläufig zu stark verunsichernden Reaktionen führt, was sich wiederum in einer entsprechenden Kommunikation widerspiegelt, die besonders durch den beständigen Wechsel der Aufmerksamkeitsfoki charakterisiert werden kann. Das gleiche gilt für die von SIMON beschriebenen und zusammengestellten schizophrenen und manisch-depressiven Familienmuster (1993, S. 398ff).

Es liegt in der Natur der Sache, dass sich der von mir beschriebene Grundkonflikt zwischen den Forderungen der Autonomie und denen der

Familienloyalität, der in seiner Zuspitzung und als Lösungsversuch zu psychotischen Prozessen führen kann, durch bestimmte familiale Interaktionsprozesse und Kommunikationsweisen fördern lässt, so dass es fast zwangsläufig zu verrückten Erlebens- und Verhaltensweisen kommen muss. Sie sind aber nicht zwingend erforderlich, um psychotische Verhaltensweisen zu „ermöglichen". Selbst wenn die beispielsweise von STIERLIN (1982, 1993), SIMON und WYNNE & SINGER beschriebenen Kommunikationsstörungen, Interaktionsprozesse, Delegationsdynamiken und Beziehungsstrukturen dem schizophrenen bzw. psychotischen Verhalten und Erleben zeitlich vorausgehen, lässt das nur auf eine erhöhte Zusammenhangswahrscheinlichkeit schließen. In diesem Bereich gibt es keine eineindeutigen Relationen bzw. kausalen Verknüpfungen vom Typ „wenn x, dann y" und „wenn y, dann x".

3. Schuld- und Affektlogik[12] manisch-depressiver Dynamiken

Die „klassische" manisch-depressive Psychose, bei der sich manische Verhaltens- und Erlebensweisen mit depressiven abwechseln, lässt sich ebenfalls *hinreichend und vollständig* mit der Grundannahme eines Konfliktes zwischen starken Loyalitätsbindungen und reifungsbedingten, nach Autonomie strebenden, zentrifugalen, aggressiven und sexuellen Bedürfnissen erklären. Im Gegensatz zur Schizophrenie handelt es sich dabei nicht um eine synchrone Organisation des „Entweder-oder" (dem Versuch, zur gleichen Zeit die diametral entgegengesetzten Forderungen nach Autonomie und Familienloyalität zu erfüllen), sondern um eine diachrone Organisation (vgl. SIMON 1990, RETZER 1997). Das heißt: Zu einer Zeit gewinnt die manische Seite und damit die Seite der Eigenloyalität, persönlicher Autonomie und des Erlebens vollkommener Schuldlosigkeit die Oberhand und zu einer anderen die depressive Seite, also die Seite der abhängigen Familienloyalität und der fast vollkommenen Schuldhaftigkeit.

Wie bei der Schizophrenie haben wir es hier ebenfalls mit dissoziativen Phänomenen zu tun. Im Gegensatz jedoch zur Schizophrenie wird bei den manisch-depressiven Psychosen keine Seite auf Dauer lange abgespalten und in den unbewussten Untergrund gedrängt, so dass es auch nicht zu einer länger andauernden und mehr oder weniger konstanten Dissoziation kommt. Nach einer Weile erstarkt die unterdrückte Seite im Untergrund so sehr, dass sie eruptiv über die jeweils andere herfällt und sie nun ihrerseits in den unbewussten Untergrund drängt.

---

[12] Der von mir verwendete Begriff „Affektlogik" darf nicht mit dem von LUC CIOMPI verwechselt werden, der ihn im Zusammenhang mit seiner Schizophrenietheorie entwickelte: Im Gegensatz zu CIOMPI verwende ich den Begriff in seiner wortwörtlichen Bedeutung, also im Sinne einer „(Entwicklungs-)Logik der Affekte".

3.1 Die depressive Phase als passive Bestätigung der Loyalität zum Familiensystem

Während der depressiven Phase[13] lebt der/die Indexpatient/in konform mit seinem/ihrem familialen System und hält sich an seine Regeln, womit er/sie sie und deren Unveränderbarkeit bestätigt. Er/sie verhält sich passiv und hilfsbedürftig, wodurch er/sie einerseits die Beziehungsdefinition Helfer/in-Hilfsbedürftige/r" anbietet und andererseits negiert, indem er/sie beweist, dass Hilfsangebote langfristig versagen. In der Rolle des „guten Kindes" können Nähe und Geborgenheit gelebt und die Notwendigkeit des Zusammenlebens und Aufeinanderangewiesenseins bestätigt werden. Konflikte werden verharmlost und die eigenen Bedürfnisse als unwichtig erklärt, wobei das handlungsleitende Motiv darin besteht, es den anderen recht zu machen (vgl. SIMON 1993, S. 415-426).

Auch hier finden wir das Muster eines angepassten *auffallend unauffälligen* Verhaltens während der Pubertät, das versucht, die familiale Realität zu bestätigen, indem man sich – unbewusst – mehr und mehr zurücknimmt. Die eigenen Bedürfnisse nach Expansion werden als Bedrohung des familialen Zusammenhangs erlebt und müssen massiv unterdrückt werden. Haben sich genügend ungelebte Wünsche, Bedürfnisse und Sehnsüchte, aber auch aggressive Regungen angestaut, braucht es nur einen Auslöser in der adoleszenten Lebensphase, um sie zur Explosion zu bringen, wobei dann in der Manie diese unterdrückten Strebungen und vitalen Interessen direkter zum Vorschein kommen und auch sehr konkret zum Ausdruck gebracht werden. Häufig ist ein solcher Auslöser der Verlust eines/einer nahen Angehörigen oder Freundes/Freundin, der die Unveränderbarkeit der familialen bzw. freundschaftlichen Bande in Frage stellt und das Weltbild, das auf Sicherheit und Stabilität gerichtet ist, zutiefst erschüttert. Das Gegenteil des Verlustes, also das Anknüpfen neuer Beziehungsbande, kann ebenfalls zum Auslöser manischen Verhaltens werden; denn eine Partnerschaft, die nicht sofort in das familiale System einverleibt werden kann, bedroht wiederum den Familienzusammenhalt und löst massive Loyalitätskonflikte aus, die in der Manie zunächst eindeutig zugunsten der neuen Bindung entschieden werden.

---

[13] Der von mir verwendete Begriff „Phase" bezeichnet nur den Zeitraum, in dem ein bestimmtes Verhaltens vorherrscht. Er darf nicht biologisch aufgefasst werden.

3.2 Die manische Phase als aktive Negierung der Loyalität zum Familiensystem bei gleichzeitiger Bestätigung dieser Loyalität

In der Manie befreien sich die zuvor unterdrückten aggressiven und sexuellen Strebungen explosionsartig, was zu einer offenen Rebellion gegen die explizit und implizit gültigen Werte der Familie führt. Die Überzogenheit dieser Rebellion sorgt jedoch gleichzeitig dafür, dass sie nicht ernst genommen werden braucht und als „Krankheit" exkommuniziert wird, womit die Loyalität zur Familie wieder betont wird. Der Ambivalenzkonflikt zwischen Treue und Unabhängigkeit wird auf diese Weise gelöst. Bezeichnenderweise berichten viele manisch-depressiv diagnostizierte Menschen, dass sie sich an vieles während ihrer Manie nicht erinnern können, also eine partielle Amnesie haben, wohingegen das bei depressiven Verhaltensweisen kaum geschildert wird. Während der Manie, die sich ja offen gegen die Loyalitätsbindungen wendet, findet also eine Dissoziation vom bewussten Handeln statt, was es einem/einer erleichtert, sich illoyal zu den Regeln des Familiensystems zu verhalten.

3.3 Die (psycho-)logischen Ursachen des Wechsels zwischen Manie und Depression: Schuld- und Affektlogik

Neben dem innerpsychischen Kampf zwischen der familien- und der eigenloyalen Seite, der aufgrund entwicklungsbedingter Umstände lange auf Kosten der eigenloyalen Seite geht, finden wir in der Regel bestimmte äußere Auslöser für manische Verhaltensweisen. Diese äußeren Auslöser können sehr unterschiedlich sein: Es kann sich beispielsweise darum handeln, dass man sich frisch verliebt hat. Die intensiven Gefühle und die Intensität sexueller Befriedigungsmöglichkeiten können der eigenloyalen Seite enormen Auftrieb geben, so dass diese Seite es schafft, die familienloyale Seite relativ schnell zu unterdrücken, so dass es in kurzer Zeit zu manischen Verhaltensweisen kommt, die häufig dazu führen, dass die junge Liebesbeziehung zerbricht und nun depressive Reaktionen die Oberhand gewinnen.

Manische Verhaltensweisen können aber auch von sehr traurigen Ereignissen angestoßen werden, was auf den ersten Blick paradox erscheint. So kann der Tod eines/einer nahen Angehörigen oder eines Ehepartners/einer Ehepartnerin bzw. das Ende einer Liebesbeziehung manische Reaktionen auslösen. Hier wird in einer Art Übersprungshandlung die natürliche Trauerreaktion übersprungen, weil die eigenloyale Seite sich von diesem negativen Lebensereignis in ihrer Existenz bedroht fühlt, so dass sie alle Kräfte mobilisiert, um sich gegen das Schicksal zu stemmen. Schließlich bleibt nur noch das Gefühl, von etwas befreit zu sein.

In der Manie werden schließlich streng verpönte Verhaltensweisen, z.B. aggressive Verhaltensweisen, Beschimpfungen, Erzählen zotiger Witze, wechselnder Geschlechtsverkehr etc. ausgelebt, was unter den Bedingungen der Amnesie kein Problem darstellt. Häufig werden die manischen Verhaltensweisen beendet, indem der/die Betreffende von anderen in seine Grenzen verwiesen wird, was in der Regel durch eine Zwangseinweisung und Psychopharmaka geschieht. Auch hier verbünden sich die affektunterdrückenden Neuroleptika mit der Seite der Familienloyalität und drängen die vitalen Bedürfnisse kurz- oder mittelfristig wieder zurück in den unbewussten und nicht gelebten Untergrund, was logisch folgerichtig wieder zu depressiven Reaktionen führen muss. Zusätzliche Unterstützung bekommt diese mehr oder weniger vollständige Zurückdrängung der vitalen Bedürfnisse und Interessen dadurch, dass das Bewusstsein über das grenzüberschreitende Verhalten, wenn es von anderen geschildert wird oder man sich selbst an einige Episoden erinnert, Schuldgefühle aktiviert, weil man sich beispielsweise vorwirft, gegen eng verbundene Familienmitglieder extrem ausfällig geworden zu sein und Handlungen begangen zu haben, die man vor sich selbst kaum moralisch rechtfertigen kann.

Sowohl manisches als auch depressives Verhalten hat langfristig die gleichen Auswirkungen: Beides führt zu einer Intensivierung der Bindung zur eigenen Familie. Beide Verhaltensweisen verweisen wechselseitig aufeinander und hängen entwicklungslogisch zusammen. Die Manie muss sich zwangsläufig entwickeln unter Bedingungen, in denen vitale Bedürfnisse extrem unterdrückt und zurückgehalten werden. Die Depression stellt sich infolge der Unterdrückung und späteren Bewusstwerdung manischer Verhaltensweisen ein, weil die grenzüberschreitenden manischen Verhaltensweisen von dem zur Familienloyalität gehörenden Gewissen[14] mit massiven Schuldgefühlen bestraft werden. Sie werden durch extrem angepasstes Verhalten gesühnt, was wiederum den Nährboden für späteres manisches Verhalten ergibt.

---

[14] Das Gewissen kann aber nicht – wie das beispielsweise FREUD annahm – nur der Seite der Familienloyalität (der Angst, die Liebe der Eltern zu verlieren) zugeordnet werden. Es gehört vielmehr allen Persönlichkeitsaspekten an, deren vitale Bedürfnisse nur mit anderen Menschen ihre Erfüllung finden können.

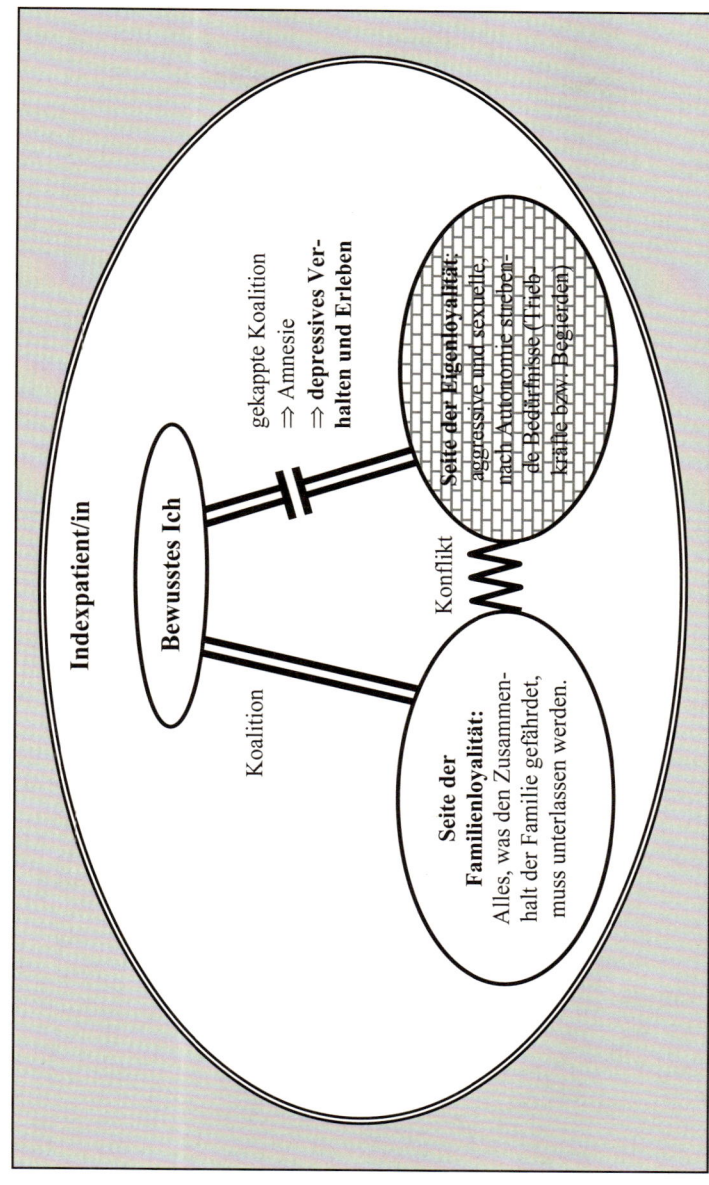

Abbildung 4: Die Koalition zwischen dem bewussten Ich und der familienloyalen Seite dominiert nahezu vollkommen, so dass die Koalition zwischen dem bewussten Ich und der eigenloyalen Seite gekappt wird, was zu Amnesie hinsichtlich der Forderungen und Inhalte dieser Seite führt (**Depression** = Entweder-Position der manisch-depressiven Psychose).

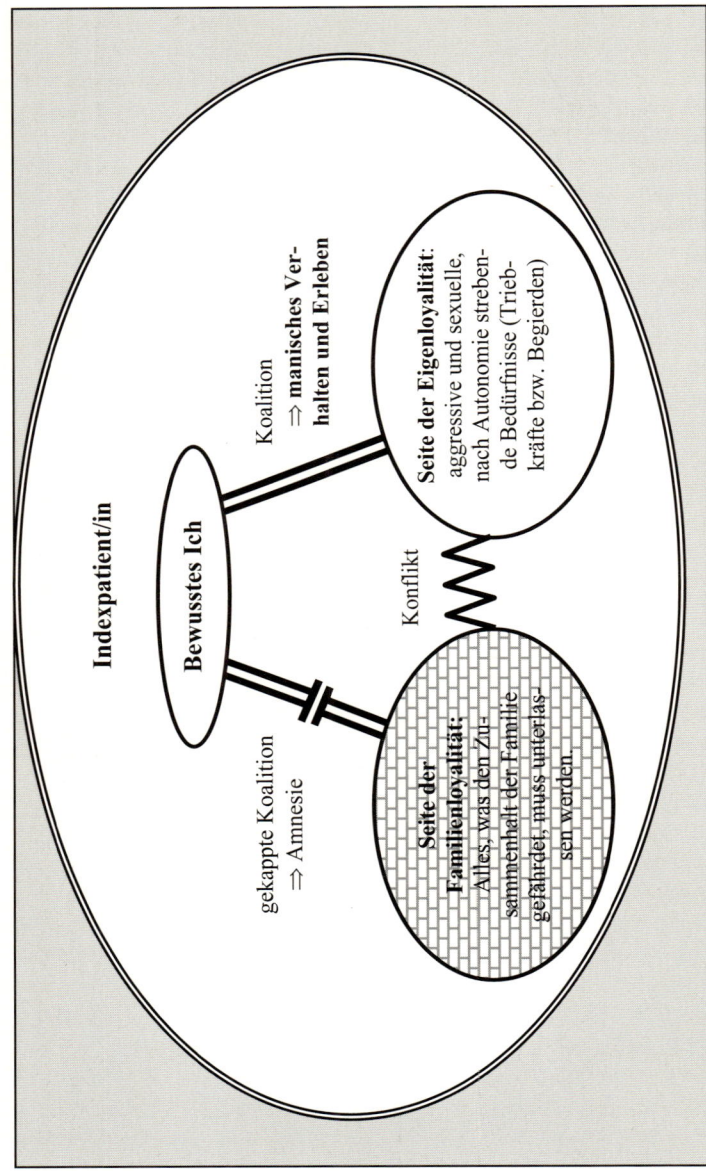

Abbildung 5: Die Koalition zwischen dem bewussten Ich und der eigenloyalen Seite dominiert vollkommen, so dass die Koalition zwischen dem bewussten Ich und der familienloyalen Seite gekappt wird, was zu Amnesie hinsichtlich der Forderungen und Inhalte dieser Seite führt (**Manie** = Oder-Position der manisch-depressiven Psychose).

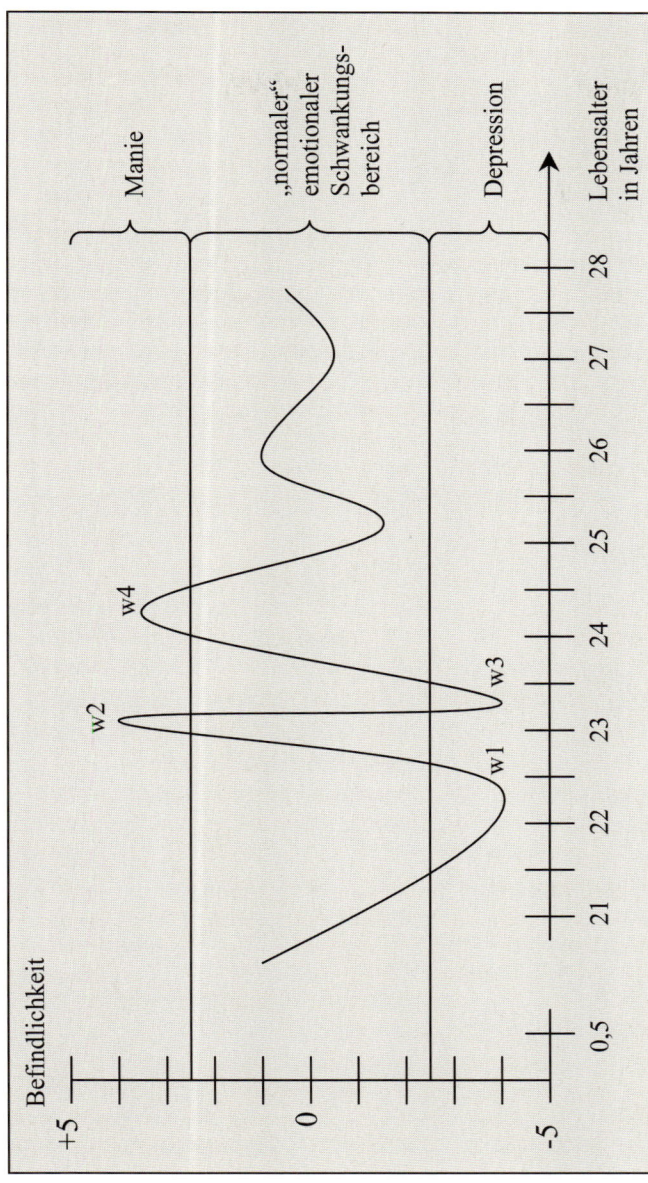

Abbildung 6: Möglicher zeitlicher affekt-logischer Wechsel zwischen Manie (Schuldlosigkeit) und Depression (Schuldhaftigkeit). Nach einer Weile der psychischen Unterdrückung, die nach außen als Depression erscheint, drängen die autonomen Bestrebungen am Wendepunkt w1 eruptiv an die Oberfläche, wozu sie in der Regel einen äußeren Anlass (z.B. Verlust eines nahen Angehörigen durch Trennung, Scheidung oder Tod, Verliebtheitsgefühle) nutzen. Häufig führt das zu einer psychiatrischen Zwangsunterbringung und der anschließenden Unterdrückung der autonomen und expansiven Kräfte mittels Neuroleptika.

Zur Erklärung des Wechsels zwischen Manie und Depression wird keine chronobiologische Hypothese, wie sie beispielsweise SUPPRIAN (1993) aufstellt, benötigt, da sich dieser Wechsel *hinreichend* entwicklungs- und affektlogisch ableiten lässt. Der oft beobachtete Zusammenhang des Eintretens manischer bzw. depressiver Phasen mit jahreszeitlichen Veränderungen, kann dadurch erklärt werden, dass bestimmte Tage oder Jahreszeiten, in denen man bereits zuvor manische oder depressive Phasen erlebt hat, spezifische Stimmungen und Assoziationen auslösen, durch die dann manisches bzw. depressives Verhalten angeregt werden. Dieses Wechselspiel kann auf einer Zeitachse verschiedene Verläufe nehmen. Zur Veranschaulichung ist in Abbildung 6 ein möglicher Verlauf dargestellt.

3.3.1 Schuld als Folge des „frühen" Todes eines Familienmitglieds

Manisch-depressive Verhaltensweisen sind immer mit einer extrem massiven Schuldproblematik verbunden, die entweder von einem imaginären oder realen Hintergrund bzw. von beidem gespeist wird. Manie kann definiert werden als ein Gefühlszustand vollkommener Schuldlosigkeit. Oder anders ausgedrückt: Jeder Mensch würde sich manisch verhalten, wenn er sich absolut schuldlos fühlen würde. Diesen Zustand kann man nur durch massive Unterdrückung alles Schuldhaften erreichen, weil zu leben, sich schuldig machen, bedeutet. Die Ursache für eine derartige Unterdrückung alles Schuldhaften liegt aber auf der extremen anderen Seite, nämlich der einer furchtbaren Schuld, die man glaubt, auf sich geladen zu haben. Häufig schrieben einem zunächst andere diese Schuld zu, bis man schließlich dieses Wirklichkeitskonstrukt angenommen hat. Wir haben es hier in der Regel mit dem größten Schuldgefühl zu tun, das ein Mensch entwickeln kann. Es ist das – fast immer vollkommen unberechtigte – Gefühl, für den Tod eines anderen Menschen, mit dem man sich extrem eng verbunden fühlt, verantwortlich gewesen zu sein.

Häufig findet man den frühen Tod eines Familienmitglieds, eines Eltern- oder Großelternteils, eines Geschwisters oder eines Onkels bzw. einer Tante. Zu diesen verstorbenen Familienmitgliedern bestehen häufig sehr große Bindungskräfte. Später manisch reagierende Angehörige fühlen sich in der Regel am Tod des Familienmitglieds schuldig. Dieses Schuldgefühl sorgt dafür, dass beinahe alle Lebensregungen – einerseits aus Selbstbestrafung und andererseits aus Solidarität mit dem/der Toten – massiv unterdrückt werden.

Hierbei lassen sich zwei Formen der Loyalität zu verstorbenen Familienmitgliedern unterscheiden: Eine direkte, unvermittelte und eine indirekte, vermittelte. Bei der direkten Loyalität existierte noch zu Lebzeiten des Verstorbenen eine intensive Beziehung zu dem sich später manisch-depressiv verhaltenden Angehörigen. Bei der vermittelten handelt es sich um einen beispielsweise von Eltern oder anderen signifikant wichtigen Familienmitgliedern bewusst oder unbewusst vermittelten Auftrag, den schmerzlich vermissten, häufig schon vor der Geburt des später manisch-depressiv reagierenden Familienmitglieds verstorbenen Angehörigen zu ersetzen. Hierzu zwei Beispiele:

Frau Winter und der frühe Tod naher Angehöriger

Frau Winter[15], über die ich bereits an anderer Stelle (MÜCKE 1998, S. 41ff, S. 101f und S. 281f) berichtet habe und die seit ihrer Jugend manisch-depressive Verhaltensweisen zeigte und deswegen sehr viele und lang dauernde Psychiatrieaufenthalte hinter sich hatte, erzählte mir, dass sie das erste Mal in ihrem Leben nach dem Unfalltod ihres Bruders manisch reagiert habe, sie sei damals 19 Jahre alt gewesen. Zudem erfuhr ich von ihr, dass ihre Mutter sehr an einer älteren Schwester hing, die schon vor der Geburt von Frau Winter an einer schweren Krankheit verstarb. Als Frau Winter zur Welt kam, sah ihre Mutter die verstorbene Schwester in ihrer Tochter. Ihr zweiter Vorname war auch der Vorname der verstorbenen Tante. In einer Frau Winter angebotenen imaginären Gegenüberstellung mit den Verstorbenen (ihrem Mann, der sich nach 13-jähriger Ehe umbrachte, ihrem Bruder und ihrer Tante), stellte sich überraschenderweise heraus, dass Frau Winter zu ihrer Tante die stärkste emotionale Reaktion zeigte. In dieser Therapiestunde ging es mir darum, Frau Winter Anregungen zu geben, damit sie das Wohlwollen der Verstorbenen bekäme, etwas aus ihrem Leben zu machen. Ich bot ihr an, zur Tante und dann zu den anderen zu sagen: „Liebe Tante (bzw. lieber Bruder/lieber Mann), du hast einen guten Platz in meinem Herzen. Bitte schau freundlich auf mich, meinen Sohn und mein Leben[16]". Frau Winter berichtete mir nach dieser Therapiesitzung, dass sie sich sehr erleichtert fühle und den Eindruck habe, dass ihr Wohlwollen von den Verstorbenen entgegengebracht werde. Diese Intervention ist deswegen so wichtig, weil Menschen, die eine starke direkte oder indirekte emotionale Verbundenheit zu einem früh verstorbenen Angehörigen erleben, sich Schuldgefühle machen, dass sie es waren, die weiterleben durften. Etwas aus dem eigenen Leben zu machen, wird dann häufig als Bürde empfunden, weil der geliebte und vermisste Verstorbene diese Chance nicht hatte.

---

[15] Der Name wurde von mir geändert und die Daten anonymisiert.

[16] Diese Anregung habe ich von BERT HELLINGER übernommen. Man mag über HELLINGER denken, was man will, an der Sinnhaftigkeit dieser Intervention ändert das nichts.

Ein kurzer Dialog mit der verstorbenen Mutter

Frau Kaltenbrunn[17], eine 43-jährige Frau, suchte mich in meiner Praxis auf, weil sie vor einem Jahr infolge erstmaliger manischer Verhaltensweisen stationär psychiatrisch behandelt worden sei und nun unter Depressionen leide. Sie berichtete mir, dass sie seit dem Tode ihrer Mutter vor 26 Jahren von massiven Schuldgefühlen bedrängt werde. Sie fühle sich schuldig am Tod der Mutter; denn sie müsse sich vorwerfen, nicht gut genug auf sie aufgepasst zu haben. Ihre Mutter sei nämlich tödlich verunglückt, als Frau Kaltenbrunn 16 Jahre alt war. Mutter und Tochter wollten in letzter Sekunde einen Zug besteigen, wobei ihre Muter schwer gestürzt, auf die Geleise geraten und vom Zug überrollt worden war. Heute noch gebe ihr 84-jähriger Vater ihr die Schuld für dieses Unglück. So habe sie sich die meiste Zeit in ihrem Leben gegrämt und unter Depressionen gelitten. Ich fragte Frau Kaltenbrunn, was ihre Mutter zu ihr sagen würde, wenn sie auf welche Weise auch immer anwesend sein könnte und ob ihre Mutter ihr ebenfalls die Schuld für ihren Tod geben würde. Frau Kaltenbrunn antwortete mir, dass das der Mutter fern liegen würde, vielmehr wünsche sie sich für ihre Tochter das Beste. Auch hier war es möglich, durch die Anregung eines imaginären Gesprächs mit der Verstorbenen Frau Kaltenbrunns unberechtigte – angemaßte – Schuldgefühle zu lindern.

3.3.2 „Schuld" infolge wechselnder Koalitionen

Bei manisch-depressiven Erlebens- und Verhaltensweisen gibt es noch einen anderen Grund für eine wechselnde Schuld- und Affektdynamik. Sie liegt darin begründet, dass die wechselnden inneren Koalitionen mit der familienloyalen und der eigenloyalen Seite mit zeitweiligen Koalitionen mit einem Elternteil gegen den anderen korrespondieren. Das trifft besonders auf solche Eltern zu, die in ihren Wirklichkeitskonstruktionen und ihren Verhaltensweisen stark differieren, was zur Folge haben kann, dass sich ein Kind – egal wie auch immer es sich verhält – zumindest einem Elternteil gegenüber schuldig fühlen muss: Macht es Dinge, die beispielsweise von der Mutter gut gefunden werden, so fühlt es sich dem Vater gegenüber schuldig und umgekehrt. Wenn man sich einem Elternteil gegenüber treu verhält, so erlebt man das als Verrat an dem anderen Elternteil. Häufig übernimmt dabei unbewusst ein Elternteil eine nüchterne und realistische Sicht auf die Wirklichkeit, der andere Elternteil favorisiert dagegen eine eher unkonventionelle und ungebundene Wirklichkeitsbetrachtung. Auch

---

[17] Der Name wurde von mir geändert, die Daten anonymisiert.

hier möchte ich – aus professioneller Sicht – vor Schuldzuschreibungen bezüglich der Eltern aus folgenden Gründen warnen:

1. kann eine große Unterschiedlichkeit zwischen den Eltern als Bereicherung wirken und die Ehe erst ermöglichen.
2. sagt das Gefühl des Kindes, einen anderen Elternteil zu verraten, nichts darüber aus, wie die Eltern das empfinden.
3. kann schon längst ein Arrangement zwischen den Eltern stattgefunden haben, so dass das Verhalten auf ihre eheliche Beziehungsgestaltung keinen Einfluss haben muss.
4. Schuldzuschreibungen lösen keine Probleme, sondern verschlimmern sie und schaffen häufig neue.

Zu dieser wechselnden äußeren Loyalitätsdynamik ein Beispiel:

Mal der eine, mal die andere

Familie Goldbach[18] wandte sich an mich, weil ihr 19-jähriger Sohn Karl[19], der kurz vor dem Abitur stand, wegen manischer Verhaltensweisen mehrmals stationär behandelt worden war. Für die Mutter stellte sich nun die Frage, wie es mit ihrem Sohn weitergehen könnte. Im Laufe des Gesprächs stellte sich Folgendes heraus: Wenn sich Karl depressiv zeigte, dann stand er seiner Mutter näher, die ein eher nüchterner Mensch war; verhielt sich dagegen Karl sehr lebendig und verrückt, so rückte er seinem Vater emotional näher. Karl konnte zwei Seiten in sich realisieren: Eine sehr realistische und eine verrückte bzw. kreative Seite. Mit Hilfe des Angebots der Externalisierung konnte Karl im Laufe des weiteren Gesprächs mit diesen Seiten in Kontakt treten. Nach diesen Informationen unterbrach ich die Sitzung und überlegte mir folgenden Abschlusskommentar, den ich nach der Pause der Familie Goldbach mitteilte:

„Ich habe eine Hypothese hinsichtlich deiner beiden Seiten: Ich vermute, dass die Probleme, die du erlebst, aufgrund des Konfliktes zwischen ihnen entstehen. Beide Seiten – und es sind starke Seiten in dir – sind notwendig, um ein erfülltes und erfolgreiches Leben zu führen. Wenn sich nur die nüchterne Seite zeigen würde, dann wäre das Leben trist und langweilig, wenn auch geordnet. Wenn nur die kreative bzw. unkonventionelle Seite da wäre, wäre das Leben chaotisch und unsicher, wenn auch interessant. Erst mit Hilfe beider Seiten kannst du ein lebenswertes und erfülltes Leben führen; denn die realistische Seite braucht die kreative, um das Leben interes-

---

[18, 19] Die Namen wurden von mir geändert, die Daten anonymisiert.

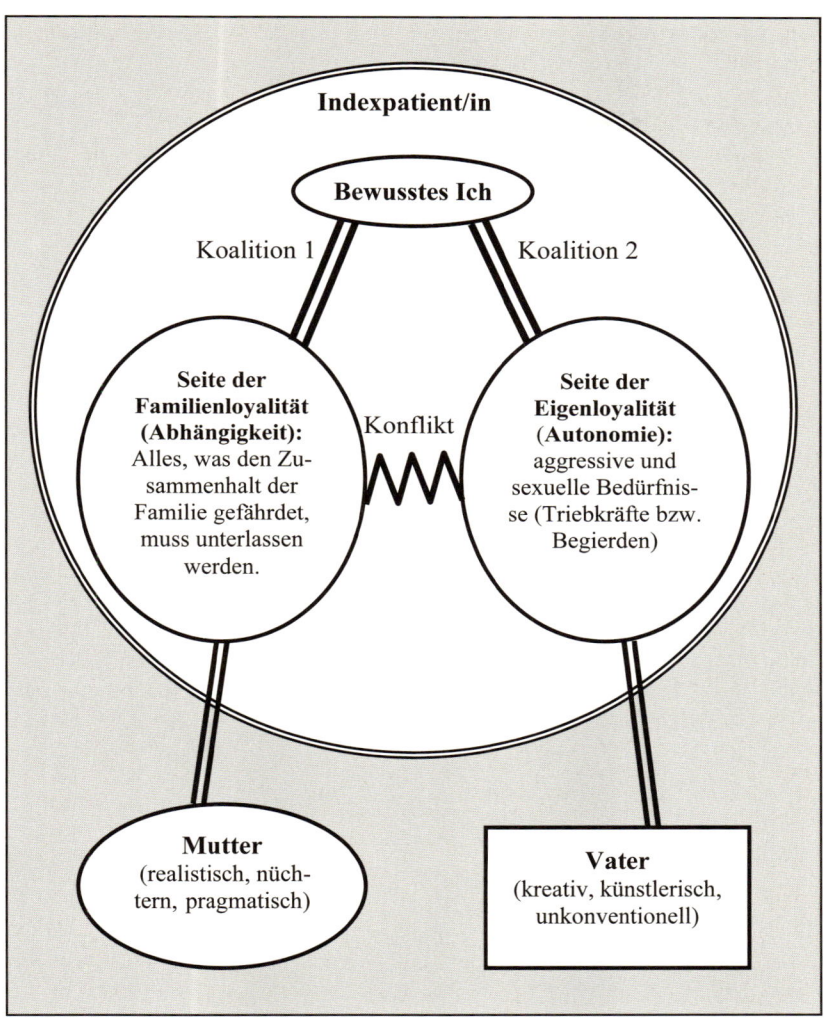

Abbildung 6: Mutter und Vater korrespondieren – unbewusst – mit unterschiedlichen Seiten in der Psyche ihres Kindes. Das Kind versucht beiden gerecht zu werden, indem es im Wechsel mal mit der einen Seite und damit dem einen Elternteil koaliert und mal mit der anderen Seite, also dem anderen Elternteil.

sant zu gestalten und die kreative und unkonventionelle Seite braucht die realistische Seite, damit sich deine verschiedenen Ideen in die Tat umsetzen lassen.

Ich habe jetzt noch eine etwas gewagte Hypothese: Wenn die realistische Seite sich zeigt, gibt es mehr Verbindung zu deiner Mutter und wenn die unkonventionelle Seite zum Vorschein kommt, mehr zu deinem Vater. Das kann zu einem Konflikt führen hinsichtlich der Frage, wem man mehr gerecht wird. Du möchtest sicher beiden Eltern gerecht werden, kannst aber in dieser Konstellation immer nur einem Elternteil gerecht werden. Hierzu würde ich dir gerne folgende Aufgabe mit nach Hause geben: Wenn du deine Eltern besuchst, wirfst du vorher eine Münze. Je nachdem, ob Kopf oder Zahl fällt, verbündest du dich entweder mit deiner Mutter oder deinem Vater, versuchst also ganz bewusst so zu tun, als ob du – je nach Münzwurf – einem Elternteil besonders treu bist."

Die Idee, dass Karl Münzen werfen soll, um davon abhängig zu machen, zu wem er sich gerade treu verhalten soll, dient dazu, beiden gleich treu zu bleiben, obwohl er sich in einer bestimmten Situation auf eine Elternseite schlägt. Von der anderen Elternseite kann das nicht als Treuebruch erlebt werden, weil er ja dieses Verhalten infolge des Münzwurfs auf Anweisung des Psychotherapeuten zeigen musste. Hierdurch wird der innere Konflikt zwischen beiden Seiten in Karl abgeschwächt und beide Seiten – sowie beide Eltern – mehr in ihrer betreffenden und berechtigten Funktion anerkannt. Graphisch lässt sich diese innere Dynamik wie in Abbildung 6 darstellen.

3.4 Psychotherapeutische Interventionen

Therapeutisch lässt sich die Dynamik dadurch stören und auflösen, dass man beide Seiten des Ambivalenzkonfliktes positiv konnotiert, indem man für ein entschiedenes Sowohl-als-auch plädiert: **Sowohl** die eigenen vitalen Bedürfnisse und das Streben nach Autonomie **als auch** die Bindungskräfte und Loyalitäten zur eigenen Familie sind als sinnvoll anzuerkennen. Ein solches Vorgehen führt zur Synchronisierung diachroner Strukturen, was im Gegensatz steht zu dem Vorgehen bei schizophrenem Verhalten, wo es um eine Diachronisierung synchroner Strukturen geht (vgl. RETZER 1997).

3.4.1 Flexibilität und schnelle Fokusverschiebung in der Gesprächsführung

Da bei manisch-depressiv sich verhaltenden Menschen jeweils eine ihrer Persönlichkeitsseiten einer teilweisen Amnesie unterliegt, ist es sinnvoll, als Psychotherapeut/in immer den ausgeblendeten Aspekt anzusprechen, was zu schnellen Fokusverschiebungen führt. Also wenn der Kunde/die Kundin die schlechte Beziehung zur Mutter anspricht, sollte der/die Psychotherapeut/in einerseits diese Sichtweise wertschätzen, weil der Kunde/die Kundin unter dieser Beziehung litt bzw. leidet, andererseits sollte er/sie aber Ausnahmen davon ansprechen. Wenn der Kunde/die Kundin über die harmonische Beziehung mit bestimmten Personen spricht, sollte angesprochen werden, wann diese Beziehungen disharmonisch verliefen. Hierdurch kommt es zu einem schnellen Hin und Her, was die bewusste zeitliche Verknüpfung unterschiedlicher Persönlichkeitsaspekte und der damit verbundenen Inhalte anregt und das Schema des Entweder-oder überwindet.

Wenn die Familie bzw. der/die identifizierte Patient/in sich im therapeutischen Gespräch zu sehr auf eine Person oder ein Thema „einschießt", empfiehlt sich ebenfalls eine rasche Fokusverschiebung durch den Wechsel von einer Person zur anderen und von einem Thema zu nächsten (vgl. RETZER 1994, S. 195).

3.4.2 Akzeptieren der Unterschiedlichkeit der Eltern

Wenn Eltern manisch-depressiv sich verhaltender Kinder wie in meinem Beispiel „Mal der eine, mal die andere" sich in ihren Sichtweisen und Erziehungsstilen unterschiedlich verhalten, so lässt sich der Kampf um das richtige Verhalten zwischen den Eltern und damit die Gleichzeitigkeit dieser sich ausschließenden Unterschiede beenden, wenn die Eltern sich auf die therapeutische Intervention einlassen, dass in einer Woche die Mutter ihr Verhalten und in der anderen Woche der Vater sein Verhalten besonders zeigt (vgl. RETZER 1997). Hierdurch wird „über Bande" das Entweder-oder-Schema bei sich manisch-depressiv verhaltenden Söhnen bzw. Töchtern abgeschwächt, weil es jetzt nicht nur schlecht sein kann, wenn der Sohn/die Tochter sich einmal *in einer Zeit* nach einem Elternteil richtet.

3.4.3 So-tun-als-ob

Eine andere Möglichkeit, bei manisch-depressiven Verhaltensweisen Anregungen zu geben, das Entweder-oder-Schema aufzulösen, besteht in dem Vorschlag – der allerdings plausibel eingeführt werden muss – ein Verhalten zu zeigen, das man gar nicht hat. Also sich zum Beispiel depressiv zeigen, obwohl man es gar nicht ist. Oder umgekehrt: Sich manisch zeigen, wenn man es nicht ist und dabei beobachten, wie die Interaktionspartner/innen reagieren. Schließlich könnte man auch so tun, als sei man nicht manisch, obwohl man sich manisch fühlt (vgl. RETZER 1994, S. 195). Auch hierdurch wird angeregt, dass die Dissoziation und Amnesie des jeweils abgespaltenen Aspekts aufgehoben wird. Zudem bekommt das bewusste Ich des Kunden/der Kundin Verfügungsgewalt über die eigene Stimmung.

3.4.4 Psychotherapeutische Ambivalenz

Wenn der/die Psychotherapeut/in im Laufe des Gesprächs selber ambivalente bzw. unterschiedliche Strebungen bei sich registriert, zum Beispiel dass er/sie versteht, dass der Kunde/die Kundin einerseits der Mutter nah sein möchte, andererseits aber auch dem Vater, dass einerseits viel für die Sichtweise der Mutter, aber andererseits auch viel für die Sichtweise des Vaters spricht, dass einerseits Autonomie und Unabhängigkeit ihre Vorteile haben, aber auch, im Schoß der Familie versorgt zu werden. Durch das Ausdrücken der eigenen Ambivalenz des Psychotherapeuten/der Psychotherapeutin werden beide Seiten des Kunden/der Kundin angesprochen und anerkannt (vgl. RETZER 1997).

3.4.5 Innere Familienkonferenz

Wie in Kapitel 2.7.4 und in meinem Beispiel „Mal der eine, mal die andere" beschrieben, kann ein/e Psychotherapeut/in eine Innere Familien- bzw.

Firmenkonferenz anregen. Bei manisch-depressiven Verhaltens- und Erlebensweisen bietet es sich förmlich an, hierfür die Seite der Manie und die Seite der Depression zu nutzen.

3.4.6 Arbeit mit Schuld

Da Manie einen Zustand vollkommener Schuldlosigkeit und tiefe Depression einen Zustand vollkommener Schuldhaftigkeit darstellt, hier also das Entweder-oder-Schema zwischen Schuld und Schuldlosigkeit deutlich wird, ist es therapeutisch hilfreich mitzuteilen, dass es nicht möglich ist, ohne Schuld zu leben bzw. zu sterben. Wer einmal „in die Welt geworfen" wurde, kommt nicht mehr schuldlos aus ihr. Der Unterschied zwischen „Sich-sehr-gut-Fühlen" und Manie besteht darin, dass, wenn man sich sehr gut fühlt, auch über Schuldgefühle verfügt. Wer also Schuldgefühle hat und sich gut fühlt, kann sicher sein, dass er keine Manie hat.

3.4.7 Arbeit mit dem Krankheitskonzept

Viele Menschen, die manisch-depressive Verhaltensweisen zeigen, haben die feste Überzeugung gewonnen, dass es sich um eine biologische Krankheit handelt, die über sie kommt und die sie selbst nicht – ohne chemische Hilfsmittel – beeinflussen können. Würde man diese Wirklichkeitskonstruktion anzweifeln oder dagegen argumentieren, hätte das eher negative Konsequenzen und würde die therapeutische Beziehung mit ihnen belasten, wenn nicht gar gefährden. Sinnvoller ist es dann, mit dem Krankheitskonzept zu arbeiten und folgende Fragen zu stellen:

• Was müssten Sie tun, um den Einladungen der Krankheit (der Manie bzw. der Depression) zu widerstehen?

• Welcher Umgang mit der Krankheit wäre für Sie der günstigste?

• Wie müssten Sie sich verhalten, damit Ihre Krankheit garantiert zum Ausbruch käme – was nicht heißt, dass ich Ihnen unterstellen wollte, Sie hätten daran ein Interesse?

Solche Fragen bieten die Möglichkeit, selbst mit einem starren Krankheitskonzept flexibel umgehen zu können und das, was zuvor als nicht beeinflussbar schien, doch beeinflussen zu können (vgl. SCHMIDT 2000).

4. Schizoaffektive Psychosen

4.1 Besonderheiten schizoaffektiver Psychosen

Schizoaffektive Psychosen weisen einerseits eine schizophrene als auch eine manisch-depressive Symptomatik auf. Beispielsweise geht das Hören von Stimmen oder andere Halluzinationen mit einer extrem gehobenen oder gedrückten Stimmung einher. Bei ihnen gilt sowohl das über Schizophrenie Gesagte als auch das, was ich bei manisch-depressiven Verhaltens- und Erlebensweisen beschrieben habe. Psychotherapeutische Interventionen sind nach der jeweiligen zur Zeit im Vordergrund stehenden Symptomatik auszurichten. Die Symptomatik schwankt in der Regel zwischen schizophren ambivalent oder manisch-depressiv ambivalenzfrei, schizophren uneindeutig oder manisch-depressiv eindeutig, schizophren synchron oder manisch-depressiv diachron.

Familien, in denen schizoaffektive Verhaltens- und Erlebensweisen auftreten, wirken sehr lebendig, haben flexible Wirklichkeitskonstruktionen und relativ klar definierte Beziehungen. Die hoch emotionale und oft offen konflikthafte Atmosphäre birgt aber auch die Gefahr von Eskalationen. Besonders in Partnerschaften können Konflikte, die oft von Mord- bzw. Selbstmorddrohungen begleitet werden, mitunter verheerende Auswirkungen haben. Hierzu ein kurzes Beispiel aus meiner Praxis:

Die verständnisvolle Frau und der arme Mann[20]

In meine Beratung kamen auf Empfehlung eines Kollegen Frau Meier und Herr Müller[21], die seit mehr als drei Jahren eine Beziehung miteinander hatten. Kurz nachdem sie sich kennen gelernt hatten, beschimpfte Herr Müller seine Partnerin sexistisch und griff sie auch tätlich an. Beide gaben an, sich sehr leidenschaftlich zu lieben. Im Laufe der Beziehung eskalierten allerdings ihre Streitigkeiten, in denen Herr Müller mehrmals Mord- und Selbstmorddrohungen gegen Frau Meier ausstieß. Wegen dieser Auseinandersetzungen hatten sie bereits zwei Paartherapien aufgesucht, die beide erfolglos verlaufen waren und die sie nach ein paar Sitzungen abgebrochen hatten. Es bestand die Einschätzung, dass die gewalttätigen Auseinandersetzungen sich noch während der Therapien steigerten. Sowohl die Frau als

---

[20] Dieses Fallbeispiel findet sich ebenfalls in meinem Lehr- und Lernbuch „Probleme sind Lösungen. Systemische Beratung und Psychotherapie – ein pragmatischer Ansatz", Potsdam, 2001, S. 171ff

[21] Die Namen wurden von mir geändert.

auch der Mann befanden sich zum Zeitpunkt des Gesprächs in Einzeltherapie. Jeder von beiden hatte ein Kind aus einer vorhergegangenen Beziehung. In der Sitzung berichteten sie, dass sie in ihrem letzten Urlaub vor einem Jahr einen heftigen Streit hatten, während dessen Herr Müller seine Freundin mit einer zerschlagenen Glasflasche verfolgte und dabei Morddrohungen ausstieß. Während der Sitzung erlebte ich Herrn Müller bei Themen, die ihn erregten, ebenfalls sehr bedrohlich, er stand während des Gesprächs mehrmals auf und strich in einer für mich bedrohlich wirkenden Geste über den Nacken seiner Freundin, so als ob er demonstrieren wolle, dass er mit Leichtigkeit ihre Kehle zudrücken könne. Während der Beratung fühlte ich mich selbst ebenfalls bedroht, vielmehr: Ich hatte ebenfalls große Angst und zitterte innerlich. Ihre Erklärung, weshalb es zu diesen gewalttätigen Auseinandersetzungen kam, bestand darin, dass er seinen Hass gegen seine Mutter auf seine Freundin übertragen würde; er leide darunter, als Kind nicht genug geliebt worden zu sein und fühle sich gedrängt, gewalttätig zu werden, wenn er geliebt wird. Sie gab an, dass sie sich einfach mehr bemühen müsse, ihn besser zu verstehen. Nach diesen Informationen unterbrach ich die Sitzung. In der Pause überlegte ich, was ich bräuchte, um mit ihnen therapeutisch arbeiten zu können. Solange ich mich bedroht fühlte, solange es Mord- und Selbstmorddrohungen und Gewalttätigkeiten gäbe, könnte ich es nicht verantworten mit ihnen zu arbeiten. Das heißt, ich bräuchte eine Zusicherung, dass ab sofort Gewalttätigkeiten, Mord- und Selbstmorddrohungen unterbleiben, andernfalls wäre ich gezwungen, die Therapie sofort zu beenden. Die Zusicherung wäre schon eine der wesentlichsten Interventionen gewesen; denn zum einen gehe ich davon aus, dass sich jeder Mensch – egal welche Kindheit er auch immer gehabt hat – kontrollieren kann, und zum anderen würde ich mich durch diese Vereinbarung nicht zum Komplizen von Gewalt oder Schlimmerem machen. Die Tatsache, dass schon zwei Therapien nicht nur erfolglos verlaufen waren, sondern sogar – nach der Schilderung – zu weiterer Eskalation führten, gab den Ausschlag für meinen Entschluss, ihnen keine Therapie anzubieten. Schließlich konnte ich es mir nicht anmaßen, besser zu sein, als meine Vorgänger/innen, zum anderen fiel mir in diesem Zusammenhang ein, dass die Therapie schlimmer sein kann, als die „Krankheit". Mit diesen Überlegungen ging ich wieder zu ihnen. Sie begrüßten mich erwartungsvoll und teilten mir sofort mit, dass sie wild entschlossen seien, bei mir Therapie zu machen, weil ich mich so kompetent gezeigt hätte (was ich von mir für das vorhergehende Gespräch infolge meiner eigenen Ängste eher nicht behauptet hätte). Dennoch blieb ich bei meinen Überlegungen und teilte ihnen folgenden **Abschlusskommentar** mit:

Leider kann ich Ihnen bei mir keine Therapie anbieten, da ich befürchte, dass sich im Zuge der Therapie Ihre Auseinandersetzungen noch verstärken könnten. Die Therapie würde dann nur zu weiterer Eskalation beitragen. Dennoch möchte ich Ihnen meine Überlegungen nicht vorenthalten, welche Bedingungen ich für not-wendig erachtet hätte, angenommen, ich hätte Ihnen eine Therapie angeboten. Diese Bedingungen hießen: ab sofort keine gewalttätigen Auseinandersetzungen und keine Mord- oder Selbstmorddrohungen mehr, andernfalls hätte ich es ethisch nicht verantworten können, weiter mit Ihnen zusammenzuarbeiten und hätte die Therapie sofort abgebrochen. Noch etwas: Ich bin überzeugt, dass Sie beide sich bisher sehr viele Gedanken gemacht haben und nach verschiedenen Erklärungen für Ihr Verhalten gesucht haben. Ich denke, dass in Ihrem Fall Erklärungen nicht weiterhelfen und auch keine Rechtfertigung darstellen, gewalttätig zu werden.

Natürlich stieß ich auf heftigen Protest, was mich allerdings nur noch sicherer in meinem Entschluss machte.

Nach diesem Gespräch ahnte ich, dass mich die Frau nochmals anrufen würde, um mich zu fragen, ob ich ihr eine/n andere/n Therapeuten/Therapeutin empfehlen könne. Innerlich bereitete ich mich auf dieses Telefonat vor. Ich überlegte, ob mir befreundete Kolleg/inn/en einfielen, doch konnte ich keine/n guten Gewissens empfehlen, da ich generell daran zweifelte, dass Therapie in diesem Fall sinnvoll sei. Genau diese Überlegungen teilte ich ihr mit, als sie mich tatsächlich anrief, und stellte ihr noch die Frage, was sie denn glaube, wann ihr Freund unter der Annahme, dass die Streitigkeiten weiter so eskalieren werden wie bisher, sie umgebracht haben werde bzw. wann sie dann ihren Freund vielleicht aus Notwehr umgebracht haben werde? Diese Frage habe ich gestellt, weil ich den Eindruck hatte, dass Frau Meier die Gefahr unterschätzte, in der sie war.

Selbst wenn es die Erklärung gegeben hätte, dass der Mann sich so verhält, weil er unter einer „paranoiden Schizophrenie" leidet, würde es keinen Unterschied machen, wenn man tot wäre. Auch hier gehe ich auch aufgrund rein pragmatischer Überlegungen davon aus, dass selbst psychotisch diagnostizierte Menschen sich kontrollieren können und die volle Verantwortung für das haben, was sie tun. Sie können sich als autonome Individuen wie jeder andere Mensch entscheiden, sich schuldig zu machen oder nicht.

Die Unterstellung, dass Verhalten kontrolliert werden kann, sollte im therapeutischen Kontext bei Selbstmord- und Morddrohungen, sexuellem Missbrauch, Kindesmisshandlung und gewalttätigem Verhalten sofort genutzt werden, indem man die Vereinbarung trifft, dass dieses Verhalten sofort zu unterbleiben hat, man andernfalls dazu gezwungen wäre, die Therapie sofort abzubrechen und – falls notwendig – Institutionen sozialer Kontrolle einzuschalten. Das heißt nun nicht, dass die betreffenden Personen keine Therapie mehr machen könnten. Natürlich können sie autonom entscheiden, eine/n andere/n Therapeuten/Therapeutin zu suchen. Die Therapie bei mir wäre nur sofort beendet, weil ich mich andernfalls zum Komplizen und Mitwisser gefährlicher und destruktiver Handlungen machen würde.

Das hier von mir geschilderte Beispiel weist auch noch auf einen anderen Aspekt hin, nämlich dass in bestimmten Fällen **die Therapie schlimmer bzw. schädlicher sein kann als die Problematik selbst bzw. zu ihrer Verschlimmerung beitragen kann**.

Um handlungsfähig zu bleiben, sollte der/die Berater/in genau zwischen einem therapeutischen Kontext und einem Kontext sozialer Kontrolle unterscheiden: Handlungen eines Menschen wie beispielsweise Gewalttätigkeit, Missbrauch, Misshandlungen, Suizidversuche, Mord- oder Selbstmorddrohungen, Beleidigungen sollten nicht mit therapeutischen Maßnahmen beantwortet werden, sondern mit sozialen Kontrollmaßnahmen durch gesellschaftliche Institutionen sozialer Kontrolle wie Polizei und Psychiatrie. Andernfalls besteht die Gefahr, dass man in solchen Situationen mit Verständnis reagiert, wo klare Grenzziehungen not-wendig sind. Das Verständnis eines/einer psychosozialen Helfers/Helferin führt dann zur Gefahr der Handlungsunfähigkeit, wodurch Helfer/innen entweder in die komplementäre Rolle des Opfers ihrer Kund/inn/en geraten und unter Umständen sogar zu Mittäter/inne/n gefährlicher Handlungen werden. Zudem kann das gefährliche Verhalten durch das inadäquate Verständnis provoziert werden, wodurch es zu einer symmetrischen Eskalation zwischen Verständnis und schädigendem Verhalten kommen kann.

4.2 Spezifische therapeutische Interventionen

4.2.1 Therapeutische Nutzung von Extrempositionen

Wie aus dem Fallbeispiel deutlich wurde, kommt es häufig zu Extremsituationen. Für die Psychotherapie bedeutet das, dass es not-wendig ist, die Extreme und die Wahrscheinlichkeit ihrer Realisierung in Kommunikation zu bringen bzw. zu „besetzen", was beispielsweise mit folgenden Fragen möglich ist:

* Was halten Sie für wahrscheinlicher, dass Sie Ihre Frau umbringen oder Ihre Frau Sie?
* Was hat eine größere Wahrscheinlichkeit, Selbstmord oder Mord?
* Angenommen, Ihre Beziehung würde sich in Zukunft genauso weiter-entwickeln wie in der Vergangenheit, wann werden Sie, um Ihre Frau prophylaktisch vor Selbstmord zu bewahren, sie umgebracht haben?

Indem der/die Therapeut/in solche Extrempositionen thematisiert, erhöht sich die Wahrscheinlichkeit, dass die reale Gefahr für derartige Handlungen erkannt wird, Konflikte entschärft werden und die Beteiligten mittlere Positionen beziehen (vgl. RETZER 1994, S. 193).

4.2.2 Wahrung der therapeutischen Neutralität

Da schizoaffektive Verhaltensweisen mit Kontrollkämpfen innerhalb von emotional engen Beziehungen einhergehen und auf Seiten der Konfliktpartner das Bedürfnis entsteht, mit Hilfe von Koalitionen den Konflikt zu beseitigen, sollte der/die Therapeut/in möglichst frühzeitig danach fragen, was er/sie tun müsste, um seine Neutralität garantiert zu verlieren (vgl. RETZER 1994, S. 192f):

* Was müsste ich tun, damit Sie ärgerlich auf mich werden?
* Was müsste ich sagen, dass Ihre Frau/Ihr Mann ärgerlich auf mich wird?
* Wie könnte ich es schaffen, dass Sie denken, jetzt stecke ich mit Ihrer Frau/Ihrem Mann unter einer Decke? Etc.

Mit Hilfe dieser Fragen kann man die Wahrscheinlichkeit erhöhen, Handlungen zu unterlassen, die zu einem Neutralitätsverlust und damit zum Scheitern der Psychotherapie führen würden.

5. Abschließende Zusammenfassung

In Kapitel 1 habe ich beschrieben, was ein systemisches und *entwicklungs-psycho-logisches* Erklärungsmodell psychotischer Verhaltens- und Erlebensweisen, das man auch als logisches Ableitungsmodell bezeichnen könnte, leisten muss. In graphischer Form möchte ich nun die Ableitungsschritte und die durch das Modell erklärten Phänomenbereiche darstellen:

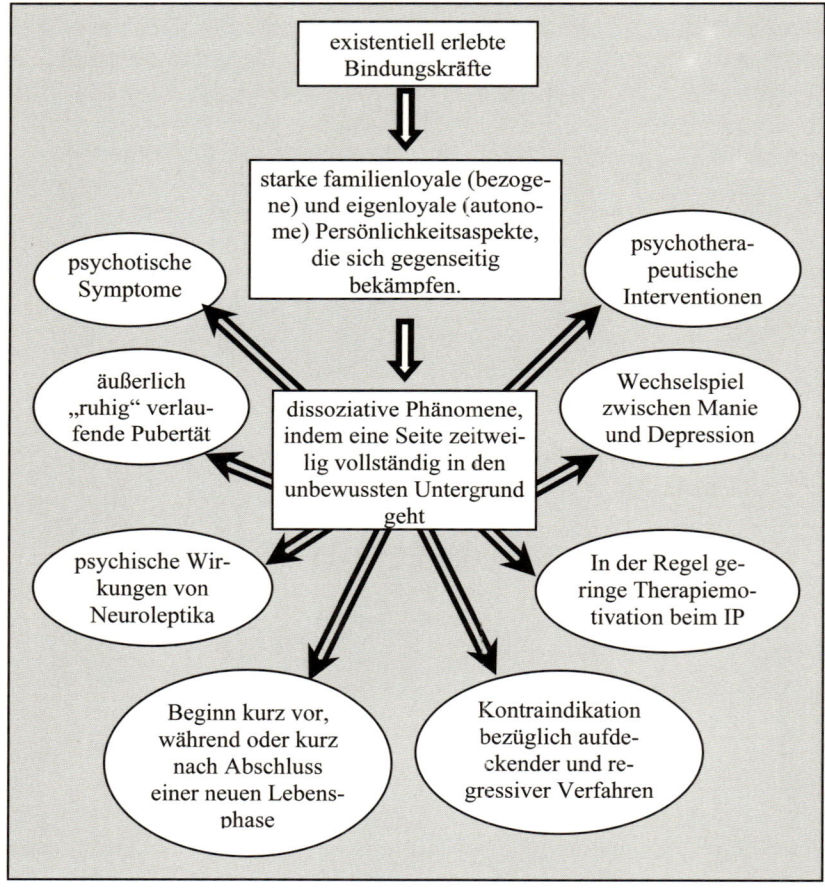

Abbildung 7: Systemisches und entwicklungs-psycho-logisches Ableitungsmodell psychotischer Erlebens- und Verhaltensweisen und der mit ihnen zusammenhängenden Phänomene.

B) Zur professionellen Chronifizierung psychosozialer Probleme[22]

1. Einführung

In diesem Artikel werde ich mich mit der Frage beschäftigen, welche Sicht- und Verhaltensweisen auf professioneller Seite geeignet sind, um psychosoziale Probleme bzw. psychisches Leiden aufrechtzuerhalten und/oder zu verschlimmern. Dabei werde ich unter systemisch-konstruktivistischen Gesichtspunkten zum einen die Beziehung zwischen Therapeut/inn/en und ihren Klient/inn/en beleuchten und zum anderen einen – wie ich hoffe – ungewohnten Blick auf das psychiatrische Krankheitskonzept der so genannten endogenen Psychosen werfen.

2. Fragen zur Problemproduktion, -aufrechterhaltung und -verschlimmerung

Systemische Psychotherapeut/inn/en sind bekannt dafür, ungewöhnliche Fragen zu stellen, die zunächst die übliche Erwartung an das therapeutische Geschehen enttäuschen. Es handelt sich dabei um Fragen, die Informationen darüber liefern sollen, was geschehen müsste, um etwas, was man vermeiden möchte, bewusst herbeizuführen bzw. zu verschlimmern. Exemplarisch veranschaulichen folgende Fragen diesen Fragetyp:

- Angenommen, Sie möchten, dass Ihr Mann/Ihre Frau so richtig sauer auf Sie wird, was müssten Sie dafür tun?
- Angenommen, Sie möchten sich das Problem, das Sie zu mir geführt hat, wieder leisten, auf welche Weise müssten Sie sich dann verhalten?
- Wie könnten Sie es schaffen/Wie müssten Sie sich präsentieren, damit Ihr/e Psychiater/in den Eindruck hat, jetzt müsste man Ihre Neuroleptika-Medikation verdoppeln?
- Wie könnten Sie es schaffen, vom psychiatrischen Personal anstatt einer Stunde zwei Stunden fixiert zu werden?
- Was müssten Sie tun, um Ihren Psychiatrieaufenthalt um vier Wochen zu verlängern?

---

[22] Leicht geänderte und ergänzte Fassung des gleichnamigen Artikels, der in Report Psychologie, 25: S. 508-518 (Mücke 2000b) erstmals erschienen ist.

- Wie könnten Sie es schaffen, wieder zwangseingewiesen zu werden?
- Wie müssten Sie sich verhalten/zeigen, damit die anderen (Ihr Mann/Ihre Frau/Ihre Eltern/Ihre Kinder/Ihre Freunde/Ihr/e Chef/in etc.) denken, jetzt seien Sie wieder depressiv, süchtig, „auf Psychose" etc.?
- Was wäre hilfreich, damit Sie sich wieder in der von Ihnen beschriebenen Weise verrückt/psychotisch/manisch/depressiv/ängstlich etc. erleben?

Gerade für eine lösungs- und kompetenzorientierte Psychotherapie sind solche Fragen aus folgenden Gründen unverzichtbar:

1. Sie erhöhen die Wahrscheinlichkeit einer bewussten Einflussnahme auf das, was man vermeiden bzw. unterlassen möchte: Was zunächst ein undurchschaubares, unbewusstes Phänomen darstellte, das aus heiterem Himmel über einen hereinfiel, wird nun zu etwas, das der bewussten Kontrolle zugänglich wird.

2. Sie bieten Anregungen dafür, wie man von einem Problemopfer zu einem/einer Problemtäter/in werden kann. Schließlich gilt: Wer sich als Problemtäter/in erlebt, hat den Schlüssel zur Problemlösung in der Hand und wird damit gleichzeitig zum/zur Lösungstäter/in (vgl. RETZER 1997).

3. Sie dienen zur Rückfallprophylaxe: Indem das zu vermeidende Erleben/Verhalten noch einmal durchgesprochen wird, kann es schon im Ansatz erkannt werden und Maßnahmen zur Gegensteuerung können ergriffen werden. Es gilt – natürlich mit Einschränkungen – der Grundsatz: Gefahr erkannt - Gefahr gebannt.

4. Unter der Voraussetzung, dass diese Fragen gut eingeleitet werden, um das Missverständnis zu vermeiden, man wolle unterstellen, dass das unerwünschte Verhalten/Erleben doch absichtlich herbeigeführt wurde, koppeln sie am problemhypnotischen Bewusstseinszustand der Kund/inn/en an, was zu einer besseren Kooperationsbeziehung führt als ein rein lösungsfokussierendes Vorgehen.

5. Sie liefern unmittelbar neue Informationen und Sichtweisen über die Problementstehung, -aufrechterhaltung und -verschlimmerung.

6. Sie sorgen für eine „*optimale* Erwartungsenttäuschung" (RETZER 1997) hinsichtlich des therapeutischen Geschehens und fördern hierdurch die Aufmerksamkeit der Kund/inn/en und die Bedeutsamkeit der Psychotherapie. Würden *alle* Erwartungen der Kund/inn/en erfüllt, würde die Therapie keinen Unterschied machen und es könnten keine hilfreichen Neuinformationen gewonnen werden.

7. Die Antworten auf solche Fragen sind zudem auf konkrete (Problem-) Erfahrungen der Kund/inn/en bezogen, so dass man sehr detaillierte Informationen erhält.

8. Bezogen auf den/die Berater/in weisen solche Fragen – metakommunikativ gestellt – unmittelbar darauf hin, was im therapeutischen Gespräch besser unterlassen werden sollte. Sie können auch dafür genutzt werden, die Kooperationsbeziehung zwischen Berater/in und Kund/inn/en zu verbessern: Mit ihrer Hilfe können mögliche Missverständnisse in der Kommunikation („Fettnäpfchen", Umgang mit heiklen Themen etc.) vermieden werden. Zudem wird klar, dass der/die Therapeut/in sein/ihr eigenes Verhalten reflektiert und in Frage stellt, was zum einen das Vertrauen in seine/ihre Kompetenzen stärkt und er/sie zum anderen nicht darauf angewiesen ist, eine Aura der Unfehlbarkeit um sich zu verbreiten. Solche Fragen könnten wie folgt formuliert werden:

- Was müsste ich tun bzw. unterlassen, um Sie hier (im psychotherapeutischen Gespräch, der Supervision, der Fortbildung etc.) garantiert zu enttäuschen?
- Angenommen, ich möchte, dass Sie (Ihr Mann bzw. Ihre Frau) auf mich ärgerlich reagieren (reagiert), was müsste ich dann hier sagen, tun oder unterlassen?
- Wie müsste ich mich verhalten, damit Sie sich garantiert nicht von mir verstanden fühlen?
- Was müsste ich tun bzw. unterlassen, damit Sie denken, Sie sollten sofort die Psychotherapie/Supervision/Beratung beenden?
- Was müsste ich tun bzw. unterlassen, damit ich garantiert einen „Flop" lande bzw. mich ins Fettnäpfchen setze?

3. Für den therapeutischen Prozess selbstreflexive Chronifizierungsfragen

Berater/innen sind gewohnt, sich zu fragen, welches Therapeut/inn/enverhalten, welche therapeutischen Interventionen und Methoden hilfreich und sinnvoll sind, um Anregungen für die Lösung von Problemen und Konflikten zu geben, so dass sich die Handlungsalternativen der Kund/inn/en erweitern. Um problematische therapeutische Verhaltensweisen bzw. Bedingungen zu vermeiden, halte ich es für günstig und not-wendig, genau umgekehrt vorzugehen und sich folgende Fragen zu stellen:

- Angenommen, ich wollte als Therapeut, dass sich Probleme meiner Kund/inn/en möglichst lange halten, sich verschlimmern und chronifizieren, welche Anregungen (Interventionen, Methoden, Settingbedingungen, Wirklichkeitskonstruktionen etc.) müsste ich dann anbieten? Oder anders formuliert: Was müsste ein/e Psychotherapeut/in tun, um möglichst lange finanziell von denselben Kund/inn/en zu profitieren?
- Welche Einschätzung des Problems der Kund/inn/en wäre dafür günstig?
- Welche Haltung den Kund/inn/en gegenüber würde eher zu einer Schwächung beitragen?
- Wie müsste der therapeutische Rahmen gestaltet sein, um Chronifizierungsprozesse zu unterstützen?

Diese Fragestellungen sind auch deswegen unverzichtbar, weil Psychotherapiekund/inn/en oft sehr schonend mit Ihrem Psychotherapeuten/Ihrer Psychotherapeutin umgehen; denn wenn das, was der/die Therapeut/in anbietet, einem schadet, will man es zunächst verständlicherweise nicht glauben, sondern hofft, wartet und denkt, dass sich das im Laufe der Psychotherapie wieder geben wird und quasi als Selbstverständlichkeit zu einem lang dauernden Besserungsprozess dazugehört. Eine solche Sichtweise und die damit einhergehende Therapeut/inn/en schonende Haltung wird häufig noch von dem Therapeuten/der Therapeutin unterstützt, indem er/sie – vielleicht aus Selbstschutz – von vornherein darauf hinweist, dass bestimmte Probleme oder Schwierigkeiten während der Therapie aktualisiert werden und sich zunächst verschlechtern können. In der Systemischen Psychotherapie bewerte ich als Therapeut Verschlechterungen als Informationen darüber, dass im therapeutischen Vorgehen etwas geändert werden sollte, sie also keinesfalls zwingend zum Therapiegeschäft dazugehören. Andererseits können natürlich nicht in jedem Falle Verschlechterungen vermieden werden: Neben der Frage, was man anders machen sollte, ist es dann legitim mitzuteilen, dass für manche langfristigen positiven Veränderungen vorübergehende kurzfristige Verschlechterungen die Folge sein können, weil eine derartige Zusammenhangsannahme von der Erfahrung immer wieder bestätigt wird und sie zu einer Fokussierung der Aufmerksamkeit auf das gewünschte Zielerleben führt. Wird dagegen auf Verschlechterung von Anfang an hingewiesen, besteht die Gefahr, dass damit eine negative Erwartungshaltung angeregt wird und Verschlechterungen eher verschwiegen werden, weil sie als etwas für Therapie Selbstverständliches betrachtet werden. Hierdurch gehen wichtige Informationen für das weitere therapeutische Vorgehen verloren.

4. Rat-Schläge zur Konstruktion, Verschlimmerung und Chronifizierung von Problemen

Abbildung 8: Manchmal führt eine gute Absicht zum Gegenteil des Intendierten oder: „Bitte nicht helfen, es ist auch so schon schwer genug".

Zu Beginn dieses Kapitels möchte ich das mögliche Missverständnis aus-
räumen, ich würde unterstellen, dass Therapeut/inn/en daran interessiert
sein könnten, Probleme zu vergrößern. Natürlich gehe ich davon aus, dass
sie alles daran setzen, dass es nicht zu unerwünschten Auswirkungen therapeutischen Handelns kommt. Doch gerade aus diesem Grunde ist die Beantwortung selbstreflexiver Verschlimmerungsfragen hilfreich. Hier einige
Antworten auf die im vorherigen Kapitel gestellten Chronifizierungsfragen:

1. Um Anregungen zu geben, ein Problem möglichst lange zu konservie-
   ren, ist es vor allem günstig, die Haltung einzunehmen, dass es sich um
   Probleme handelt, deren grundsätzliche Natur sich der Einflussnahme
   bzw. Kontrolle des Problemträgers/der Problemträgerin entzieht und
   sich auch in Zukunft entziehen wird.

2. Depotenzieren Sie Ihre *kundigen* und kompetenten Kund/inn/en, indem
   Sie Ihnen jedes Mitspracherecht bei der Bewältigung des Problems
   verweigern. Behandeln Sie sie als Patient/inn/en[23], die sich Ihnen
   anzuvertrauen und sich nach Ihren Weisungen zu richten haben. Sorgen
   Sie dafür, dass nur Sie als Experte/Expertin anzuerkennen sind, von
   dessen/deren Wissen allein das Wohlergehen des/der Betreffenden abhängt.

3. Tun Sie alles dafür, dass sich Ihre nun zu Patien/inn/en mutierten
   Kund/inn/en defizitär, „gestört – gestörter – frühgestört" und problematisch erleben. Versuchen Sie dabei möglichst, darauf zu achten, was
   Ihr/e Patient/in nicht kann, wo er/sie Defizite hat und wo er/sie sich im
   Gespräch Ihrer Meinung nach gestört zeigt. Sollte Ihr/e Patient/in dennoch den Eindruck einer kooperationswilligen und kompetenten Person
   machen, gehen Sie davon aus, dass das nur *äußerlich* ist, er/sie innerlich aber viel fragiler und gestörter ist, als es der äußere Schein zeigt.
   Sie werden sehen, nach einiger Zeit ist es gar nicht mehr so schwer, Ih-

---

[23] Der Begriff „Kunde" ist abgeleitet von dem althochdeutschen „kundo", was Bekannter bzw. Einheimischer, auch pfiffiger Kerl (KLUGE 1975; S.412) bedeutet; er
weist damit unmittelbar auf die Kompetenzen und Fähigkeiten des/der Betreffenden
hin. Im Gegensatz zu dem Begriff „Patient", der sich von dem lateinischen „pati-
ens/patientis" ableitet, was leidend bzw. (er)duldend heißt und eher auf eine Opfer-
rolle hinweist, der man sich passiv ausgeliefert sieht. Wenn im Folgenden der Begriff „Patient" verwendet wird, dann soll damit auf diese problematische Haltung und
ihre Förderung durch psychosoziale Helfer/innen hingewiesen werden, was natürlich
ebenfalls ein Beitrag zur Chronifizierung sein kann (vgl. hierzu SIMON et al. 1999, S.
190f; LUDEWIG 1993 und MÜCKE 1998, S. 186-189).

re Patient/inn/en als so unfähig wahrzunehmen, dass er/sie ohne Ihre Hilfe im Leben nicht mehr zurechtkäme.

4. Denkt Ihr/e Patient/in dennoch, er/sie könne die eigenen Probleme selbständig bewältigen bzw. lösen, sprechen Sie möglichst häufig von den von Ihnen entdeckten schweren Störungen Ihres Patienten/Ihrer Patientin, die frühkindliche Traumatisierungen als Ursachen hätten und deswegen sehr lange Zeit benötigten, um aufgearbeitet werden zu können.

5. Gehen Sie davon aus, dass Ihr/e Patient/Patientin Ihnen wichtige Problembereiche und Konflikte verschweigt und konfrontieren Sie ihn/sie damit. Die Bemerkung eines Betreuers in einer Tagesklinik, die mir einer meiner Kunden mitgeteilt hat, ist ein Musterbeispiel für ein derartiges Vorgehen: „Schon Ihrem Gesichtsausdruck entnehme ich, dass Sie heute wieder schwer depressiv sind." (Vor dieser Bemerkung ging es meinem Kunden gut.) Streitet er/sie das ab, deuten Sie diese Leugnung als Widerstand gegen mögliche Fortschritte im therapeutischen Prozess, um den „sekundären Krankheitsgewinn" nicht aufgeben zu müssen.

6. Noch günstiger für eine Chronifizierung wäre es allerdings, davon auszugehen, dass Ihr/e Patient/in eine genetische Disposition für Verletzlichkeit, eine erhöhte Vulnerabilität besitzt, die zusammen mit einer frühen Störung – wie man sehen kann – fatale Folgen hat. Das hat zudem den Vorteil, dass Sie sich keine Vorwürfe machen müssen, wenn die Therapie keine sichtlichen Fortschritte macht. Wie sollte sie auch? Schließlich handelt es sich bei Ihrem Gegenüber ja um jemanden, der/die eine nicht zu verändernde, d.h. genetisch bedingte, psychische Behinderung hat, mit der er/sie leben muss.

7. Chronifizierungprozesse können auch dadurch angeregt werden, Ihren Patienten/Ihre Patientin darauf hinzuweisen, dass bei ihm/ihr eine schwerwiegende psychische Krankheit vorliege, die psychotherapeutisch nur schwer – wenn überhaupt – beeinflussbar sei und unbedingt einer medikamentösen Behandlung bedürfe, die ein Leben lang fortgesetzt werden müsse. Das hat zudem den Vorteil, dass Sie dadurch das problematische Verhalten bzw. Erleben entkontextualisieren, also von den Situationsbedingungen lösen, wodurch auch nur der Gedanke, man hätte direkten Einfluss auf das eigene Verhalten und Erleben, im Keim erstickt wird.

8. Sorgen Sie mit Hilfe von negativen Suggestionen und ungünstigen Prognosen dafür, dass Ihr/e Patient/in diese Krankheitstheorie teilt, weil Sie dadurch eher bewirken können, dass der positive Einfluss Ih-

res/Ihrer Patienten/Patientin auf seine/ihre Probleme/Symptome noch weiter gegen null geht. Zur Unterstützung dieses Vorgehens können Sie auch auf negative Prophezeiungen zurückgreifen. Solche negativen Prophezeiungen in Form einer Wenn-dann-Verknüpfung, verbunden mit einer unendlichen zeitlichen Perspektive, erhöhen die Compliance[24] und die Abhängigkeit Ihrer Patient/inn/en von Ihnen. Einige solcher Chronifizierungsprophezeiungen könnten z.B. sein: „Wenn Sie sich nicht mit Ihren Problemen auseinander setzen und sie aufarbeiten, dann werden Sie nie ein zufriedenes oder erfülltes Leben führen können." „Wenn Sie sich nicht mit Ihrer Mutter beschäftigen, wird Ihr Sohn so wie Ihre Mutter in der Gosse enden." „Wenn Sie Ihre überhöhten Ziele nicht aufgeben, werden Sie im Leben scheitern." Wenn sich Ihr/e Patient/in endlich krankheitseinsichtig zeigt, können Sie zudem im Kreise Ihrer Kolleg/inn/en mit Stolz behaupten, sie hätten es geschafft, dass Ihr/e schwer gestörte/r Patient/in das Symptom der Krankheitsuneinsichtigkeit (auf medizinisch: Anosognosie) verloren hat.

9. Verringern Sie die Möglichkeiten, Unterschiede wahrnehmen zu können, indem Sie Ihre/n Patienten/Patientin möglichst mehrmals in der Woche zu einem Gespräch einbestellen. Kurze Sitzungsabstände haben zudem den Vorteil, dass sie suggerieren, der/die Patient/in sei auf sehr viele therapeutische Gesprächsangebote angewiesen und käme ohne Sie nicht mehr zurecht.

10. Sprechen Sie möglichst ausschließlich von den Problemen und Schwierigkeiten, die Ihr/e Patient/in hat bzw. die Sie vermuten. Wenn Ihr/e Patient/in nicht selbst darauf kommt, notieren Sie sich vor jedem Gespräch Problembereiche und konfrontieren Sie ihn/sie damit.

11. Versuchen Sie, wenn Ihr/e Patient/in sich nicht mit seinen/ihren Problemen auseinander setzen will (weil es ihm/ihr vielleicht gut geht), seinen/ihren Widerstand zu brechen, indem Sie sagen, er/sie werde niemals eine stabile Persönlichkeit ausbilden können, wenn er/sie sich weigert, sich mit sich auseinander zu setzen.

12. Überzeugen Sie Ihren Patienten/Ihre Patientin davon, dass es fatale Folgen haben wird, wenn er/sie während der Therapie wichtige Lebensentscheidungen trifft, denn solange sein/ihr Unbewusstes noch nicht durchtherapiert ist, könnte es ihm/ihr fatale Streiche spielen. Nehmen

---

[24] Compliance: „die Bereitschaft, Mitarbeit bzw. das ‚Sich-Fügen' (Zuverlässigkeit) eines Patienten, in das diagnostische und therapeutische Vorgehen" (PSCHYREMBEL 1986, S. 302)

Sie aus diesem Grunde Ihrem Patienten/Ihrer Patientin wichtige Lebensentscheidungen ab. Denn: Für eine Chronifizierung von Problemen ist das Anregen einer Opferhaltung höchst effektiv; es fördert die Passivität und das Gefühl, nichts tun zu können; denn jede Entscheidung könnte falsch sein. Auch das Misstrauen sich selbst gegenüber wird dadurch angeregt und verstärkt.

13. Teilen Sie Ihrem Patienten/Ihrer Patientin mit, dass die Ziele, die er/sie sich vorgenommen hat (z.B. den Führerschein oder eine normale Lehre zu machen, eine/n Frau/Mann kennen zu lernen, den Schulabschluss nachzuholen, zu studieren etc.), vollkommen unrealistisch seien, er/sie sich maßlos überschätze und mit der schweren psychischen Behinderung, die er/sie nun mal habe, nur noch die Werkstätte für Behinderte bleibe. Wenn nach einer Weile Ihr/e Patient/in reglos im Stuhl hängt und vor sich hinstiert, können Sie sich in Ihren Ansichten bestätigt fühlen und ihm/ihr sagen: „Sehen Sie – wie ich Ihnen schon gesagt habe –, Sie sind eben zu krank, um ein selbständiges Leben außerhalb einer Sie beschützenden Einrichtung zu führen."

5. Indizien für einen gelungenen professionellen Chronifizierungsprozess

Angenommen, Sie wollten nachprüfen, ob Ihre Anregungen auch wirklich zu einer Aufrechterhaltung bzw. Verschlimmerung des Problems beigetragen haben, dann bräuchten Sie Kriterien, die darauf eindeutig hinweisen.

Ein mögliches Merkmal besteht darin, dass sich Ihr/e Patient/in nicht mehr als Experte/Expertin seiner/ihrer Lebensführung betrachtet und noch nicht einmal als jemand, der/die sein/ihr Innenleben versteht bzw. verstehen kann. Drastisch wird das durch folgenden Witz ausgedrückt:

„Eine Amerikanerin, die bereits 743 Analysestunden absolviert hat, entschließt sich trotz einer abratenden Deutung ihres Analytikers zu einer Europareise. Sie bleibt jedoch über Fax in ständigem Kontakt zu ihrem Therapeuten. Aus Paris schickt sie eine kurze Nachricht: „Ich amüsiere mich prächtig. Bitte faxen sie umgehend ‚Warum?'" (TRENKLE 1994, S. 195).

Ein weiteres Kriterium für einen gelungenen Chronifizierungsprozess liegt in einer extrem gut ausgebildeten Compliance der Patient/inn/en. Wenn also die Patient/inn/en zu allem Ja und Amen sagen und es nicht wagen, kreativ mit den Rat-Schlägen der Therapeut/inn/en umzugehen, dann weiß man, jetzt hat sich eine für Chronifizierung förderliche Abhängigkeitsbeziehung entwickelt. Man kann sich nun sicher sein, dass bei einer Unterbrechung oder gar Beendigung der Therapie die Patient/inn/en in extreme Krisen gestürzt werden und eventuell sogar an Selbstmord denken oder mit ihm drohen.

Natürlich bleibt es nicht aus, dass die so be-handelten Patient/inn/en (Merke: Wer nicht handelt, wird bald be-handelt.) zu jeder möglichen und unmöglichen Tageszeit den Therapeuten/die Therapeutin anrufen, um nun den/die eigentliche/n Experten/Expertin für sich zu Rate zu ziehen.

Zwar sorgt ein gelungener Chronifizierungsprozess für eine sichere lebenslängliche Finanzierungsbasis, doch bleibt das damit einhergehende Abhängigkeitsverhältnis in der Regel nicht ohne negative Auswirkungen auf die Helfer/innen. Auf deren Seite kann ein Burnout-Syndrom ein deutliches Zeichen sein, dass sich Probleme der Klient/inn/en chronifiziert haben. Zwar wäre die Schlussfolgerung, immer wenn ein Burnout vorliegt, hätte der/die Helfer/in Chronifizierung angeregt, sicherlich nicht berechtigt, doch lässt sich davon ausgehen, dass Chronifizierungsprozesse, ob sie nun von den Therapeut/inn/en angeregt wurden oder nicht, über kurz oder lang zu Burnout-Syndromen führen. Deswegen müsste eigentlich im psychosozialen Bereich der Grundsatz gelten: Je wohler sich die Helfer/innen fühlen, um so besser müsste ihre Bezahlung sein.[25]

6. Wie müsste man ein Problem konstruieren, um es möglichst lange zu konservieren?

Bisher habe ich mich im Zusammenhang mit chronifizierenden Auswirkungen mit dem Verhalten der Therapeut/inn/en gegenüber ihren Kund/inn/en und der Beziehungsgestaltung, die davon angeregt wird, beschäftigt; jetzt soll es mir um die Frage gehen, wie man eine wissenschaftliche Problemtheorie konstruieren müsste, um ein Problem so zu benennen, zu beschreiben, (ursächlich) zu erklären und zu bewerten, dass Chronifizierungsprozesse damit maßgeblich gefördert werden, um Probleme *haltbarer* machen zu können. Wiederum möchte ich darauf hinweisen, dass ich davon ausgehe,

---

[25] Aufgrund der Isomorphie (die Analytiker würden von Übertragung und Gegenübertragungsprozessen sprechen) zwischen Klient/inn/en und ihren Therapeut/inn/en liegt es nahe, Rückschlüsse aus dem Erleben des Therapeuten/der Therapeutin und seiner/ihrer Klient/inn/en in Form von möglichen Hypothesen – nicht von Gewissheiten – zu ziehen.

dass jede/r Wissenschaftskonstrukteur/in artifizielle Chronifizierungen vermeiden möchte.

6.1 Die Benennung und Beschreibung psychischen Leidens als Krankheit

Angenommen, man wollte aus einem psychosozialen Problem bzw. einer bestimmten leidverursachenden Erlebens- und Verhaltensweise ein chronisches, das heißt auch über längere Zeiträume nicht veränderbares, Problem konstruieren, dann wären hierfür mehrere Transformationsprozesse notwendig. Der erste Transformationsprozess bestünde darin, das Phänomen als psychosozial nicht bzw. kaum beeinflussbar darzustellen. Am sinnvollsten für dieses Vorhaben wäre es deswegen, es nicht als psychosoziales[26] Phänomen oder Problem, sondern als biologisch-medizinische Krankheit zu definieren. Im psychosozialen Feld wäre eine solche Krankheit immer eine Psych-ose[27], damit eine Geisteskrankheit bzw. psychische Krankheit. Die Implikationen einer psychischen Krankheit wären u.a. folgende:

1. Mit der Konstruktion „Geisteskrankheit" wäre man für das eigene Befinden und Erleben, den eigenen Gemütszustand und auch für das eigene Verhalten selbst nicht mehr zuständig und verantwortlich, somit schuldunfähig.

2. Die Be-handlung dieser psychischen Krankheit müsste an Expert/inn/en übertragen werden: Weder der/die Betroffene selbst noch sein/ihr soziales Umfeld (Angehörige, Freunde/Freundinnen, Kolleg/inn/en etc.) könnten direkt und unmittelbar auf das als psychisch krank wahrgenomme

---

[26] Eigentlich müsste man hier von bio-psycho-sozialen bzw. sozial-psycho-biologischen Phänomenen sprechen, da es eine enge Wechselwirkung dieser drei unterschiedlichen Phänomen- bzw. Wirklichkeitsbereiche gibt. Vorausgesetzt, man wollte ein psychisches Ereignis [analog der RETZER'schen Kategorie „Erlebtes Leben" (vgl. RETZER 1994; S. 17ff)] wie Gedanken(-bildung), Gefühle wie z.B. Trauer, Freude, Niedergeschlagenheit, Lust und jede Form symptomatischen Erlebens beschreiben, so könnte man dieses Erleben sehr unterschiedlich abbilden – je nachdem, für welchen Wirklichkeitsbereich man sich zuvor entschieden hätte: Wir erhielten damit eine biologische, eine psychologische und eine soziale Beschreibung ein und desselben Phänomens. Der Einfachheit halber werde ich im Folgenden anstelle des Ausdrucks „sozial-psycho-biologisch" den Ausdruck „psychosozial" verwenden.

[27] Der Begriff „Psychose" bedeutet nichts anderes als Krankheit (worauf die Endung „-ose" hinweist) der Psyche.

Erleben bzw. Verhalten reagieren: Normabweichendes Verhalten würde zum einen viel schneller als Ausdruck psychischer Krankheit gewertet; zum anderen bliebe es für alle unklar, welches Verhalten bzw. (erzähltes) Erleben sich im Bereich des Normalen und damit Gesunden und welches Verhalten bzw. (erzähltes) Erleben sich im Bereich des Normabweichenden und damit (psychisch) Kranken bewegt.

3. Zusätzlich führt diese Zuordnung zu einer Konfusion unterschiedlicher Kontexte, nämlich des psychosozialen mit dem medizinischen: So impliziert die Etikettierung mit dem Begriff „psychisch krank", dass es sich bei einer beobachteten psychischen Problematik in Wirklichkeit eben nicht um eine solche handelt, sondern ihr eine wie auch immer geartete *körperliche Stoffwechselstörung* zugrundeliegt, die *ursächlich* für die psychischen Probleme verantwortlich ist und zudem immer wieder *entgleisen* kann. System- und erkenntnistheoretisch betrachtet, handelt es sich bei der Bezeichnung „psychisch krank" um einen Begriff, der auf einem epistemologischen Irrtum basiert; denn er koppelt zwei Begriffe, die zu verschiedenen Klassen logischer Typen gehören. Nach WHITEHEAD und RUSSEL gilt: „Was immer *alle* Elemente einer Menge voraussetzt, darf nicht ein Element der Menge sein" (WHITEHEAD/RUSSEL 1990, S. 56). Demnach gehört Psyche nicht zur Klasse körperlicher Erscheinungen. Und nur ausschließlich Körperliches kann im medizinischen Sinne krank sein (vgl. KURT SCHNEIDER 1973, S. 7f). Psychisches kann außergewöhnlich oder von einer bestimmten sozialen Norm abweichend sein; es ist komplex und lässt sich nicht in einzelne Bereiche bzw. Organe aufspalten, allenfalls lassen sich bestimmte psychische Funktionen durch Abstraktion voneinander separieren.

4. Durch diese Konfusion zwischen dem somatischen (medizinischen) und dem psychischen (psychologischen) Kontext verändert sich folgerichtig auch die Bedeutung der Begriffe „psychisch" und „krank": Da Geist/Seele/Psyche in den meisten großen philosophischen und allen religiösen Weltanschauungen als ewig und unvergänglich angesehen wird, kann eine einmal „krank" gewordene Psyche *in diesem Leben* nur schwer – wenn überhaupt – wieder „gesunden". Eine einmal – durch was und wie auch immer – beschädigte Seele kann in der Regel erst durch eine im Jenseits stattfindende – je nach Weltanschauung erfolgende – Erlösung genesen. In seiner Konsequenz bedeutet das: „einmal psychisch krank" – „immer psychisch krank", damit also „chronisch psychisch krank" oder „psychisch behindert". Und „psychisch" heißt in Verbindung mit „krank" *ursächlich nicht-psychisch*, sondern *körperlich bedingt*. Kurz und schlecht: „Psychisch krank" bedeutet nichts anderes als *„körperlich be-*

dingt lebenslänglich psychisch gestört". In dieser Hinsicht ist es nur konsequent, wenn im psychiatrischen Jargon davon gesprochen wird, dass sich eine „Psychose" *in Remission* befindet, sich also zurückgezogen hat, doch irgendwo noch *latent* und im Verborgenen lauert und darauf wartet, jederzeit mit einer *Exazerbation* (Verschlimmerung, Wiederaufbrechen von lat. acerbare: verschlimmern) bzw. *Dekompensation* (versagende Kompensation von lat. compensare: ausgleichen) *zu rezidivieren.*[28]

5. Damit aber noch nicht genug: Von „psychisch krank" zu sprechen, ist in der Psychiatrie nur dann legitim, wenn zuvor organische Ursachen ausgeschlossen werden; denn hätte man organische Ursachen diagnostiziert, handelte es sich eben um eine eindeutig somatische Krankheit und man dürfte nun nicht mehr von einer psychischen Krankheit sprechen. Demnach gilt folgende begriffliche Äquivalenzgleichung: „psychische Krankheit = organisch nicht begründbare organisch begründete lebenslänglich bestehende psychische Störung". Zur Erinnerung: Das einzige Kriterium für eine solch verheerende Diagnose besteht in einer durch eine/n Beobachter/in festgestellte normabweichende Verhaltensweise oder eine von der Norm abweichende Erzählung über das eigene Erleben. Dennoch: Um Chronifizierungsprozesse anzuregen und wahrscheinlicher zu machen, ist die Zuschreibung und Benennung eines bestimmten Verhaltens oder (erzählten) Erlebens als „psychische Krankheit" höchst effektiv.

6. Noch günstiger für die Anregung von Chronifizierungsprozessen ist der medizinische Fachterminus „latent" (RETZER 1995), der im medizinischen Kontext durchaus seine Berechtigung hat: Dort bezeichnet er – nachdem zweifelsfrei z.B. eine Infektionskrankheit durch das Vorhandensein von Bakterien oder Viren nachgewiesen wurde – die symptomfreie Zeitspanne vor Ausbruch der Krankheitssymptome (Inkubationszeit); wörtlich übersetzt heißt „latent": „verborgen, versteckt, gebunden, ohne Symptome verlaufend" (PSYCHYREMBEL 1986). Übertragen auf den

---

[28] Sehr schön bestätigt die „Lebenslänglichkeit" der Diagnose „Schizophrenie" das bereits Anfang der 70er Jahre durchgeführte ROSENHAN-Experiment: Unter dem Vorwand, Stimmen zu hören, die zu ihnen so etwas wie "leer", "hohl" und "dumpf" sagten, verschafften sich acht zuvor in keiner Weise psychiatrisch auffällig gewordene Personen Zugang zu zwölf verschiedenen psychiatrischen Anstalten. Alle Versuchspersonen wurden aufgenommen und bei den insgesamt zwölf Einweisungen als psychotisch diagnostiziert: elf als schizophren und einer als manischdepressiv. Außer einem Fall mit der Diagnose "Schizophrenie" wurden alle mit der Diagnose "Schizophrenie in Remission" entlassen (vgl. ROSENHAN 1985, S. 111-135).

psychosozialen Kontext entbehrt dieser Fachterminus jeder Berechtigung; es sei denn, man möchte auf sprachlicher Ebene ein Höchstmaß an Pathologisierung bei gleichzeitiger Symptomfreiheit ermöglichen. Es stellt sich nämlich die Frage, woran man ein *latentes* psychisches Symptom bzw. Syndrom wie Depression, Zwang, Angst, Schlaf-, Ess- oder Persönlichkeitsstörung, Schizophrenie, manisch-depressive oder schizoaffektive Psychose bemerken könnte? Und wenn man derartige „latente Symptome" (also ohne Symptome verlaufende Symptome – sic!) nicht bemerken kann, welche Berechtigung hätte man dann für die Unterstellung einer nicht wahrnehmbaren, aber existierenden Krankheit? Doch allerhöchstens die, dass der vermeintliche Träger dieser Krankheit einmal im Leben als mit derartigen Symptomen behaftet diagnostiziert wurde. In Zeiträumen, in denen sich Menschen, die einmal als psychotisch diagnostiziert wurden, unauffällig – d.h. der Norm eines oder mehrerer Beobachter/innen entsprechend – verhalten, lässt sich demnach immer von einer latenten Psychose sprechen, was übersetzt zu folgender begrifflichen und logischen Absurdität führt:

> „latente Psychose" = „ohne Symptome verlaufende psychische Krankheit" = „ohne Symptome verlaufende organisch nicht begründbare organisch begründete lebenslänglich bestehende psychische Krankheit"

Das heißt: Mit einer latenten Psychose könnte es einem/einer ein Leben lang hervorragend gehen, wenn die pathologisierenden Diagnosen, die beständige Neuroleptika-Einnahme, die häufigen Psychiater/innenbesuche, die (gesetzlichen) Betreuer/innen und die besorgten Freunde/Freundinnen und Angehörigen nicht wären. Auf die Frage „Wann wird es in der psychiatrisch-psychosozialen Praxis einem Menschen erlaubt, bei dem einmal im Leben eine Psychose diagnostiziert wurde, sich nicht mehr über diese Diagnose zu definieren?" lautet die Antwort „niemals" und das, obwohl viele Längsschnittuntersuchungen eindeutig nachgewiesen haben, dass sich ein Großteil der psychotisch diagnostizierten Menschen nur ein einziges Mal in ihrem Leben ver-rückt verhalten oder erlebt haben (vgl. SCHARFETTER 1986, S. 205 und BLEULER 1983, S. 448).

7. Der Begriff „psychisch krank" *deutet* nun nicht nur eine bestimmte Realität, sondern *impliziert* und *konstituiert* damit auch eine solche. Diese künstlich geschaffene Realität findet breite gesellschaftliche Anerkennung und wird wiederum durch psychosoziale, psychiatrische und juristische Institutionen aufrechterhalten. So etabliert sich gleichzeitig der gesellschaftliche Zwang, das mit diesem Begriff einhergehende Deutungs-

paradigma zu teilen; ihm unterliegen Angehörige, Betroffene und Professionelle gleichermaßen. Wird dieses Deutungsmuster nicht angenommen, so drohen Verständigungsprobleme und Ausgrenzungsprozesse. Den Betroffenen wird unterstellt, sie seien nicht krankheitseinsichtig, den Angehörigen, sie seien nicht kooperationswillig und den Professionellen, sie seien nicht kompetent; denn andernfalls würden sie ja die wissenschaftlichen Fachbegriffe akzeptieren und entsprechend gebrauchen.

Diese Kritik an dem psychiatrischen Krankheitskonzept darf nun aber nicht so verstanden werden, dass ich behaupten würde, es gäbe keine – im deskriptiven Sinne – „psychotischen" Erlebens- und Verhaltensweisen bzw. kein damit einhergehendes existentielles Leid. Im Gegenteil: Mir geht es darum, die Gefahren aufzuzeigen, die ein bestimmter professioneller Umgang mit psychotischen Phänomenen birgt, um das Leiden nicht noch zu potenzieren und vorhandene Lebenschancen nicht zu verunmöglichen.

6.2 Ursächliche Erklärungen als Chronifizierungshilfen

Es gibt grundsätzlich zwei unterschiedliche Ätiologiemodelle, um im Bereich der ursächlichen Erklärungen Chronifizierungsprozesse psychosozialer Probleme zu fördern:

1. Der biologisch-medizinische Kontext, nach dem eine Endogenese für diese Probleme, die hierdurch sofort wieder zu (psychischen) Krankheiten transformiert werden, verantwortlich ist.

2. Der psychosoziale Kontext, nach dem pathologisierende Bezugspersonen in linear-kausaler Weise die Schuld als Verursacher für normabweichendes Verhalten bzw. Erleben zugesprochen bekommen. Hierbei lassen sich grob zwei unterschiedliche Richtungen unterscheiden: einerseits (defizitorientierte) familientherapeutische Konzepte und andererseits defizitorientierte verhaltenstherapeutische bzw. psychoedukative Ansätze.

Die chronifizierendste Form dabei wäre die „multifaktorielle" Verknüpfung der biologisch-medizinischen mit den schuldzuschreibenden Wirklichkeitskonstruktionen.

6.2.1 Biologisch-medizinische Ätiologiemodelle

Mittlerweile gibt es eine Vielzahl von biologisch-medizinischen Ätiologie-modellen: KRAEPELINs sich auf Benedict MOREL (1809-1873) stützende Entartungs- und Degenerationstheorie (1913, S. 922), BLEULERs Konzept ungünstiger Anlagen zur persönlichen Entwicklung (1983, S. 456), TÖLLEs Theorie der multifaktoriellen Genese (1988, S. 212), ZUBINs Vulnerabili-tätskonzept (1986, S. 29-40), CIOMPIs Diathesis-Stress-Modell[29] (1982 S. 254), die Theorie von REDLICH und FREEDMAN eines konstitutionellen Defekts (1984, S. 731), GOTTESMANNs multifaktoriell-polygenes Krank-heitsmodell (1993, S. 265) etc. Alle diese Konzepte haben folgende Merk-male gemeinsam:

1. Sie gehen davon aus, dass es eine wie auch immer geartete „Veranla-gung" für die Entwicklung einer „endogenen Psychose" gibt, die schon bei der Geburt mitgebracht wird. Es wird von Entartung, genetischer Disposition, genetischen Faktoren, Erbanlagen, Vererbung, konstitutio-nellen und genetischen Defekten, angeborener Verletzlichkeit bzw. Ü-berempfindlichkeit usw. gesprochen.

2. Diese Konzepte unterstellen ferner, dass es sich bei den „endogenen Psychosen" um Krankheiten handelt, denen ursächlich Stoffwechselstö-rungen zugrunde liegen.

3. Sie teilen das Konzept der „Endogenese", was so viel bedeutet wie eine „aus dem Inneren heraus" entstehende Entwicklung. Systemische Kon-texte und situative Bedingungen werden – wenn überhaupt – nur als Aus-löser für die Erklärung bzw. Entstehung dieser „Endogenese" zugelassen. Umweltbedingungen können allenfalls Anstöße für die „Entgleisung des Gehirnstoffwechsels" geben. Allein für sich betrachtet können sie nach diesen Theorien zu keiner „endogenen Psychose" führen.

4. Sie betonen die Gefahr, dass ein einmal als psychotisch diagnostizierter Mensch jederzeit wieder „an einer Psychose erkranken" könnte.

   Die erwähnten Theoriekonzepte sind äußerst günstig, um Chronifizie-rungsprozesse anzuregen bzw. kontinuierlich aufrechtzuerhalten, weil sie folgende psychologische und psychosoziale (bzw. interne bzw. externe systemische) Auswirkungen fördern:

---

[29] Das von CIOMPI initiierte Soteria-Projekt in Bern, das es ermöglicht, Psychosen ohne Neuroleptika bzw. nur gering neuroleptika-medikamentiert mit Hilfe therapeu-tischer Begleitung zu durchleben, möchte ich damit nicht in Frage stellen.

1. Sie fördern, dass sich die Betroffenen selbst als defizitär, verletzlich und Ich-schwach erleben und auch von anderen so wahrgenommen werden.

2. Als Expert/inn/en für sich selbst werden die Betroffenen nicht mehr ernst genommen, sie werden tendenziell entmündigt und infantilisiert.

3. Angehörige (Eltern, Partner/innen, Geschwister etc.) fühlen sich selbst nicht mehr kompetent, um angemessen mit ver-rückten Verhaltens- bzw. Erlebensweisen umzugehen.

4. Das Selbstwertgefühl der Betroffenen wird konstant geschwächt, weil man sich als anders und genetisch defekt erlebt.

5. Durch diese nun „genetisch bedingte Andersartigkeit" findet ein permanenter Prozess der selbst- und fremdveranlassten Ausgrenzung statt. AR-NOLD RETZER spricht in diesem Zusammenhang von *Exkommunikation* (1997). Die *bezogene Individuation* (STIERLIN) wird extrem gestört, weil die Zugehörigkeit zu dem sozialen Bezugssystem der „Gesunden" und „Normalen" nicht mehr ungebrochen möglich ist.

6. Die Unterstellung einer aus dem Inneren hervorbrechenden Krankheit, die keiner äußeren Ursachen bedarf, führt zu einer Lähmung, weil man macht- und hilflos einem Naturereignis gegenübersteht, auf das man selbst keinen Einfluss hat.

7. Eine tiefe Verunsicherung über das, was als gesund und krank zu gelten hat, tritt ein, so dass es tatsächlich zu einer erhöhten Verletzlichkeit und verletzten Identität kommen kann. Erst die Applikation der Vulnerabilitätshypothese macht in diesem Sinne vulnerabel.

8. Durch die Annahme einer genetisch bedingten Disposition können einerseits Schuldgefühle der Betroffenen hinsichtlich ihres eigenen Verhaltens und Erlebens und besonders auch der Angehörigen hinsichtlich ihres Erziehungs- oder sonstigen Verhaltens reduziert werden, was aber andererseits häufig zu einer Verfestigung – wenn nicht Zementierung – dieser pathologisierenden Sichtweise führt.

6.2.2 Familientherapeutische[30] und verhaltenstherapeutische Ätiologiemodelle

Bei einer zweiten großen Gruppe von Ätiologiemodellen – den so genannten familien- bzw. verhaltenstherapeutisch orientierten Milieutheorien – besteht ebenfalls die große Gefahr, Chronifizierungsprozesse anzuregen. Diese Gefahr ist besonders dann akut, wenn sie defizitorientiert im Sinne einer linealen Kausalität (vgl. SIMON/CLEMENT/STIERLIN et al. 1999, S. 63) verstanden bzw. missverstanden werden und sie im therapeutischen Kontext mit einer schuldzuschreibenden Haltung verkoppelt sind.

Auf familientherapeutischer Seite seien in diesem Kontext folgende Ätiologiemodelle erwähnt: die Theorie der schizophrenogenen Mutter von FROMM-REICHMANN (1940, 1948), das Double-bind-Konzept von BATESON, JACKSON, HALEY und WEAKLAND (1984, S. 35), die Mystifizierungstheorie LAINGS (1965, S. 110-129), BOSZORMENYI-NAGYs Konzept der Parentifizierung des Kindes (1965a, S. 51ff und 1965b, S. 110), STIERLINs Delegations- und Auftragsdynamik in der Familie (1982), das Konzept der betrügerischen Verwicklung (Imbroglio) von SELVINI-PALAZZOLI (1992, S. 105ff), die von SIMON beschriebenen „psychotischen" Familienmuster (1993, 360ff), HELLINGERs Konzept einer vorgegebenen Familienordnung (WEBER 1993).

Als eher verhaltenstherapeutisch-pädagogisches Modell wäre BROWNs Konzept der expressed emotion (auch EE-Konzept genannt) zu nennen. Dieser Ansatz führte zu der von FALLOON und LIBERMANN entwickelten psychoedukativen Therapie.

Die unter der Kategorie „Familientherapie" subsumierten Ätiologiemodelle bilden die Fundamente der Systemischen Psychotherapie. Sie haben unverzichtbare Beiträge zu ihrer Entwicklung geliefert. Indem sie unter anderem die Wahrnehmung auf familiäre Prozesse und Dynamiken gerichtet und ein Vokabular ihrer Beschreibung entwickelt haben, konnten sie eine über ein rein biologisches und individuelles Verständnis psychotischer

---

[30] Ich möchte hier auf die Unterscheidung zwischen Familien- und Systemischer Therapie hinweisen: Zwar hat sich die Systemische Psychotherapie aus der Familientherapie heraus entwickelt, mittlerweile basiert sie jedoch auf einem stringent kompetenz-, ressourcen- und lösungsorientierten Ansatz, der mit defizit-orientierten Modellen unvereinbar ist. Aus diesen Gründen – wie an anderer Stelle (MÜCKE 2001e) bereits ausgeführt – muss auch der Begriff „Familientherapie" bei Gesprächen mit Familien abgelehnt werden, da er unterstellt, dass die Familie gestört sei und psychotherapeutischer Hilfe bedürfe.

Prozesse hinausgehende Perspektive eröffnen. Zudem sind diese familientherapeutischen Ätiologiemodelle Hypothesenlieferanten für die Kommunikationsprozesse in den betreffenden Familien. Wenn diese Hypothesen mit einer wertschätzenden ressourcenorientierten Haltung verbunden sind und im Sinne einer kompetenz- und lösungsorientierten Vorgehensweise genutzt werden, sind sie ein unverzichtbares Mittel für systemische Interventionen, die alle Beteiligten wertschätzen. Für äußerst problematisch und kritisch halte ich es jedoch, Familien unmittelbar im Sinne einer linear-kausalen Schuldzuschreibung mit diesen Spekulationen zu konfrontieren, weil damit eine die Familienmitglieder abwertende Haltung einhergeht und es zu den weiter unten beschriebenen negativen Auswirkungen kommen kann.

Der psychoedukative Ansatz ist zudem problematisch, weil er den Status quo zementiert und ein lebenslängliches Bewältigungs-Management (Umgang mit Angehörigen und mit Neuroleptika) zur Reduktion von Konflikten und emotionalen Stressfaktoren vorsieht. Hier wird auf der einen Seite für eine strikte Distanz von den Angehörigen plädiert, auf der anderen Seite bleibt gerade dadurch eine entwicklungsbehindernde Abhängigkeitsdynamik noch nach Jahren unverändert bestehen, so dass häufig eine negative Gegenseitigkeit – wie STIERLIN das ausgedrückt hat – fortgeschrieben wird. Generell stagniert damit die Entwicklung des Familiensystems. Ohne es zu wollen, bestätigt FALLOON diese Überlegungen, wenn er schreibt:

„Wenn sowohl geringe Kontakthäufigkeit und regelmäßige Medikation in Kombination praktiziert wurden, näherte sich die Rückfallrate jener der Familien mit niedrigem EE an. Dies legt einen recht einfachen Behandlungsansatz für die Schizophrenie nahe: Man halte den Patienten soweit als möglich von zu Hause fern und stelle eine fehlerfreie Medikamenteneinnahme sicher, vorzugsweise durch intramuskuläre Injektionen" (1991, S. 20).

Mit anderen Worten: Der/die Patient/in bleibt sein/ihr Leben lang psychisch krank, muss immer seine/ihre Medikamente (lebenseinschränkende Neuroleptika) einnehmen und bedarf einer gleich bleibenden Distanz zu den Eltern. In dieser Theorie ist es nicht vorgesehen, dass ein/e schizophren Diagnostizierte/r ein normales – medikamentenfreies – Leben führen kann.

Trotz aller Kritik steht außer Frage, dass das EE-Konzept viele für die therapeutische Praxis relevante Erkenntnisse und Zusammenhänge geliefert hat: Zum Beispiel, dass die Rehospitalisierungsrate von ehemaligen stationär behandelten Patient/inn/en mit schizophrener Symptomatik geringer wird, wenn sich die Distanz zu den Angehörigen vergrößert und sich erhöht, wenn das emotionale Engagement der Angehörigen überdurchschnittlich hoch ist. Der antipsychotische Effekt von Neuroleptika kann neben der unspezifischen Reduzierung des Dopaminstoffwechsels[31] auch mit der dadurch einhergehenden Reizabschirmung und größeren emotionalen Distanz zur sozialen Umwelt erklärt werden. Dennoch ist zu bedenken, ob der durch psychoedukative Vorgehensweisen empirisch nachgewiesene Nutzen einer signifikant geringeren Rehospitalisierungsrate mit seinen Kosten einer permanenten Neuroleptika-Medikation mit ihren bekannten negativen Folgewirkungen und einer Begrenzung persönlicher Entwicklungsmöglichkeiten in einem angemessenen Verhältnis steht.

Jetzt möchte ich die negativen, aus der Praxis resultierenden Konsequenzen, schuldzuschreibender bzw. als schuldzuschreibend misszuverstehenden familientherapeutischen bzw. psychoedukativen Theoreme kurz skizzieren:

1. Die Unterstellung, die Angehörigen, vor allem die Eltern, hätten eine Mitschuld an dem bizarren Verhalten bzw. Erleben des/der psychotisch Diagnostizierten, weil sie unklar kommunizierten, extrem ambivalent seien, ein erhöhtes EE-Niveau hätten, sich nicht von ihren Kindern ablösten, Ablösungsprozesse blockierten, klammerten, die Kinder in die Paarbeziehung der Eltern hineinzögen (Triangulation, Imbroglio), sie parentifizierten etc. löst notgedrungen und berechtigterweise auf Seiten der Angehörigen, in der Regel der Eltern, eine Gegenbewegung aus. Die Eltern machen sich häufig selbst genug Vorwürfe, als Erziehungsberechtigte und -verantwortliche versagt zu haben, so dass sich ihre Schuldgefühle nach solchen Unterstellungen extrem steigern und sie versuchen sich zu *ent-schulden*.

2. Damit eine Ent-schuldung auf Seiten beispielsweise der Eltern gelingt, gibt es prinzipiell zwei Möglichkeiten: Die erste Möglichkeit besteht in der bereits erwähnten Verfestigung einer biologisch-genetischen Erklä-

---

[31] Dieser Zusammenhang sollte weder zu der kurzschlüssigen Folgerung führen, dass psychotisches Verhalten und Erleben auf einer Dopaminstoffwechselstörung beruhe, noch dass sie hierfür *ursächlich* sei; denn zum einen wurde ein solch veränderter Dopaminstoffwechsel bis heute nicht nachgewiesen und zum anderen sind kognitive und emotionale Prozesse ohne entsprechende zentralnervöse Transmittervorgänge überhaupt nicht vorstellbar: So führen veränderte Handlungen, Gedanken bzw. Gefühle zu veränderten Transmitterstoffwechselprozessen. Abweichende, nicht konsensuelle Handlungen, Gedanken, Wahrnehmungen und Gefühle lassen zudem nicht unmittelbar den Rückschluss auf biologisch-krankhafte Stoffwechselprozesse zu.

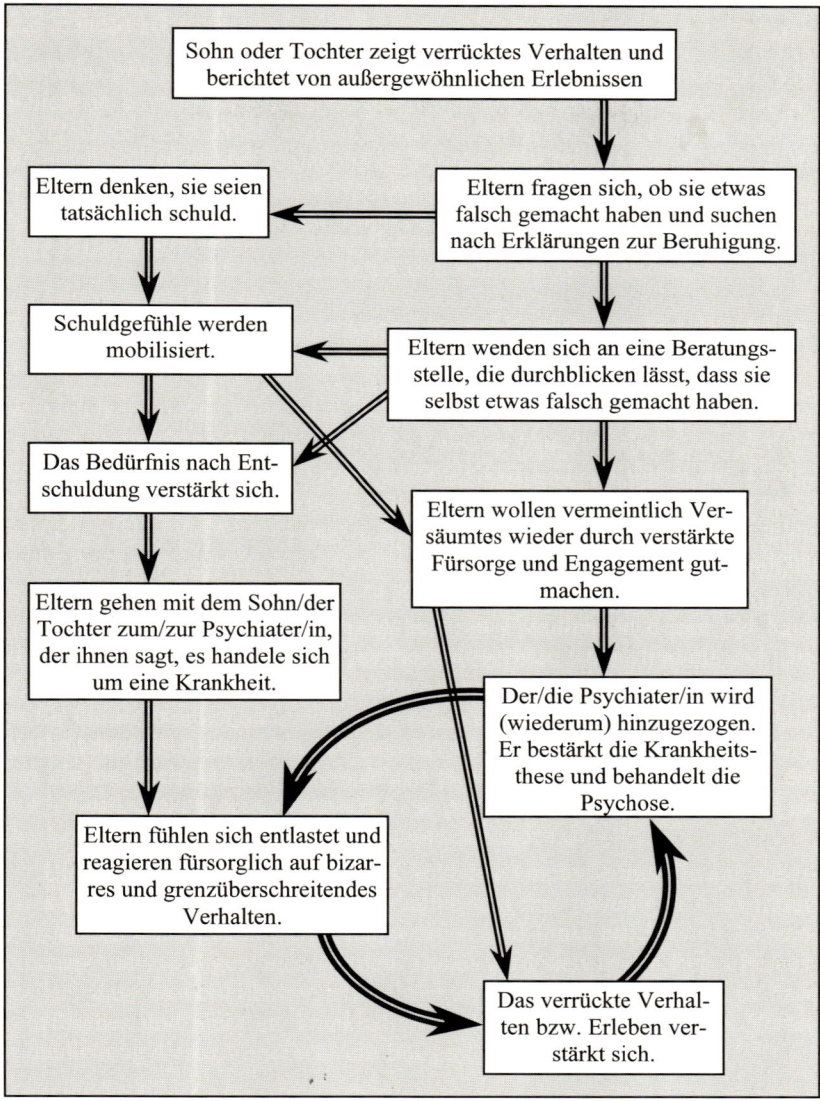

Abbildung 9: Die Entstehung eines Teufelskreises zwischen Schuldgefühlen, Entschuldungsstrategien, fürsorglichem Verhalten, psychotischem Verhalten und Krankheitsmodell.

rung für das betreffende ver-rückte Verhalten und Erleben. In diesem Falle ist ein adäquates Verhalten auf verrückte Verhaltensweisen nicht mehr ohne weiteres möglich: So kann es vorkommen, dass eine Mutter gewalttätigem Verhalten ihres Sohnes ausgesetzt ist, das unter dem Signum der Psychose ausgeübt wird, und sie nicht auf das Verhalten selbst antwortet, indem sie sich schützt, sich abgrenzt und klare Konsequenzen setzt, sondern auf die vermeintliche Krankheit mit Mitleid, Verständnis und Fürsorge reagiert, was dann das gewalttätige Verhalten noch verstärkt. STIERLIN (1997) berichtet von einer Situation, in der ein namhafter Psychiater von einem Patienten während einer Visite geohrfeigt wurde, worauf der Psychiater sagte: „Gell, heute geht es Ihnen schlecht." Wird nicht auf der Verhaltensebene reagiert, sondern auf der vermuteten internalen Ebene einer Krankheit, hat das in der Regel die Konsequenz, das eigene Engagement an Empathie für den anderen zu forcieren, was wiederum das verrückte Verhalten unbewusst bekräftigt und somit verstärkt. Diese Reaktion ist aber nicht den Eltern vorzuwerfen, sondern eine natürliche Folge des Krankheitskonzepts. Die zweite Möglichkeit, die vermeintliche Schuld abzutragen, besteht darin, sich gleich und unmittelbar noch mehr für den Sohn, die Tochter einzusetzen und zu engagieren, obwohl die Eltern häufig, *nachdem* das als psychotisch zu beschreibende Verhalten/Erleben eingesetzt hat, natürlicherweise das Äußerste aufgeboten haben, um ihr Kind zu unterstützen und selbst dabei immer wieder an eigene Grenzen gestoßen sind – bis hin zur emotionalen, kräfte- und zeitmäßigen Erschöpfung. Oft werden von den Eltern beide Entschuldungsstrategien gewählt, die sich gegenseitig bestärken (siehe Abbildung 9).

7. Ausblick: Thesen und Konsequenzen

Die bisher beschriebenen Zusammenhänge sollen aber nicht nur auf der theoretischen Ebene auf chronifizierende Verhaltens- und Sichtweisen hinweisen, sondern auch auf der pragmatischen Ebene Handlungsalternativen an die Hand geben, die therapeutisch nutzbar sind. Als Leitthese für diese pragmatischen Konsequenzen gilt: **Was für eine/n „Psychotiker/in" nicht gut ist, das ist auch für eine/n Nicht-Psychotiker/in nicht gut.**

Ver-rückte, wahn-sinnige bzw. psychotische Verhaltens- und Erlebensweisen werden seit Jahrhunderten als unverständlich mystifiziert, sie rufen enorme Ängste und Abwehrreaktionen hervor, was als eine der Ursachen für den gesellschaftlichen Ausschluss, für die *Exkommunikation* (RETZER 1997) der sich auf diese Weise zeigenden Menschen anzusehen ist. Ohne diesen gesellschaftlichen *Exkommunikationsprozess*, ohne die von FOUCAULT (1985) beschriebene gesellschaftliche Wahrnehmung des Wahnsinns als das *ganz Andere der Vernunft*[32] gäbe es keinen prinzipiellen Unterschied zwischen psychotischen und neurotischen Symptomen. Das Adjektiv „psychotisch" wäre dann allerhöchstens eine quantitative Steigerung der Ausprägung des pychischen Leidens. Anders formuliert: Der qualitative Unterschied zwischen Psychosen und Neurosen liegt nicht in deren *Wesen*, sondern einzig und allein in ihrer Wahrnehmung, ihrer *Erscheinung*. Außenstehende Beobachter/innen haben sich seit Jahrhunderten von der bizarren, ja monströsen Erscheinung des Wahnsinns täuschen lassen und aus ihm viel mehr gemacht, als er ist. Psychosen sollten ent-dramatisiert wahrgenommen werden, mit ihnen sollte grundsätzlich nicht anders umgegangen werden als mit so genannten neurotischen Symptomen. Negativ formuliert: Würden neurotische Probleme genauso behandelt, erklärt und beschrieben wie das die derzeit vorherrschende psychiatrische Sichtweise bei Psychosen nahe legt, hätten wir dort die gleichen artifiziellen Chronifizierungen zu beklagen.

Mittlerweile weisen eine Reihe von Studien darauf hin (SATORIUS et al. 1974, Kölner Forschungsstudie 1998), dass die Prognose in Entwicklungsländern bei psychotischen Phänomenen signifikant besser ist als in Industrienationen. Im Wesentlichen scheinen mir hier zwei Faktoren relevant: Zum einen wird der Wahn-Sinn und damit der/die Wahnsinnige in Entwicklungsländern eher als Erscheinung gesehen, die zum Leben dazugehört. Die Kluft zwischen Normalität und Abweichung wird als nicht unüberwindlich

---

[32] Etymologisch leitet sich der Begriff „Wahnsinn" von Wahnwitz ab, was ‚unverständig, leer an Verstand' bedeutet (KLUGE 1975, S. 832).

konstruiert, so dass exkommunikative Prozesse nicht das Ausmaß wie in hoch industrialisierten Ländern annehmen. Zum anderen ist das psychosoziale und psychiatrische Versorgungssystem schlechter und nicht so lückenlos ausgebaut wie in Industrienationen, wodurch sich die Chancen vergrößern, Stigmatisierungsprozessen zu entgehen. Das sollte allerdings nicht zur Forderung führen, das psychosozial-psychiatrische Versorgungssystem abzubauen. Allerdings wäre es so zu verändern, dass die beschriebenen Stigmatisierungs-, Etikettierungs- und Exkommunikationsprozesse auf ein Minimum reduziert werden und psychotische Symptome die gleichen Entwicklungschancen wie neurotische oder psychosomatische erhalten, indem sie als therapierbare und vorübergehende Formen unbewusster Konflikte betrachtet werden.

Gerade die Systemische Psychotherapie hat gezeigt, dass psychotische Probleme durchaus und sehr effektiv gelöst werden können (vgl. BATESON 1984, STIERLIN (1974) 1993, SIMON 1993, RETZER 1994, SELVINI-PALAZZOLI 1992, WATZLAWICK 1986, HALEY 1988). Hier geht man davon aus, dass durch psychotische Verhaltensweisen der Konflikt zwischen der Loyalität zur Herkunftsfamilie und der Loyalität zur davon unabhängigen Lebensgestaltung unbewusst gelöst werden soll. RETZER und SIMON haben das als Nähe-Nähe-Konflikt beschrieben (1999, S. 104). Therapeutisch lassen sich nun durch eine entschiedene Sowohl-als-auch-Haltung Anregungen geben, für diese extrem und existentiell widersprüchlichen inneren Kräfte andere als psychotische Lösungen zu finden.

Jeder Mensch hat ein Recht darauf, die Verantwortung für das zu tragen, was er getan oder unterlassen hat. Menschen, die infolge psychotischer Verhaltensweisen anderen geschadet haben, sollten deswegen auch als voll schuldfähig anerkannt werden. Maßnahmen gegen fremd- und selbstschädigendes Verhalten sollten nicht als medizinische Behandlung, sondern als Mittel sozialer Kontrolle bezeichnet werden. Hierzu gehört auch die Mystifizierung so genannter antipsychotischer Substanzen als Medikamente (Heilmittel), die im Grunde nichts anderes als chemische Kontrollmittel zur Unterbindung unerwünschter Verhaltensweisen sind.

Im Deutschen Ärzteblatt vom 16.06.2000 wurde in dem Beitrag „Kampf gegen das Stigma" von PETRA BÜHRING (S. P-380) moniert, dass die psychiatrische Versorgung in vielen Bereichen noch sehr zu wünschen übrig lasse: So würden teurere atypische Neuroleptika, die weniger unerwünschte motorische und affektive Wirkungen hätten, nicht in ausreichendem Maße verschrieben. Zudem würden Hausärzte häufig ein psychiatrisches Grundleiden nicht erkennen. Dabei wurde gleichzeitig darauf hingewiesen, wie hoch die Kosten bzw. Folgekosten seien, die von Schizophrenie verursacht würden (siehe Abbildung 10). Dieser Beitrag suggeriert, dass nur die Behandlung mit modernen Neuroleptika und die Früherkennung psychiatrischer Grundleiden die Kosten für das Gesundheitssystem reduzieren und die Chancen für die Betroffenen selbst erhöhen würden. Aufgrund der bisher von mir dargestellten Zusammenhänge muss man das allerdings stark bezweifeln. Vielmehr und im Gegenteil muss angenommen werden, dass gerade diese einseitige und reduzierende psychiatrische Wirklichkeitskonstruktion die beklagten horrenden Kosten verursacht, weil sie zu den bekannten negativen Folgewirkungen führen wie:

- **Übernahme des psychiatrischen Krankheitsbegriffs** mit dem damit einhergehenden (Selbst-)**Konzept der Verantwortungs- und Machtlosigkeit**

- **Aufrechterhaltung des zugrunde liegenden innerpsychischen Konfliktlösungsversuchs**, der psychotische Symptome ermöglicht und hervorruft, **durch langjährige Neuroleptika-Behandlung**

- **Enteignung des Expertenstatus** für die eigene Person (bei den Betroffenen) bzw. hinsichtlich des Umgangs mit dem Verhalten der eigenen Kinder (bei den Eltern)

- **Exkommunikation**: Verweigerung therapeutischer Gespräche, Nichternst-Nehmen etc.

- Festschreibung des Gefühls der **Fremdbestimmung** einerseits durch das psychiatrische Krankheitskonstrukt und andererseits durch professionelle Fremdbestimmung

Dieser mit entsprechenden psychiatrischen Ritualen einhergehenden Ent-mächtigung wird dann in der modernen Sozialpsychiatrie von professionellen Helfer/inne/n mit Empowerment-Strategien begegnet, um wieder mehr Einflussmöglichkeiten auf das vorher dem Einfluss Entzogene zu eröffnen. Solche Empowerment-Strategien müssen wirkungslos bleiben, wenn sie nicht die dem Gefühl des Ausgeliefertseins zugrunde liegenden Wirklichkeitskonstruktionen aufheben können.

Schizophrenie in Zahlen

- jährlich 120.000 stationäre Aufnahmen bei einer mittleren Verweildauer von 77 Tagen

- direkte Kosten pro Jahr und Patient 28.000 DM; indirekte Kosten 43.000 DM

- circa drei Milliarden DM stationäre Behandlungskosten jährlich

- 663 Millionen DM wurden 1998 von der Gesetzlichen Krankenversicherung (GKV) für Neuroleptika ausgegeben (50 Prozent für Schizophrenien)

- jährliche Gesamtkosten von rund zehn Milliarden DM unter Berücksichtigung von Arbeitsunfähigkeitstagen und Frührenten (1,7 Prozent der GKV-Gesamtausgaben)

Abbildung 10: Zusammenstellung der Kosten infolge Schizophrenie für die Bundesrepublik Deutschland 1998 (Deutsches Ärzteblatt vom 16.06.2000, S. F-380)

Folgende Erfahrung aus meiner beruflichen Praxis machte mir sehr deutlich klar, dass es in bestimmten Fällen sinnvoller und hilfreicher sein kann, Hilfe als nicht notwendig anzusehen bzw. ein psychiatrisches Leiden nicht wahrzunehmen:

Die nicht für nötig befundene Hilfe

Vor mehr als zehn Jahren kam eine etwa 50-jährige Mutter mit ihrer 21-jährigen Tochter zu einem Beratungsgespräch, weil sie sich um einen Platz für ihre Tochter in einer (Sozial-)Therapeutischen Wohngemeinschaft bewerben wollte. Damals arbeitete ich noch als Betreuer in einer derartigen Wohngemeinschaft bei einem gemeinnützigen Verein. Die Tochter erzählte mir, dass sie ein ganzes Jahr in einer psychiatrischen Klinik wegen psychotischer Symptome untergebracht gewesen und erst vor ein paar Tagen entlassen worden sei. Gleichzeitig machte sie auf mich einen sehr selbstsicheren und sozial-kompetenten Eindruck. Ich fragte mich, wie Sie es geschafft habe, nach einem ganzen Jahr in der Psychiatrie einen so selbstbewussten Eindruck zu machen. Und teilte ihr folgende Hypothese mit: Wer nach einem so langen Psychiatrieaufenthalt so selbstsicher auftreten könne, der müsse mit seinem Leben auch ohne zusätzliche Hilfsmaßnahmen zurechtkommen. Aus diesem Grunde hätte ich Bedenken, ihr einen Platz in einer Therapeutischen Wohngemeinschaft anzubieten, weil das den Eindruck bei ihr und anderen erwecken könnte, dass sie hilfsbedürftiger sei, als sie ist. Spontan stimmte sie mir zu, obwohl ihre Mutter Bedenken äußerte. Meine unbeabsichtigte Intervention, dass eine Hilfsmaßnahme nicht notwendig sei, stärkte offensichtlich das Selbstbewusstsein der jungen Frau. Ein paar Tage später traf ich die Mutter zufällig beim Einkaufen. (Es stellte sich heraus, dass sie in der Nähe meiner Wohnung lebte und einen meiner Kollegen kannte, mit dem ich damals zusammen in einer Wohnung lebte.) Sie kritisierte mich, weil ich ihr bei dem Beratungsgespräch in den Rücken gefallen sei und ihre Tochter aufgrund des Beratungsgesprächs mit mir nicht mehr in eine Therapeutische Wohngemeinschaft ziehen wolle. Auch mein Kollege, der von dieser Geschichte erfuhr, stellte mich zur Rede, was mich denn geritten hätte, zu empfehlen, nicht in eine Therapeutische Wohngemeinschaft zu ziehen. Die weitere Entwicklung gab mir Recht: Nach etwa einem halben Jahr traf ich die Mutter nochmals auf der Straße. Ich fragte sie, wie es ihrer Tochter gehe. Worauf sie mir berichtete, dass sie nun in ihrer eigenen Wohnung lebe, eine Lehre mache und es ihr wider Erwarten gut gehe.

Das Beispiel macht deutlich, dass man es sich zum einen gut überlegen sollte, nicht leichtfertig eine Hilfsmaßnahme anzubieten. Zum anderen sollte man vor einer Hilfsmaßnahme genau klären, welche Auswirkungen es nach sich ziehen könnte.

C) Beratung und Psychotherapie – ein Unterschied?[33]

1. Einführung

Die Unterscheidung zwischen Beratung und Psychotherapie ist keine objektive Tatsache, sondern Folge einer konstruktivistischen Definitionsleistung, die von den jeweiligen Wirklichkeitskonstruktionen der Beteiligten abhängt. Dabei spielen folgende Gesichtspunkte eine Rolle:

- die mit diesen Begriffen assoziierten Erwartungen der Beteiligten,
- die spezifischen institutionellen Kontextbedingungen (vgl. HOLTZ, 1999, S. 8),
- die spezifischen Interessen der Beteiligten, die mit diesen Begriffen verknüpft werden,
- die Wahrnehmung von sich und anderen (vgl. HOLTZ, 1999, S. 8),
- die Verhaltenserwartungen aneinander (vgl. HOLTZ, 1999, S. 8) und
- die jeweilige Auftragsgestaltung.

LUDEWIG definiert Beratung und Psychotherapie wie folgt:

	Psychotherapie	Beratung
Auftrag:	„Hilf uns, unser Leiden zu beenden!"	„Hilf uns, unsere Möglichkeiten zu nutzen!"
Grund des Leidens:	Veränderliche Problemlage	Interne Blockierung des Systems
Hilfestellung:	Beitrag zur (Auf-)Lösung des Problemsystems	Förderung vorhandener Strukturen
Dauer:	Als Vorgabe begrenzt	Begrenzt, je nach Umfang des Auftrags

Tabelle 4: Beratung und Psychotherapie als klinische Hilfesysteme nach LUDEWIG (1993, S. 123)

---

[33] Dieses Kapitel ist in der Zeitschrift für Systemische Therapie, 19. Jahrgang, Heft 3, Juli 2001, S. 167-172 veröffentlicht.

Bei näherer Betrachtung ist die von LUDEWIG vorgeschlagene Unterscheidung zwischen Beratung und Psychotherapie nicht geeignet, um zwischen diesen Begriffen einen tatsächlichen artbildenden Unterschied (differentia specifica) zu machen. Die von LUDEWIG vorgenommene inhaltliche Bestimmung der Kriterien („Auftrag", „Grund des Leidens", „Hilfestellung" und „Dauer") sind nämlich austauschbar und besagen für beide Begriffe das Gleiche. Die Differenz zwischen Beratung und Psychotherapie scheint eher der persönlichen und gesellschaftlichen, damit kontextuellen Bedeutungsgebung geschuldet.

2. Implikationen des Begriffs „Psychotherapie"

Allerdings macht die unterschiedliche Bedeutungsgebung der Begriffe „Beratung" und „Psychotherapie" mit ihren Implikationen einen tatsächlichen Unterschied: Wenn eine spezifische Interaktion zwischen zwei oder mehreren Menschen als Psychotherapie definiert wird, dann impliziert das in der Regel ein mehr oder weniger gravierendes psychisches Problem bei den Hilfe suchenden Menschen, ob es nun vorliegt oder nicht. HOLTZ schreibt hierzu: „Der Therapeut (in der skizzierten klassischen Variante) trifft demnach gemäß Rollenverständnis auf einen Leidenden, den Patienten, und erhält oder gibt sich den Auftrag, die gegenwärtige ‚pathologische' Problemlage zu diagnostizieren und zu verschreiben, was getan werden muss" (1999, S. 8). Damit besteht bei den mit dem Begriff „Psychotherapie" einhergehenden Assoziationen die Gefahr der Pathologisierung und der Passivierung des/der Hilfesuchenden. So kann allein die Tatsache, zu einem Psychotherapeuten/einer Psychotherapeutin zu gehen, diffamierend wirken und suggerieren, dass der/die Betreffende so gestört sei und so viele Defizite zeige, dass er/sie auf die therapeutischen Gespräche angewiesen sei und ohne sie gar nicht mehr mit seinem Leben zurecht käme. Dadurch wird gerade der Blick auf die Fähigkeiten und Ressourcen verstellt, die in dem Kunden/der Kundin schon längst stecken und die erst zu einer befriedigenden Lösung des Problems führen.

Obwohl HOLTZ in diesem Zusammenhang den Therapiebegriff problematisiert, hält er dennoch an ihm fest, wenn er schreibt: „Meine eigenen Erfahrungen zeigen mir, dass bisweilen Patienten die Krankenrolle (noch?) nicht aufgeben können, da sie (noch) nicht in der Lage sind, Verantwortung für die eigene Biografie zu übernehmen oder da sie ein Problem- und Symptombewusstsein für die Aufrechterhaltung ihrer Identität brauchen und ein Symptom-Reframing nicht möglich bzw. nicht erwünscht ist. Und so erlebe und definiere ich gemeinsam mit Patienten und Klienten beide Kontexte, den der Therapie und den der Beratung – und ich definiere sie (bewusst!) als Unterschiede, die einen Unterschied machen." HOLTZ sieht demnach den Therapiebegriff für Menschen vor, die inkompetenter und defizitärer erscheinen als solche, mit denen seiner Meinung eine Beratung möglich ist.

Die Notwendigkeit einer solchen Unterscheidung will mir nicht so recht einleuchten; denn selbst wenn es sich – was ich ebenfalls bezweifle – bei den betreffenden Kund/inn/en tatsächlich um weniger kompetente Menschen handeln sollte, so müssten doch gerade in solchen Fällen die Kompetenzen, Ressourcen und Selbsthilfepotentiale gestärkt werden, was eben nicht mit dem Etikett „therapiebedürftig" vereinbar ist. Im Gegenteil: Durch diese Bedeutungsgebung mag sich der Kunde/die Kundin genötigt fühlen, Probleme oder Symptome besonders stark hervorzuheben, um die Berechtigung zu bekommen, überhaupt Gespräche führen zu dürfen. Deshalb ist es häufig sinnvoller, andere Begrifflichkeiten als Psychotherapie zu verwenden, z.B. lösungsorientierte und Kompetenzen erschließende Gespräche, Coaching in Zwickmühlensituationen, Supervision, Beratung etc. Ganz allgemein lässt sich Psychotherapie als kommunikative Inszenierung definieren, die eine wirklichkeitserzeugende Kraft hat, was – bei vorurteilsloser Betrachtung – auch in einem Gespräch mit dem eigenen Friseur stattfinden kann.

SIEGFRIED MROCHEN distanziert sich von einer berufspolitisch motivierten Trennung von sozialpädagogischer Beratung und Psychotherapie, indem er einen kontinuierlichen Übergang zwischen beiden Begriffen vorschlägt (siehe Abbildung 1). Dabei siedelt er jedoch Psychotherapie am „schlechten" Ende dieses Kontinuums an, wo es um Verwahrlosung, Neurosen und Psychosen gehen soll. Auch diese Lokalisierung von Psychotherapie hat damit die bereits beschriebenen unerwünschten (Neben-)Wirkungen.

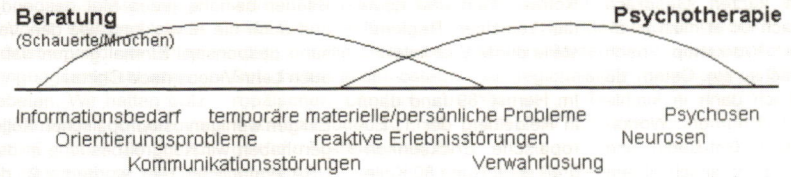

Abbildung 11: MROCHENs Modell eines fließenden Übergangs zwischen Beratung und Psychotherapie (1999, S. 11)

Im Kontext von beispielsweise als problematisch definierten Kindern werden die negativen Implikationen des Begriffs „Psychotherapie" noch gravierender: Wenn Eltern, die über Probleme mit einem ihrer Kinder klagen, von Beratungsstellen oder anderen Institutionen empfohlen wird, sich einer Familientherapie zu unterziehen, dann vermuten sie häufig, dass sie selbst von den Überweiser/inne/n als die eigentlichen Problemverursacher angesehen werden. Sie gehen dann oft davon aus, dass der/die Familientherapeut/in ihnen die Schuld für die Probleme des/der identifizierten Patienten/Patientin zuschreibt, was während des Gesprächs zu Misstrauen, Ablehnung und Rechtfertigungen führen kann. In anderen Fällen können sich die in der Regel schon bestehenden Schuldgefühle der Eltern verstärken, was dann zu problemaufrechterhaltenden Wiedergutmachungsleistungen führen kann, z.B. indem die Eltern durch vermehrten Einsatz und Fürsorge die Autonomiebestrebungen der Kinder hemmen. Zudem könnten sich Bekannte, weitläufige Verwandte etc. in ihrer Sicht bestätigt fühlen, dass es bei der betreffenden Familie nicht mit rechten Dingen zugehe.

Aus diesem Grunde möchte ich mit GUNTHER SCHMIDT (1996) dafür plädieren, auf den Begriff Familientherapie ganz zu verzichten und statt dessen von Familiengesprächen bzw. Familienberatung zu sprechen, abgesehen von der Ausnahme, dass die Kund/inn/en den Begriff „Familientherapie" bevorzugen, weil er in ihrer Wirklichkeitskonstruktion positive Implikationen und Auswirkungen hat. Auch in Kontexten, bei denen es sich nicht um familiäre Problemstellungen handelt, z.B. bei Paaren oder unter hohem Leidensdruck stehenden Kund/inn/en, mag es sinnvoller und hilfreicher sein, dezidiert von Therapie zu sprechen, weil in der Bedeutungsgebung dieser Kund/inn/en Psychotherapie eine höhere Wertigkeit als andere „bloß beraterische" Gespräche haben und es aufgrund dieser Wirklichkeitskonstruktion der Kund/inn/en nicht zu der Vermutung bzw. Befürchtung kommt, der/die Therapeut/in schreibe ihnen die Schuld zu.

3. Die Konstruktion von Psychotherapie als medizinische Heilbehandlung und ihre Folgen

Wer (nur) Defizite sieht, hat eine defizitäre Wahrnehmung.

Die Definition oder besser Konstruktion von Psychotherapie als medizinische Heilbehandlung „seelischer Krankheiten", wie sie in den Richtlinien des Psychotherapeutengesetzes (Punkt A) festgeschrieben ist, gibt wie keine andere dem Begriff „Psychotherapie" eine pathologisierende und defizitorientierte Bedeutung. Obwohl seit den 60er Jahren des vergangenen Jahrhunderts eine Unmenge an Publikationen veröffentlicht wurden[34], die den Begriff „psychische Krankheit" bzw. „Geisteskrankheit" mit seinen negativen Implikationen und Auswirkungen problematisieren und radikal in Frage stellen, scheinen diese Arbeiten hinsichtlich der psychiatrischen Fehlidentifizierung von psychosozialen Problemen mit „psychischen Krankheiten" nur wenig bewegt zu haben. Immerhin wurde bei den heute gültigen diagnostischen Klassifikationssystemen ICD-10 und DSM-IV die Dominanz des Krankheitsbegriffs vom Störungsbegriff abgelöst, was als Fortschritt gewertet werden muss, weil der Störungsbegriff zumindest das Potential enthält, über ein kontextvergessenes, rein auf das Individuum bezogenes Problemverständnis hinauszugehen. Mit ihm lässt sich zum Beispiel fragen: Wer wird von was gestört?, Wie wird die Störung definiert?, Wer wird als Störer identifiziert?, In welchem Kontext wird was mit welcher Ausprägung als Störung wahrgenommen? etc. Damit impliziert der Störungsbegriff eine systemische Sichtweise, indem er – neben dem individuellen selbstreflexiven Bezug auf sich selbst: „Ich fühle mich von bestimmten eigenen Gedanken, Gefühlen, Impulsen und Handlungen gestört" – auch auf einen sozialen Zuschreibungs- und Bewertungsprozess verweist. Allerdings hat das nichts daran geändert, dass diese beiden Klassifikationssysteme aufgrund ihrer pathologisierenden und defizitfokussierenden Beschreibungen in hervorragender Weise dazu geeignet sind, als Lieferanten von beleidigenden und herabsetzenden Ausdrücken zu dienen, mit denen einem missliebige Personen beschimpft werden können. Eine Gleichstellung von Menschen mit psychischen Problemen oder „störenden" Verhaltens- oder Erlebensweisen mit so genannten somatisch Kranken kann deswegen nicht dadurch erreicht

---

[34] Um nur einige zu nennen: FOUCAULT, 1984, 1985, 1985b; GOFFMAN 1984, 1986 (1961); HAUG 1986; KARDORFF, 1978; KEUPP, 1987; ROSENHAN 1979, 1990; SCHEFF 1980 (1966); SZASZ 1976, 1982.

werden, dass für sie bzw. deren Verhaltens- und Erlebensweisen die gleichen Begrifflichkeiten verwendet werden wie in der Organmedizin, weil wir es hier mit zwei vollkommen unterschiedlichen Kontexten zu tun haben: Eine derartige begriffliche Gleichstellung führt zwangsläufig zu einer Diffamierung von Menschen mit psychischen Problemen, da die medizinischen Begriffe aufgrund ihrer entkontextualisierenden Wirkung ihre Bedeutung im psychosozialen bzw. systemischen Kontext radikal verändern (vgl. Mücke, 2000b, S. 585 und 2001a, S. 445) und im Extrem eine zynische und menschenverachtende Bedeutung annehmen.

Hierzu ein Beispiel: Nehmen wir an, ein Mann würde darüber klagen, dass er unter furchtbaren Angstzuständen leide, nicht mehr richtig schlafen könne, bei dem Geräusch von Schritten sofort aus dem Schlaf hochschrecke, sich zudem niedergeschlagen und hoffnungslos fühle, weil er die Welt als unentrinnbare Hölle empfinde, in der er von anderen Leuten verfolgt werde, die ihm nach seinem Leben trachteten. Aus diesem Grunde sei er extrem misstrauisch, denn jeder könnte ihn verraten. Würde man diese Klagen nach einem der gängigen Klassifikationssysteme diagnostizieren und von einem psychischen Krankheitsbegriff ausgehen, käme man unweigerlich zu folgenden Diagnosen: Angststörung, Schlafstörung, Depression und Paranoia. Man würde nach dem Krankheitsmodell diese Störungen im Individuum lokalisieren, was dann psychiatrisch mittels Psychopharmaka bzw. individualtherapeutisch zu behandeln wäre. Keinen Gedanken würde man an den betreffenden Kontext verschwenden. Was aber, wenn der Kontext die Internierung eines Menschen in einem nationalsozialistischen Konzentrationslager wäre?

Konsequenterweise ging die Entwicklung der Abkehr vom medizinischen Krankheitsbegriff vollkommen an den Gestalter/inn/en des Psychotherapeutengesetzes vorbei, die damit ein Musterbeispiel für „die Kunst, nicht zu lernen" (Simon, 1997), abgeben. Abgesehen davon, dass der medizinische Krankheitsbegriff deswegen auf den Bereich psychosozialer Probleme bzw. nicht der Norm entsprechender Erlebens- und Verhaltensweisen übertragen wurde, weil diese Phänomene im Kontext gesellschaftlich einflussreicher medizinischer bzw. psychiatrischer Institutionen untersucht und be-handelt wurden, wird diese erstaunliche Fähigkeit des Nicht-lernen-Wollens von dem Bedürfnis genährt, von den Krankenkassen bzw. den Kassenärztlichen Vereinigungen nach den bestehenden Regeln hinsichtlich der Verteilung des Gesundheitsbudgets mit den nötigen Finanzmitteln bedacht zu werden. Die meisten Psychotherapeut/inn/en, die in dieses System der Gesundheitsversorgung eingebunden sind, teilen fast reflexhaft den medizinischen Krankheitsbegriff aus dem Motiv, damit ihren Anspruch auf die Finanzierung ihrer Leistungen absichern zu können, obwohl – wie ich versucht habe darzulegen – psychosoziale Probleme, zu denen ich auch „psychotische" Verhaltens- und Erlebensweisen zähle, und damit Psychotherapie, soviel mit einem medizinischen Krankheitsverständnis zu tun haben wie ein Kaugummi mit Stabhochsprung – um eine Metapher ARNOLD RETZERs aufzugreifen. In diesem Zusammenhang interessiert es die Krankenkassen auch nicht, dass der psychiatrische Krankheitsbegriff in einem nicht unerheblichen Maße zu einer Chronifizierung der von ihm belegten Probleme führt (siehe Kapitel B).

4. Schlussfolgerungen und Konsequenzen

Solange der Begriff „Psychotherapie" mit schwerer psychischer Störung, schwerer Verhaltensabweichung, schuldhaftem Versagen, defizitären Persönlichkeitsmerkmalen oder gar – was, wie ich gezeigt habe, noch problematischer ist – mit psychischer Krankheit/Erkrankung identifiziert wird, sollte man meines Erachtens ganz auf ihn verzichten. Oder – und das scheint mir weit eleganter zu sein – man sorgt für die Aufhebung dieser Gleichsetzung, indem man sich auf die ursprüngliche etymologische Bedeutung besinnt, also ganz allgemein von „Seelenhilfe" spricht, und Psychotherapie von dem aufgeblasenen berufs- und ständepolitischen Geklingel befreit und sie als eine spezifische Form der Beratung definiert, die sich mit psychosozialen Fragestellungen und Problemlösungen beschäftigt, also inhaltlich mit psychosozialer Beratung identisch ist, was sie von pathologischen Implikationen und pathogenen Auswirkungen befreit. Graphisch lässt sich das wie folgt darstellen:

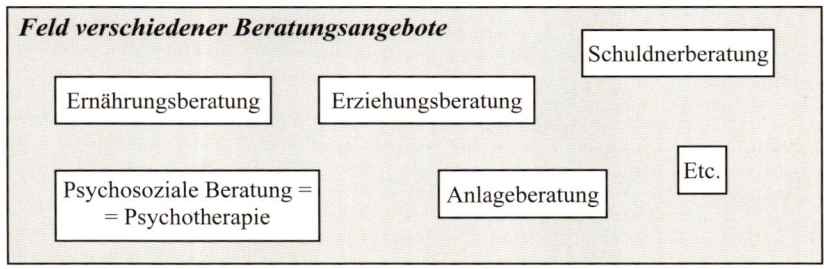

Abbildung 12: Psychotherapie als ein Teil der verschiedenen Beratungsformen

Merke: Welche Begrifflichkeit nun die sinnvollste und hilfreichste ist, entscheidet letztendlich die Wirklichkeitskonstruktion der Kund/inn/en. Wenn dezidiert von Psychotherapie gesprochen wird, kann das bei bestimmten Kund/inn/en die Wertigkeit der therapeutischen Kommunikation erhöhen, bei wiederum anderen besteht die Gefahr, dass diese Bezeichnung zu einer Chronifizierung, Schuldzuschreibung oder negativ-defizitären Sicht führt.

In den Beratungsgesprächen mit den Kund/inn/en lässt sich ein flexibler und kompetenzorientierter Umgang mit den Begrifflichkeiten und den mit ihnen einhergehenden Wirklichkeitskonstruktionen bereits heute realisieren; als gesellschaftliche Zukunftsvision muss man aber daran festhalten, dass nur eine radikale Trennung des medizinischen vom psychotherapeutischen Kontext Sinn macht, was eine ideale Voraussetzung für eine optimale Kooperationsbeziehung zwischen diesen beiden Bereichen wäre. Zudem führt erst die Entwirrung dieser unterschiedlichen Kontexte zu einer wirklichen Gleichstellung zwischen somatisch Kranken und Menschen, die unter Problemen leiden bzw. deren Verhalten oder Erleben von anderen oder ihnen selbst als störend erlebt wird. Dann könnten endlich die gesellschaftlichen Voraussetzungen geschaffen werden, die es ermöglichen, KLAUS DEISSLERs vor mehr als 20 Jahren gemachten Vorschlag zu realisieren, psychotherapeutische Tätigkeiten als das „Anregen von autonomen Lösungen persönlicher, zwischenmenschlicher und sozialer Probleme in Humansystemen" gesetzlich zu verankern und zu finanzieren.

D) Psychotherapie und soziale Kontrolle – eine wesentliche Unterscheidung

Wer sich selbst scheinbar nicht kontrollieren kann, wird (über kurz oder lang) von anderen kontrolliert.

Frank Farrelly

1. Vorbemerkung

Im psychosozial-psychiatrischen Bereich haben wir es mit zwei voneinander verschiedenen, häufig aber aufeinander bezogenen und voneinander abhängigen Kontexten zu tun: dem beraterischen bzw. psychotherapeutischen Kontext (siehe Kapitel C) und dem Kontext sozialer Kontrolle. Werden diese Kontexte nicht klar voneinander getrennt, indem ein psychotherapeutischer Kontext als Kontext sozialer Kontrolle missverstanden (restriktive Fehleinschätzung) bzw. umgekehrt ein Kontext sozialer Kontrolle als psychotherapeutischer Kontext fehlgedeutet wird (Laisser-faire-Fehleinschätzung), so kann das – wie ich im Folgenden zeigen werde – hochgradig problematische Konsequenzen nach sich ziehen.

2. Das Konstrukt der Schuldunfähigkeit

Das Strafrecht unterscheidet zwischen einer vorsätzlichen (z.B. Mord), einer infolge eines Affekts unbeabsichtigten (z.B. Totschlag) und einer fahrlässigen Tat (z.B. fahrlässige Tötung). Diese Unterscheidungen weisen auf einen unterschiedlichen Grad an Verantwortlichkeit hin, die eine Gesellschaft einem Menschen für eine Tat zuschreibt. Dieser Grad an Verantwortlichkeit wiederum entscheidet über die Höhe des Strafmaßes. Geht man von dem von mir postulierten Grundsatz *„Jeder Mensch ist in gleicher Weise für sein unbewusstes Tun wie sein bewusstes Handeln verantwortlich"* aus, dann käme das einer *Umwertung bislang selbstverständlicher Werte* gleich:

Die Unterscheidung zwischen einer bewusst geplanten (vorsätzlichen) Tat und einer im Affekt, also nicht-vorsätzlichen Tat wäre hinsichtlich des Grades an Verantwortlichkeit obsolet und damit auch für die Art und Höhe der Strafe. Körperverletzung beispielsweise unter Alkoholeinfluss bzw. in einem Zustand geistiger Verwirrung vor dem Hintergrund einer psychotischen Problematik, aber auch einer somatischen Krankheit (z.B. Gehirntumor), würde dann in gleicher Weise geahndet wie ohne Alkoholeinfluss bzw. ohne psychische bzw. physische Beeinträchtigung. Demnach spräche es einen Menschen nicht frei von Verantwortung für eine von ihm verübte Straftat, selbst wenn er einen Gehirntumor oder eine hochgradige geistige Behinderung hätte. Aus pragmatisch-ethischen Gründen sollte man vielmehr davon ausgehen, dass jeder Mensch, der handelt, auch die Kompetenz hat, sein Handeln zu unterlassen, er also über innere Kontrollmechanismen verfügt, die sein Handeln begleiten. Selbst wenn zweifelsfrei nachgewiesen werden könnte, dass es Menschen mit so extremen psychophysischen Beeinträchtigungen gäbe, dass sie keine innere Kontrolle über ihr Handeln hätten – was ich allerdings bezweifle –, sollte an diesem pragmatisch-ethischen Postulat festgehalten werden, weil es für alle anderen Fälle die Wahrscheinlichkeit erhöht, schädliches Verhalten zu unterlassen.

Die Unterscheidung zwischen der Fahrlässigkeit und Nicht-Fahrlässigkeit einer Tat und das damit verknüpfte Maß an Verantwortlichkeit bliebe jedoch weiter bestehen, da eine fahrlässige Tat weder bewusst noch unbewusst, also weder vorsätzlich noch im Affekt geschieht. Eine fahrlässige Tat ist das ungewollte Produkt einer Handlung, die mit der betreffenden Tat zwar in einem zufällig-ereigniskausalen, aber nicht – bewusst oder unbewusst – motivational-kausalen Zusammenhang steht. Hierzu ein Beispiel:

Angenommen, ein Mann stürzte beim Fensterputzen auf eine/n zufälligerweise vorbeigehende/n Passanten/Passantin und erschlüge ihn/sie durch diesen Sturz, so handelte es sich um fahrlässige Tötung. Obwohl der von dem stürzenden Mann verursachte Tod ein unbeabsichtigtes und unfreiwilliges Nebenprodukt des ebenso unbeabsichtigten und unfreiwilligen Sturzes gewesen ist, trifft diesen Mann dennoch eine Schuld; denn er hätte das Risiko eines Sturzes und die damit einhergehenden Folgen vorhersehen können und müssen. Allerdings ist seine Schuld weit geringer als die eines Menschen, der – unbewusst oder bewusst – motivational gezielt einen Menschen so verletzt, dass er dessen Leben gefährdet oder auslöscht.

Sollte sich dagegen ein Mensch in der Absicht, sich umzubringen, aus dem Fenster stürzen und dabei nicht sich, sondern eine/n zufällig vorbeischlendernden Passanten/Passantin erschlagen, träfe ihn eine größere Schuld als den unachtsamen Fensterputzer. Er hätte nämlich *unmittelbar* für den Sturz aus dem Fenster die Verantwortung, während der Fensterputzer sie nur *mittelbar* hätte.

Wenn man also aus den bekannten pragmatisch-ethischen Gründen davon ausgeht, dass ein Mensch, der fähig ist, eine bestimmte Handlung zu begehen, auch über die Fähigkeit verfügt, sie zu unterlassen, macht die Unterscheidung zwischen Schuldfähigkeit und Schuldunfähigkeit keinen

Sinn. Im Gegenteil: Spricht man einem Menschen seine Schuldfähigkeit ab, so beraubt man ihn eines wesentlichen Teils seiner Menschlichkeit und der Möglichkeit, durch Wiedergutmachung und Sühne seine Schuld bzw. seine Schuldgefühle zu lindern bzw. zu tilgen. Aufgrund dieses Zusammenhangs braucht es nicht zu wundern, wenn Menschen, deren Schuldfähigkeit ihnen aufgrund eines psychiatrischen Gutachtens von einem Gericht abgesprochen wurde, nach der Entlassung aus dem forensischen Maßregelvollzug häufig wieder ähnliche Delikte begehen, weil es ein starkes (bewusstes oder unbewusstes) Motiv gibt, doch noch in den Vorzug zu kommen, bestraft zu werden und damit die Schuld sühnen zu können. Das soll nun nicht heißen, dass es allein ausreichend wäre, einen Schaden wieder gutzumachen, indem man eine gerichtlich festgesetzte Strafe verbüßt, weil es erst dann zu einer vollständigen Wiedergutmachung kommen kann, wenn

1. diese Wiedergutmachung in dem System stattfindet, in dem die Tat begangen wurde, und
2. durch sie die Folgen der Tat vollständig beseitigt werden.

Taten, durch die ein irreparabler Schaden entstand, sind aus diesem Grunde niemals vollständig, sondern nur näherungsweise zu sühnen – an der Restschuld hat man sein gesamtes Leben zu tragen. Das Eingeständnis einer nicht wieder gutzumachenden Schuld, die man trägt, verleiht dem/der Schuldigen jedoch auch eine besondere menschliche Würde. Dagegen ist es entwürdigend, die Fähigkeit abgesprochen zu bekommen, sich schuldig zu machen und verantwortlich für sein Leben zu sein.

3. Not-wendige Unterscheidungen

Für die eigene Handlungsfähigkeit als professionell Tätige/r im psychiatrisch-psychosozialen Arbeitskontext ist die Unterscheidung zwischen Psychotherapie/Beratung und sozialer Kontrolle von zentraler Bedeutung. Was für das Vorgehen und die Haltung im psychotherapeutischen Kontext gilt, widerspricht diametral den Vorgehensweisen und Haltungen in einem Kontext, der soziale Kontrolle erfordert. In der zusammenfassenden Gegenüberstellung von Tabelle 5 habe ich die Unterscheidungskriterien für beide Kontexte beschrieben.

Soziale Kontrolle und Psychotherapie oder Beratung stehen aber nicht gleichberechtigt nebeneinander, sondern in einem hierarchischen Verhältnis: Gesellschaftliches Zusammenleben von Menschen kam seit Jahrtausenden ohne genuin psychotherapeutische Angebote bzw. Interventionen aus.

	Psychotherapie bzw. Beratung	Soziale Kontrolle
Auftrag	Kunde/Kundin gibt explizit einen Auftrag	Die fremd- bzw. selbstgefährdende Handlung führt zwangsläufig zum Auftrag. Die handelnde Person erteilt keinen expliziten Auftrag. Auftraggeber sind Dritte (Nachbarn, Freunde, Angehörige etc.) oder übergeordnete Systeme (Staat, Gesellschaft).
Erlaubnis	Erlaubnis muss von den Kund/inn/en explizit gegeben werden, damit der/die Berater/in intervenieren darf.	Eine explizite Erlaubnis von der handelnden Person ist nicht erforderlich, damit andere intervenieren dürfen. Im Gegenteil: Selbst wenn sich die handelnde Person eine Intervention verbittet, muss dennoch interveniert werden.
Professionelle Haltung	Sowohl-als-auch: Sowohl das Problemverhalten bzw. -erleben als auch das Lösungsverhalten bzw. -erleben muss berücksichtigt werden. Sowohl im Problem als auch in der Lösung sind positive wie negative Auswirkungen wahrzunehmen.	Entweder-oder: Entweder eine bestimmte Handlung wird unterlassen oder die entsprechende Konsequenz setzt ein (Zwangsunterbringung, Anklage, Strafandrohung, Strafmaßnahme etc.).
Entscheidung	Der Kunde entscheidet. Berater/in fördert Entscheidungsprozesse, hält sich aber aus der Entscheidung selbst heraus.	Betreffende Person entscheidet nicht. Andere treffen eine Entscheidung über diese Person.
Handlung oder Unterlassung	Tendenziell gilt: Handlungen werden unterlassen, die getan werden sollten.	Tendenziell gilt: Handlungen werden vollzogen, die unterlassen werden sollten.
Bewertung auf professioneller Seite	Neutralitätsgebote gelten	Neutralität muss aufgegeben werden. Stattdessen ist eine klare Position und Parteinahme gefragt.
Anlass/Grund	Symptome/Probleme	Fremd- und Selbstgefährdung
Subjekt bzw. Objekt der Handlung	Kunde handelt (Subjekt der Handlung)	Betreffende Person wird be-handelt (Objekt einer Handlung)

Tabelle 5: Gegenüberstellung wesentlicher Unterscheidungsmerkmale zwischen einem Beratungskontext und einem Kontext sozialer Kontrolle

Ohne soziale Kontrollmaßnahmen lässt sich jedoch ein halbwegs geregeltes gesellschaftliches Miteinanderauskommen kaum vorstellen. **Soziale Kontrollmaßnahmen haben Vorrang vor therapeutischen Interventionen und Verfahrensweisen**, das heißt: Nur wenn man davon ausgehen kann, dass Verhaltensweisen unterlassen werden, die andernfalls soziale Kontrollmaßnahmen provozieren bzw. nach sich ziehen, lässt sich therapeutisch arbeiten. Wenn das nicht der Fall ist, muss ein therapeutisches Vorgehen zugunsten einer sozialen Kontrollmaßnahme aufgegeben werden.

4. Utilisierung[35] sozialer Kontrollmaßnahmen

Mit Hilfe der Unterscheidung zwischen Psychotherapie und sozialer Kontrolle lassen sich in der Regel sehr schnell bedrohliche Situationen entschärfen. Wenn beispielsweise in einer Partnerschaft oder in einer therapeutischen Beziehung mit Selbstmord gedroht wird, um bestimmte Handlungen zu erzwingen, dann kann man sich dieser Art der Erpressung sehr schnell entziehen, indem man sagt: „Wenn du das wirklich ernst meinst, kann ich nichts für dich tun, weil ich nicht gewährleisten kann, dass du dir nichts antust. Schließlich kann ich dich nicht 24 Stunden am Tag beobachten. Ich bin dann gezwungen, dich in eine psychiatrische Klinik einweisen zu lassen, die den Auftrag hat, alles dafür zu tun, damit du dir selbst nichts antun kannst. Ich müsste allerdings eine solche Einweisung nicht veranlassen, wenn du mich zweifelsfrei davon überzeugst, dass du dich fürs Leben entscheidest" (vgl. MÜCKE 2001a, S. 75).

Eine therapeutische Erklärung für ein regelverletzendes, andere oder sich selbst schädigendes Verhalten darf nicht als Entschuldigung für dieses Verhalten angesehen werden. Selbst wenn es noch so gute Erklärungen gibt und man die Handlungsweise aus der Geschichte eines Menschen verstehen kann, muss sichergestellt sein, dass kein Zweifel daran besteht, dass dieses Verhalten sofort und unmittelbar zu unterlassen ist. Sollte das nicht der Fall sein, verlässt der/die Betreffende den therapeutischen Kontext und fordert quasi durch sein/ihr Verhalten soziale Kontrollmaßnahmen.

Aus diesem Grunde ist es bei (selbst-)schädigenden Verhaltensweisen (Suizidversuchen, Selbstverstümmelungsversuchen, Selbstverletzung, Misshandlungen, Missbrauch, Gewalt etc.), wegen derer eine Beratung aufge-

---

[35] Der Begriff der Utilisierung entstammt der ERICKSON'schen Hypnotherapie. Hierbei handelt es sich um die zieldienliche Nutzung eines Phänomens, das ein Defizit, ein Symptom oder eine Restriktion (Einschränkung) sein kann.

sucht wird, not-wendig zu betonen, dass man als Berater/in bzw. Therapeut/in nur dann Beratungsgespräche anbieten kann, wenn sofort zu Beginn vereinbart wird, dass dieses Verhalten unterbleibt. Ein derartiges Vorgehen unterstellt, dass die Klient/inn/en auch schon vor der Psychotherapie in der Lage sind, dieses Verhalten zu unterlassen. In den Gesprächen wird dann mit den Handlungs*impulsen* und nicht mit den Handlungen gearbeitet. Hierfür benötigen die Berater/innen aber einen mündlich oder schriftlich vereinbarten Arbeitskontrakt mit den Kund/inn/en, in dem klar vereinbart wird, dass die Berater/innen informiert und hinzugezogen werden, *bevor* es zu den schädigenden Verhaltensweisen kommt. Im stationären Kontext ist das sicherlich leichter zu gewährleisten als im ambulanten, doch auch im letzteren ist eine derartige Vorgehensweise möglich und geboten. Würde man eine solche Vereinbarung nicht treffen, machte man sich als Berater/in mitschuldig an den Folgen schädigender Verhaltensweisen.

Sollte es trotz dieser prophylaktischen Sicherungsmaßnahmen doch zu einem schädigenden Verhalten kommen, hängt es von der Schwere der Tat und dem Ermessen des Beraters/der Beraterin ab, welche Konsequenzen das haben soll. Es könnte bei einem weniger schwer wiegenden Verhalten zum Beispiel dazu führen, dass der/die Berater/in sich auf weitere Gespräche einlässt, wenn der Kunde/die Kundin schlüssig und überzeugend darlegen kann, ein derartiges Verhalten ab sofort und zukünftig zu unterlassen. INSOO KIM BERG (2001) schlägt zur Unterstützung dieser Variante vor, auf die Beantwortung folgender drei Fragen durch den/die Regelverletzer/in zu bestehen:

1. You must have very good reasons for doing that. What are these reasons?

2. What do you think, should be the consequences of (the remedy for) your behavior?

3. What are your plans, to make sure, that this doesn't happen again?[36]

Sind die Folgen des schädigenden Verhaltens gravierender und/oder ist der/die Berater/in nicht überzeugt davon, dass der/die Betreffende dieses Verhalten unterlassen wird, bleibt nur die Aufgabe des therapeutischen

---

[36] 1. Sie müssen sehr gute Gründe (Intentionen, Absichten) für Ihre Handlungsweise gehabt haben. Welche waren das?
2. Was denken Sie, welche Konsequenzen sollte Ihr Verhalten haben?
3. Was sind Ihre Pläne, um sicher zu gehen, dass sich so etwas nicht wieder ereignet (dass Sie eine derartige Handlungsweise zukünftig unterlassen werden)? (Übersetzung: K.M.).

Kontextes zugunsten eines Kontextes sozialer Kontrolle (Psychiatrie, Jugendamt, Polizei etc.).

Bei extrem selbst- oder fremdschädigenden Verhaltensweisen, die nicht der Schweigepflicht unterliegen (z.B. geplante Tötungsabsichten) ist es also in der Regel not-wendig, eine soziale Kontrollinstanz im Hintergrund zu wissen, die bei Nicht-Unterlassung einschreiten kann. Die Furcht vor einer derartigen Intervention, die in der Regel mit unangenehmen und einschränkenden Konsequenzen (Zwangsunterbringung, Zwangsbehandlung, Fixierung, Freiheitsentzug, Kindesentzug, Haft etc.) einhergeht, liefert in diesen Fällen oft die einzige Therapiemotivation, die in den meisten Fällen ausreichend ist. Dabei sollte man sich als Psychotherapeut/in bzw. Berater/in allerdings mit dem Ziel der Kund/inn/en verbünden, sich diese soziale Kontrollmaßnahme vom Leib zu halten (vgl. CONEN 1996, MADANES 1997), was letztlich nur dadurch geschehen kann, dass die Betreffenden ihr Verhalten verändern.

Eine derartige Verhaltensänderung lässt sich am sinnvollsten dadurch anregen, dass die Täter/innen, die sich als Opfer der sozialen Kontrollinstanzen (Problemopfer) wahrnehmen, zu Täter/innen genau dieser Kontrollmaßnahmen (Problemtäter/innen) werden, was beispielsweise durch folgende Fragen erreicht werden kann:

- Angenommen, Sie wollten, dass sich das Jugendamt vermehrt in Ihre Familie einmischt, was müssten Sie dann tun?

- Wie müssten Sie sich verhalten, dass das Jugendamt auf die Idee käme, Ihre Kinder könnten nicht mehr bei Ihnen bleiben, sondern müssten ins Heim?

- Was müssten Sie tun bzw. sagen, damit Ihr/e gesetzliche/r Betreuer/in denkt, jetzt sei eine Unterbringung in einer psychiatrischen Klinik geboten?

- Wie müssten Sie sich verhalten, dass Ihr/e Richter/in die feste Überzeugung gewinnt, es lägen keine strafmildernden Umstände bei Ihnen vor?

Damit sich die Leute nicht vor den Kopf gestoßen fühlen, sollten diese Fragen damit eingeleitet werden, dass man sagt: „Nur die wenigsten machen sich Gedanken, was man tun muss, um ein unangenehmes Problem hervorzurufen. Oft scheitern Leute, die sich solche Gedanken nicht machen; denn in vielen Fällen ist es klug, zu wissen, was man unterlassen sollte. Es wäre deswegen ein Missverständnis, wenn Sie denken, ich würde Ihnen unterstellen, Sie wollten diese Probleme bzw. problematischen Einmischungen provozieren." Schließlich sollte man Anregungen geben, sich als

Lösungstäter/innen zu begreifen. Hierzu können zum Beispiel folgende Fragen sinnvoll sein:

- Wann in der jüngsten Vergangenheit haben Sie sich bereits so verhalten, dass das Jugendamt beruhigt reagierte und sich eher aus Ihrer Familie herausgehalten hat?
- Was wäre in Zukunft hilfreich, damit das Jugendamt die feste Überzeugung gewinnt, bei Ihnen seien Ihre Kinder am besten untergebracht?
- Wie müssten Sie sich verhalten, dass Ihr/e gesetzliche/r Betreuer/in denkt, er/sie sei überflüssig? (vgl. FISCHER & RETZER 2001).

5. Restriktive Fehleinschätzung

Im psychosozial-psychiatrischen Bereich (sozialtherapeutische „Betreuung"[37] von Menschen mit einer wie auch immer gearteten „Behinderung", Begegnungs-, Beratungs- und Psychotherapie-Angebote), in dem der Schwerpunkt der professionellen Dienstleistung auf beraterischen bzw. „betreuerischen" Angeboten liegt, besteht die Gefahr, dass es zu einer restriktiven Fehleinschätzung kommt. Hier leitet häufig der/die „Betreuer/in" aus übertriebener Angst oder Fürsorge bei einem bestimmten Verhalten eine restriktive soziale Kontrollmaßnahme ein, die eigentlich nicht geboten oder notwendig ist und die das Leben und die Lebensqualität des/der „Betreuten" mitunter extrem einschränkt. Erst als sekundäre Folge dieser äußeren Einschränkung können in bestimmten Fällen Verhaltensweisen angeregt werden, die dann tatsächlich Kontrollmaßnahmen erforderlich machen. Hierzu ein eindrückliches Beispiel aus meiner Praxis:

Der Mann mit dem Hammer

Eine 60-jährige Frau, die ich im Folgenden Frau Mahler nennen möchte, kam zu mir, weil sie sich von den Belastungen auf ihrer Arbeit und im familiären Kontext überfordert fühlte. Sie berichtete, dass sie mit ihren Kindern harte Zeiten durchgemacht habe: Ein Kind hätte an frühkindlichem Autismus gelitten, es aber dennoch geschafft, sein Abitur zu machen, zu studieren und eine feste Stelle als Mathematiker zu bekommen. Nach seinem 30.

---

[37] Der Begriff „Betreuung" ist aus historischen Gründen sehr problematisch, da während des Dritten Reiches dieser Begriff eine euphemistische Beschreibung für Unterdrückung, Folter und Mord an bestimmten Bevölkerungsgruppen war. Er kann deshalb auch heute noch nicht ungebrochen verwendet werden (vgl. STERNBERGER 1991, S. 342-347 und STOLZ 1990, S. 31-34).

Lebensjahr gelang es ihm auch, offener zu werden, Kontakte zu knüpfen und Beziehungen einzugehen. Ihr jüngerer Sohn dagegen war in seiner Kindheit sehr offen, freundlich und energisch. Er hatte immer gute Noten und hat sich sehr früh politisch interessiert. In seiner Pubertät schloss er sich kommunistischen Gruppen und später den Grünen an. Er absolvierte ebenfalls erfolgreich sein Abitur, zog danach mit seiner Freundin in eine eigene Wohnung und unternahm mit ihr mehrere Auslandsreisen, die ihn bis nach Indonesien und Südamerika geführt hatten. Auf der letzten dieser Reisen sei es zwischen ihm und seiner Freundin zu heftigen Missstimmigkeiten gekommen, so dass sich seine Freundin schließlich von ihm noch während des Auslandsaufenthalts trennte. Über diese Trennung sei er nur sehr schlecht hinweggekommen und habe sich entschlossen, wieder bei seinen Eltern zu wohnen und ein Studium zu beginnen. Während seiner Studienzeit habe er sich einer radikalen marxistisch orientierten Studentengruppe angeschlossen. Als der Golfkrieg ausbrach, habe er sich vorgenommen, einen Brandanschlag auf das Kreiswehrersatzamt der Bundeswehr zu verüben, um seinen Protest gegen den Kriegsdienst zum Ausdruck zu bringen. Als er mit einem Molotowcocktail vor dem Kreiswehrersatzamt stand, empfing ihn bereits die Polizei, die offensichtlich seine Telefonate abgehört hatte. Er wurde für diesen versuchten Brandanschlag zu einem Jahr Gefängnis und einem Jahr Bewährung verurteilt. Nach seiner Inhaftierung zog er in eine eigene Wohnung und nahm sein Studium wieder auf. Seinen Lebensunterhalt bestritt er mit Hilfe von Bafög und dadurch, dass er Zeitungen austrug und Aushilfsfahrer bei einer Firma war. Als er an einer entscheidenden Prüfung nicht teilgenommen hatte, weil er verschlafen hatte, wurde die Zahlung des Bafögs an ihn eingestellt, was er als ungerecht empfand und deshalb mit einem Hammer zum Bafög-Amt ging. Dort legte er den Hammer auf das Ablagefach des Sachbearbeiters und drohte ihm, er würde ihn mit dem Hammer erschlagen, wenn er kein Bafög mehr bekäme. Der Sachbearbeiter rief daraufhin die Polizei, die ihn in Gewahrsam nahm. Für diese Tat wurde er zu 4 Jahren Gefängnis verurteilt. Ein psychiatrischer Gutachter diagnostizierte bei ihm eine verminderte Schuldfähigkeit infolge einer Schizophrenie. Als er aus dem Gefängnis bzw. der Gefängnispsychiatrie entlassen wurde, bekam er zur Auflage, sich über den Zeitraum seiner vierjährigen Bewährung einer Dauermedikation mit hoch dosierten Depotneuroleptika zu unterziehen. Zu Beginn dieser Zwangsmedikation war die Dosis – wohl aufgrund der Ängstlichkeit des behandelnden Psychiaters – so hoch, dass er nicht ohne fremde Hilfe zur Toilette gehen und nichts Festes mehr essen konnte. Im Allgemeinen wirkte er wie gelähmt. Als der Psychiater sich sicherer fühlte, dass sein Patient nichts Gesetzwidriges anstellen würde, verringerte er etwas die Dosis. Bei einer Verweigerung dieser Zwangsmedikation oder einem verspäteten Besuch beim Psychiater musste dieser die Polizei alarmieren, die Herrn Mahler dann zwangsweise in einer psychiatrischen Klinik unterbrachte. Frau Mahler berichtete, dass ihr Sohn zur Zeit zu Hause wohne und sich sehr um eine Arbeit bemüht habe, doch aufgrund seiner Vorgeschichte und der enormen körperlichen und psychischen Einschränkungen infolge der Zwangsmedikation sei das ein fast unmögliches Unterfangen. Vom Arbeitsamt habe er vor kurzem eine Umschulung als Lastkraftwagenfahrer angeboten bekommen. Ihr Sohn habe sich nun fest vorgenommen, dieses Angebot zu nutzen. In einem weiteren Gespräch teilte mir Frau Mahler mit, dass die Ausbilder ihres Sohnes nur Positives von ihm zu berichten hätten und er nun seine Führerscheinprüfung für Lastkraftwagen machen könne, die eine notwendige Voraussetzung dafür sei, dass er weiter an der Umschulungsmaßnahme teilnehmen könne.

Ein paar Wochen später kam Frau Mahler sehr aufgeregt in die Therapiestunde. Sie berichtete, dass sie sich furchtbare Sorgen um ihren Sohn mache, weil er seinen Termin bei dem ihn zwangsbehandelnden Psychiater nicht wahrgenommen habe. Jeden Moment warte sie darauf, dass er von der Polizei abgeholt und in die Psychiatrie gebracht werde, und das gerade zu dem Zeitpunkt, an dem er seine Führerscheinprüfung machen sollte. Eigenartigerweise sei die Polizei aber noch nicht gekommen. Sehr schnell stellte sich heraus, dass die Entscheidung, nicht zum Psychiater zu gehen und stattdessen eine Zwangseinweisung zu riskieren, eine wohl überlegte Entscheidung ihres Sohnes gewesen war. Vor ein paar Tagen habe der Sohn ihr nämlich offenbart, dass er unter dem Einfluss des Depotneuroleptikums unmöglich die Führerscheinprüfung bestehen könne. So befinde er sich nun in der Zwangslage, dass er entweder unter Neuroleptika-Einfluss durch die Führerscheinprüfung falle und damit seine Umschulung aufs Spiel setze, oder nicht zum Psychiater zu gehen und zu hoffen, die Polizei hole ihn erst nach der Führerscheinprüfung ab, um ihn zwangseinzuweisen. Beim ersten Fall habe er überhaupt keine Chance, beim zweiten Fall wenigstens eine – wenn auch noch so geringe – Chance, an seiner Umschulungsmaßnahme weiter erfolgreich teilzunehmen. In einem weiteren Gespräch hat sich herausgestellt, dass der Sohn von Frau Mahler auch seinen Vater darüber eingeweiht hatte, nicht zum Psychiater zu gehen. Sein Vater habe daraufhin das Gesundheitsamt informiert und den Mitarbeiter/inne/n diese Zwangslage geschildert, woraufhin das Gesundheitsamt bei der Polizei intervenierte, so dass die Polizei erst nach der Führerscheinprüfung Herrn Mahler in die Psychiatrie brachte.

Dieses Beispiel zeigt anschaulich, dass es zum einen ein Nachteil ist, als schuldunfähig anerkannt zu sein, weil durch die damit einhergehenden sozialen Kontrollmaßnahmen Lebenschancen verbaut werden. Zum anderen können durch diese einschränkenden Zwangsmaßnahmen bei Menschen, die noch etwas vom Leben wollen, Handlungen angeregt werden, die von den sozialen Kontrolleuren zum Anlass für weitere Zwangsmaßnahmen genommen werden. Wäre man dagegen von Anfang an von der vollen Schuldfähigkeit des Betroffenen ausgegangen, hätte das keine derartige und offensichtlich unnötige Einschränkung mittels Neuroleptika zur Folge gehabt.

6. Die Entmystifizierung der forensischen Psychiatrie und das Konzept der Verantwortungslosigkeit

Menschen, die für schädigende Taten die Verantwortung nicht übernehmen und sie auf ihr Unbewusstes, raptusartig über sie hereinbrechende Impulse und/oder eine psychische Krankheit schieben, werden – wie bereits beschrieben – von der Gesellschaft als schuldunfähig diagnostiziert, was zu der Untat einen weiteren „Tatbestand" hinzufügt: Nämlich die deklarierte Verantwortungslosigkeit hinsichtlich eigener Handlungen. Solche Menschen werden offiziell nicht bestraft, sondern kommen in den Maßregelvollzug der forensischen Psychiatrie, um dort psychiatrisch behandelt bzw. therapiert zu werden. Bei näherer Betrachtung haben wir es hier mit einer kaschierten doppelten Bestrafung zu tun: Einmal werden sie bestraft für die verübte Straftat an sich, ein andermal zusätzlich durch weitgehende Kontroll- und Sicherungsmaßnahmen mittels psychiatrischer Behandlungsmaßnahmen (Neuroleptika, Fixierungen etc.) aufgrund ihrer Leugnung persönlicher Verantwortung.

Eine derart doppelte Bestrafung hat meines Erachtens durchaus ihre Legitimation, da durch das Konzept der Verantwortungslosigkeit die Straftat noch schwerer wiegt und mit einer Wiederholung jeder rechnen muss. Leider wird aber diese Bestrafung von Seiten der gesellschaftlichen Institutionen als medizinisch-therapeutische Behandlung verschleiert bzw. mystifiziert, wodurch es den Betroffenen noch zusätzlich schwer gemacht wird, zu ihrer Verantwortung zu stehen. Fast könnte man annehmen, dass das eine den Täter/inne/n absichtlich gestellte Hürde ist, die sie zu überwinden haben, um einer Sicherungsverwahrung zu entgehen. Sie müssen nämlich überzeugend zeigen, dass sie sehr wohl die Verantwortung und ein Schuldbewusstsein für die von ihnen begangenen Straftaten haben. Solange man aber sein eigenes Verhalten mit dem Konzept psychischer Krankheit ent-

schuldigt, solange kann diese aktive Verantwortungsübernahme nicht stattfinden. Hierzu ein Beispiel aus meiner beruflichen Praxis:

Die psychische Krankheit als Täterin

Vor mehreren Jahren sollte ich die Einzelfallbetreuung von Herrn Berger[38],
einem etwa 35-jährigen Mann, übernehmen. Diese Betreuungsmaßnahme
wurde vom Sozialpsychiatrischen Dienst initiiert und befürwortet, der mir
gegenüber vorgab, keine genauen Informationen über den zu betreuenden
Mann zu haben. Die einzige Information, die sie hätten, wäre, dass er über
einen Zeitraum von mehr als zehn Jahren sein Leben in der Psychiatrie
verbracht habe, nun entlassen worden sei und Unterstützung bei der Bewältigung des Alltags benötige. Als ich zum ersten Treffen in die Wohnung
meines zukünftigen Klienten ging, hatte ich den Eindruck, dass es ihm sehr
gut ging. Er wirkte in keiner Weise auf mich wie ein Mensch, der aufgrund
einer wie auch immer gearteten Störung einen zehnjährigen Psychiatrie-
Aufenthalt nötig gehabt hätte. Und so fragte ich ihn, wie es kam, dass er so
lange in der Psychiatrie behandelt worden sei. Worauf er mir offen sagte,
dass er vor zehn Jahren einen drogenabhängigen Mann kennen gelernt habe,
der ihn gefragt hätte, ob er nicht eine Nacht bei ihm schlafen könne, weil er
obdachlos sei. Herr Berger willigte ein. Als sein Bekannter in seiner Wohnung eingeschlafen war, überfielen Herrn Berger plötzlich Verfolgungsideen und er hörte Stimmen, die ihm sagten, er müsse seinen Bekannten
umbringen. Herr Berger sagte, er hätte sich dieser Stimmen nicht entziehen
können und habe eine lange Schere genommen und auf den schlafenden
Gast eingestochen. Die Stiche verletzten seinen Bekannten schwer, aber
nicht tödlich. Herr Berger sei darauf wieder zur Besinnung gekommen und
hätte die Polizei gerufen. Sein Bekannter wurde schließlich im Krankenhaus
behandelt und Herr Berger wurde verhaftet. Ein psychiatrischer Gutachter
bescheinigte Herrn Berger Schuldunfähigkeit infolge einer schizophrenen
Psychose. Die Folge war, dass Herr Berger nicht ins Gefängnis kam, sondern in den Maßregelvollzug der Psychiatrie. Nach dieser Erzählung fragte
ich Herrn Berger, wie er sich seine Tat erkläre. Worauf er mir erwiderte, er
sei damals psychisch krank gewesen. Die Frage, ob er sich auch heute noch
krank fühle, bejahte er. Daraufhin wurde es mir in der Wohnung von Herrn
Berger etwas mulmig, weil ich mich selbst nicht mehr sicher vor einer Atta-
cke fühlte. Ich erbat mir von Herrn Berger ein paar Tage Bedenkzeit, um
mir Gedanken darüber zu machen, ob ich bereit wäre, ihn zu betreuen oder
nicht. Nach ein paar Tagen entschied ich mich gegen die Übernahme des

---

[38] Der Name wurde von mir geändert.

Betreuungsauftrags, weil mir zum einen bei Herrn Berger eine Verantwortungsübernahme für seine Tat fehlte, die er seiner psychischen Krankheit zuschrieb und nicht sich. Zum anderen bezeichnete sich Herr Berger immer noch als psychisch krank, was die Wiederholung einer solchen Tat nicht unwahrscheinlich machte. Hätte er dagegen die Verantwortung für seine Tat übernommen und mir überzeugend beschrieben, dass er – mit oder ohne psychische „Krankheit" – die Verfügungsmacht über seine Handlungen habe, ich hätte den Auftrag, ihn zu betreuen, angenommen. In einem abschließenden Gespräch legte ich Herrn Berger meine Überlegungen und Beweggründe dar, die Einzelfallhilfe in seinem Fall nicht übernehmen zu wollen. Dabei hatte ich die Hoffnung, dass sich Herr Berger nochmals mit sich und seiner Verantwortung auseinander setzte und es dann möglich wäre, mit ihm zu arbeiten.

Nach meiner Begegnung mit Herrn Berger habe ich mich gefragt, ob in der forensischen Psychiatrie daran gearbeitet worden war, dass Herr Berger die Verantwortung und damit die Schuld für seine Tat zu tragen habe, was natürlich durch die gutachterliche Feststellung seiner Schuldunfähigkeit erschwert bzw. hintertrieben wird. Erst wenn man sich seine persönliche Schuld eingesteht und sie als Schuldgefühl bzw. schlechtes Gewissen erlebt, hat eine Verantwortungsübernahme stattgefunden, welche die Wiederholung einer solchen Tat unwahrscheinlich erscheinen lässt.

7. Die Psychiatrie als Institution sozialer Kontrolle

Wie ich bereits dargelegt habe, ist die Psychiatrie in erster Linie eine Institution sozialer Kontrolle. Wie bei anderen gesellschaftlichen Institutionen sozialer Kontrolle sind damit vorrangig die Patient/inn/en nicht die Kund/inn/en der Psychiatrie, sondern Kunde im Sinne eines Auftraggebers der Psychiatrie ist primär die Gesellschaft in Form des Staates. Das heißt: Der eigentliche Auftraggeber der Psychiatrie sind gesellschaftliche Interessen (Schutz vor störenden bzw. schädigenden Verhaltensweisen, Verhinderung von Suiziden etc.). Aufgrund dieses Zusammenhangs kann Psychiatrie – und natürlich auch andere Institutionen sozialer Kontrolle – als Unterdrückungs- und Einschüchterungsinstrument missbraucht werden. Sie bedürfen deswegen selbst der öffentlichen Kontrolle, die nur durch Transparenz nach außen gewährleistet werden kann. Nur wenn der Staat sich als Dienstleister der Gesellschaft versteht, er die Rechte *aller* Bürger, egal welcher Nationalität, im Geltungsbereich seiner Verfassung schützt, kann ein Missbrauch der staatlichen Institutionen sozialer Kontrolle und damit auch der Psychiatrie vermieden werden.

In der konkreten psychiatrischen Arbeit müssen selbstverständlich die Patient/inn/en nach ihren spezifischen Aufträgen und Zielen befragt werden, um – wenn keine Kontrollmaßnahmen provoziert werden – mit ihnen therapeutisch zu arbeiten. Im Zuge der Reformierung der Psychiatrie und der Übernahme und Integration verschiedener (sozial-)therapeutischer Ansätze in die psychiatrische Arbeit scheint der Aspekt der sozialen Kontrolle in den Hintergrund zu treten, was die Gefahr beinhaltet, dass auf schädigendes Verhalten (Suiziddrohungen, Selbstverletzungen, Gewalttätigkeit etc.) therapeutisch reagiert wird (Laisser-faire-Fehleinschätzung) und nicht mit sozialen Kontrollmaßnahmen (Beobachtung, Ruhigstellung, Fixierung etc.). Das Verüben solcher Handlungen wie beispielsweise eines Selbstmords in der psychiatrischen Klinik selbst wird dadurch wahrscheinlicher. Wurde jemand wegen gewalttätiger Handlungen in eine psychiatrische Klinik zwangseingewiesen oder zeigt Suizidtendenzen, fordert von vornherein dieses Verhalten entsprechende Maßnahmen wie Beobachtung, Einschränkung des Bewegungsspielraums (Ausgangsverbot), nötigenfalls auch weiter restriktive Maßnahmen (Neuroleptika als chemische Kontroll- und Sedierungsmittel, Fixierung etc.). Es liegt – glücklicherweise – in der Natur dieser Kontrollmittel, dass sie unangenehm empfunden werden: Dadurch erhöht sich die Motivation und damit die Wahrscheinlichkeit, derartige Handlungen zu unterlassen. Erst wenn die betreffenden Personen einen überzeugen (selbst-)schädigende Handlungen zu unterlassen, sollten in der Psychiatrie psychotherapeutische Angebote unterbreitet werden.

Auch wenn ich Gefahr laufe, mich zu wiederholen, möchte ich Folgendes betonen: Wenn soziale Kontrollmaßnahmen ergriffen werden, sollten diese als solche klar und transparent gemacht werden. Neuroleptika oder andere sedierende bzw. handlungseinschränkende chemische Substanzen sollten nicht als Medikamente mystifiziert, sondern ebenfalls als Kontrollmaßnahmen bezeichnet werden. Dabei sollte deutlich gemacht werden, dass mit ihnen keine Krankheit behandelt oder geheilt werden soll (das würde das Konzept der Verantwortungslosigkeit nur stützen), sondern eine solche Be-handlung gegen (selbst-)schädigendes bzw. gefährliches Verhalten eingesetzt wird. Unterbleibt dieses Verhalten, kann man auch auf die Gabe dieser Substanzen verzichten.

E) Bedingungen für eine gute Kooperation zwischen Psychiater/inne/n und Psychotherapeut/inn/en

1. Einführung

Mit diesem Artikel möchte ich auf die Notwendigkeit einer guten Kooperation und ihrer optimalen Nutzung zwischen Psychiater/inne/n bzw. psychiatrischen Institutionen und Psychotherapeut/inne/n hinweisen – insbesondere wenn es um psychotisch definierte Patient/inn/en bzw. Klient/inn/en[39] geht. Dabei soll es um die Bedingungen gehen, die für eine solche Zusammenarbeit benötigt werden. Gerade bei psychotisch diagnostizierten Menschen besteht die Gefahr, dass aufgrund unterschiedlicher Auffassungen über das Wesen psychotischer Phänomene – einerseits als biologische Stoffwechselkrankheit des Gehirns, andererseits als psychische Störung bzw. Problematik – die Patient/inn/en bzw. Klient/inn/en zwischen diesen beiden Berufsgruppen im negativen Sinne trianguliert (siehe Abbildung 13) werden, was in erheblichen Maße bei ihnen zu Verunsicherung und Misstrauen beitragen kann.

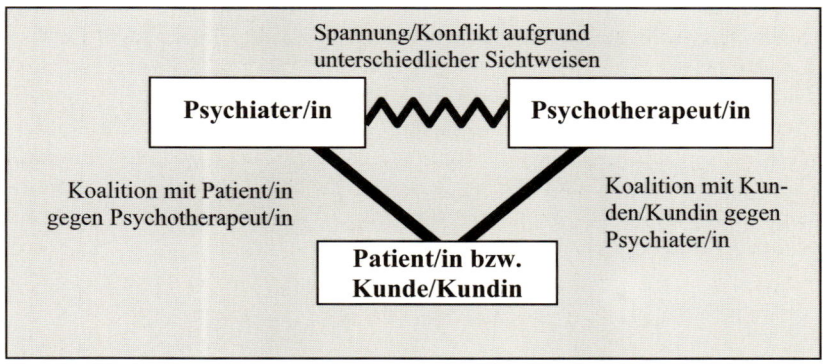

Abbildung 13: Triangulation des Patienten/der Patientin bzw. Kunden/Kundin

---

[39] Zur besseren Zuordnung und um unnötige Irritationen zu vermeiden, werde ich im Folgenden den Begriff „Patient/in" verwenden, wenn die betreffende Person psychiatrisch behandelt wird. Wenn es sich dagegen um einen psychotherapeutischen Kontext handelt, werde ich von Kund/inn/en bzw. Klient/inn/en sprechen (siehe auch: SIMON/CLEMENT/STIERLIN 1999, S. 190f und MÜCKE 1998, S. 185-193).

Ich möchte weiter zeigen, dass diese beiden Professionen zum Wohle der Patient/inn/en bzw. Klient/inn/en auf der pragmatischen Ebene sogar dann gut miteinander kooperieren können, wenn sich ihre Wirklichkeitskonstruktionen diametral und unvereinbar gegenüberstehen. Ja ich möchte noch einen Schritt weiter gehen und behaupten, dass diese unterschiedlichen Wirklichkeitskonstruktionen in vielen Fällen sehr günstige Auswirkungen für die Betroffenen entfalten können. Um dies darzulegen, möchte ich auf die von MAX WEBER eingeführte Kategorie des Idealtypus zurückgreifen: So soll unser/e idealtypische/r Psychiater/in davon überzeugt sein, dass psychotische Verhaltens- und Erlebensweisen auf einer Stoffwechselstörung des Gehirns (biologisches Krankheitsmodell der Psychosen) basieren, die wiederum auf eine genetisch bedingte Disposition zurückzuführen ist. Diese Position soll auch in der Kooperation als unverrückbar beibehalten werden. Unser/e idealtypische/r Psychotherapeut/in soll dagegen die diametral entgegengesetzte Überzeugung haben: Für ihn/sie sollen psychotische Verhaltens- und Erlebensweisen zu 100% psychisch (psycho- und familiendynamisch) bedingt sein [Psychose als Ausdruck eines (inneren) (Ambivalenz- bzw. Loyalitäts-)Konfliktes]. Auch daran soll er/sie in der Kooperation unkorrigierbar festhalten.

Um Missverständnisse zu vermeiden, muss ich hier noch erwähnen, dass solche extremen Positionen von Psychiater/inne/n bzw. Psychotherapeut/inn/en in der Realität wohl kaum anzutreffen sind. Ich möchte aber zeigen, dass selbst extremste Unterschiede einer Kooperation nicht im Wege stehen. Hierzu möchte ich vorwegschicken, dass nicht die Unterschiedlichkeiten über die Möglichkeit einer Kooperation entscheiden, sondern allein der Umgang mit ihnen. Sogar mit (scheinbar) antagonistischen Unterschieden kann man sehr verschieden umgehen: So wie Russland und Amerika im Kalten Krieg oder wie beide bei der Zusammenarbeit der Internationalen Raumstation ISS. Wenn Sie mich fragen: Ich ziehe Letzteres auch und besonders im Hinblick auf das zu erwartende Ergebnis vor.

2. Über die Unmöglichkeit, Kooperation zu vermeiden

Zunächst kann festgehalten werden, dass es dann keine Probleme gäbe, wenn keine Berührungspunkte zwischen beiden Berufsgruppen existierten, wenn beispielsweise psychotisch diagnostizierte Menschen zwar eine/n Psychiater/in aufsuchten, niemals aber gleichzeitig eine/n Psychotherapeuten/Psychotherapeutin oder umgekehrt, wobei der umgekehrte Fall sicherlich und beklagenswerterweise unter den heutigen Bedingungen weit weniger häufig eintritt.

Und wir hätten auch dann keine Irritationen, wenn es eine klare Trennung zwischen beiden Arbeitsbereichen gäbe: Der/die Psychiater/in würde sich demnach um die „Krankheit" mit Hilfe von Psychopharmaka – in der Regel Neuroleptika – kümmern, wohingegen der/die Psychotherapeut/in sich ausschließlich um das seelische Wohlergehen sorgt. Was allerdings nur dann funktioniert, wenn bei dem einen nie über psychische Probleme, bei dem anderen nie über Medikamente und auch nie über die Unterscheidung zwischen krankhaftem und nicht-krankhaftem Verhalten gesprochen werden würde. Keine dieser Möglichkeiten, Konflikte zu vermeiden, ist praktikabel oder wünschenswert. Wenn man nun schon eine Kooperation nicht umgehen kann, dann sollte man sie – wofür ich hier plädiere – so gestalten, dass sie zum einen dem Wohle der Patient/inn/en bzw. Klient/inn/en dient und die Arbeit beider Berufsgruppen nicht nur respektiert, sondern sogar gegenseitig fördert. Sicherlich – und das möchte ich ebenfalls einschränkend und ehrlicherweise vorausschicken – kann ich dieses Kooperationsverhältnis nur aus der Perspektive des (Systemischen) Psychotherapeuten beschreiben, ich hoffe aber, dass sich die psychiatrisch tätigen Kolleg/inn/en durch meine Perspektivenübernahme genügend berücksichtigt fühlen.

3. Konkrete Schwierigkeiten und Kooperationsmöglichkeiten

Anhand von zwei Fallbeispielen aus meiner Praxis möchte ich folgende Ziele erreichen:

1. Einige häufig vorkommende Probleme in der Kooperation zwischen Psychotherapeut/inn/en und Psychiater/inn/en sollen beleuchtet und Lösungsmöglichkeiten für sie angeboten werden.

2. Psychiater/innen und (sozial-)psychiatrische Institutionen sollen für eine Effektivierung des psychotherapeutischen Prozesses bei psychotischen Problematiken genutzt werden.

3.1 Die psychotherapeutische Nutzung psychiatrischer Einrichtungen oder: Ein Psychiatrieaufenthalt als archaisches Übergangsritual

Frau Wieland[40], die als Krankenschwester arbeitete, kam in meine Praxis, weil sie sich große Sorgen um ihre 16-jährige Tochter Klara[41] mache, die sich in der letzten Zeit sehr eigenartig verhalten habe: Klara gehe in die 10. Klasse und stehe kurz vor der Mittleren Reife. Zuvor habe sie nie Probleme mit der Schule gehabt und habe noch bis vor kurzem gute bis sehr gute Zensuren erzielt. Doch in der letzten Zeit sei sie immer unansprechbarer geworden und habe den ganzen Tag über ihren Schularbeiten gebrütet, aber nichts Sinnvolles zuwege gebracht. Zudem fühle sich Klara, welche die meiste Zeit von Frau Wieland allein erzogen wurde, in Bezug auf ihre Mutter ohne erkennbaren Grund schuldig; so habe sie über sich gesagt, dass sie eine schlechte Tochter sei, weil sie ihre Mutter angelogen habe. Klara hatte sich vorgenommen, nach Beendigung der Schule ein freiwilliges soziales Jahr in einem anderen Bundesland zu machen, um dann mit 17 Jahren eine Ausbildung als Krankenschwester beginnen zu können. Auf einem Wochenendausflug zur Ostsee spitzte sich das Verhalten der Tochter (Unansprechbarkeit, extreme Passivität bis zu kataton erscheinenden Zuständen – vermutlich aufgrund großer Schuldgefühle) so zu, dass die Mutter sich gezwungen sah, ihre Tochter in eine psychiatrische Klinik zu bringen. Die Ärzte in der Klinik erklärten ihr, dass Klara eine besonders schwere Form von Schizophrenie habe, was Frau Wieland sehr verunsicherte, weil sie sich

---

[40;41] Die Namen wurden von mir geändert.

fragte, wie sie jetzt mit der Tochter umgehen solle und ob es der Tochter mit einer so schweren Krankheit noch gelingen würde, von zu Hause auszuziehen und das freiwillige soziale Jahr zu absolvieren. Nachdem ich diese Informationen erhalten hatte, unterbrach ich die Sitzung und teilte Frau Wieland nach einer kurzen Pause folgenden **Abschlusskommentar** mit:

„Ihre Tochter zeigt zu Ihnen eine sehr enge Verbundenheit, was sich unter anderem darin zeigt, dass sie den gleichen Beruf ergreifen möchte wie Sie. Das Schlimmste für Ihre Tochter wäre, wenn sie ihre Mutter enttäuschen würde, deshalb hat sie sich in den letzten Monaten so sehr in ihre Bücher vertieft, bis sie schließlich nichts mehr aufnehmen konnte. Offensichtlich hat Klara von Ihnen sehr viel bekommen, und Sie haben sich in der Zeit, als Sie allein für Ihre Tochter verantwortlich waren, sehr für sie engagiert. Klara hat nun in der schwierigen Lebensphase von der Jugendlichen zur Erwachsenen große Verunsicherungen und Ungewissheiten zu bewältigen. Sie wird in dieser Lebensphase hin- und hergerissen zwischen dem Wunsch, erwachsen zu sein, und dem Bedürfnis, weiter von der Mutter umsorgt zu werden. In solchen Lebensphasen kommt es häufig zu heftigen Krisen, die das Ende eines Lebensabschnitts und den Beginn eines neuen ankündigen. Bei einigen Jugendlichen ist es so, dass sie diesen Übergang nicht nur mit einer Lebenskrise markieren, sondern auch die Psychiatrie hierfür nutzen – ähnlich wie das in alten Stammesritualen gehandhabt wurde, bei denen sich die Jugendlichen mit dem Schamanen in einer Hütte von anderen abgesondert haben. In dieser Absonderungsphase konnten und durften Verhaltensweisen gezeigt werden, die in einem anderen Kontext verpönt gewesen wären. Es ist eine Phase, in der man weder zu den Jugendlichen noch zu den Erwachsenen gehört. Wenn diese Phase, der Aufenthalt in der Psychiatrie und die Lebenskrise, verlassen wird, kann ihre Tochter gestärkt daraus hervorgehen. Häufig korrespondiert die Schwere der Krise, die ein Mensch in einer solchen Übergangsphase zu bewältigen hat, mit der Stärke, die er später als Erwachsener zeigen wird[42]."

Frau Wieland nahm meinen Abschlusskommentar, den ich hier nur in Form eines Gedächtnisprotokolls wiedergegeben habe, sehr interessiert auf und war sehr dankbar für diese neuen Anregungen, die unmittelbar und sichtbar zu ihrer Entlastung führten. Indem ich in diesem Abschlusskommentar das Verhalten der Tochter als unbewussten Vollzug eines Übergangsrituals deutete, habe ich damit Anregungen gegeben, die Tochter weniger defizitär wahrzunehmen, so dass die Chance erkannt werden kann, die

---

[42] Die Idee, den Psychiatrieaufenthalt als Schwellenphase eines Übergangsrituals zu definieren, verdanke ich ARNOLD RETZER (1997).

in der Lebenskrise der Tochter steckt. Zudem wird das auf den ersten Blick vollkommen unverständliche Verhalten der Tochter nachvollziehbar, wodurch die Mutter ihre Handlungsfähigkeit der Tochter gegenüber zurückgewinnen konnte. Das problematische Verhalten der Tochter wurde letztlich „tiefer gehängt", d.h., befreit von einer ominösen Krankheit, auf die man keinen Einfluss nehmen kann. Hierdurch hat das zunächst unverständliche Verhalten von Klara viel von seinem ursprünglichen Schrecken verloren.

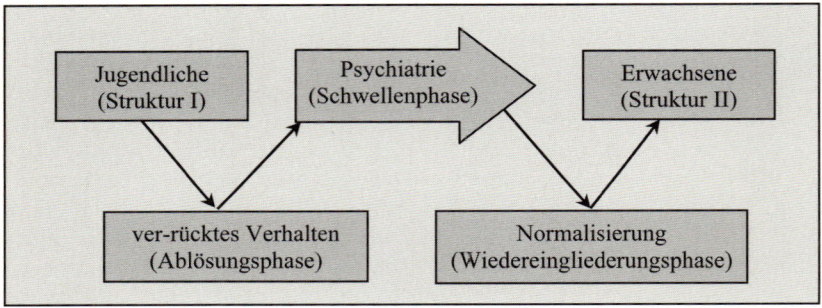

Abbildung 14: Psychiatrischer Aufenthalt als Übergangsphase (vgl. RETZER , SCHU-MACHER, WEBER & FISCHER. „Zur Form systemischer Supervision" 1997, S. 260).

Nach einem Vierteljahr wurde die Tochter aus der psychiatrischen Behandlung entlassen. Während dieser drei Monate wurde Klara in drei verschiedenen psychiatrischen Kliniken behandelt. Aus der letzten Klinik entfernte sie sich eigenmächtig, wurde aber wieder aufgegriffen und von der offenen in die geschlossene Abteilung verlegt, wo sie zunächst fixiert und mit hohen Dosen Neuroleptika ruhig gestellt wurde. Frau Wieland kämpfte in dieser Zeit darum, dass ihre Tochter weniger Neuroleptika verabreicht bekam, weil Klara sehr unter den (Neben-)Wirkungen der Neuroleptika litt: Sie konnte zum einen kaum ruhig sitzen bleiben, sondern musste immer in Bewegung sein, zum anderen erlebte sie sich aber innerlich wie blockiert und gelähmt. Nach einer Weile willigten die Ärzte ein, die Neuroleptika zu reduzieren. Der Allgemeinzustand und die psychische Verfassung von Klara besserten sich zusehends, so dass Frau Wieland auf eine Entlassung drängte, welcher der verantwortliche Arzt nur widerwillig zustimmte. Frau Wieland und Klara wurde eingeschärft, dass Klara nach der Entlassung eine/n Psychiater/in aufzusuchen hätte, damit ihre Krankheit mit Psychopharmaka behandelt werden konnte, was Frau Wieland schließlich auch veranlasste.

Die behandelnde Psychiaterin rief mich schließlich an, um mir mitzuteilen, dass sie es zwar befürworte, wenn Frau Wieland eine Psychotherapie bei mir mache (damals arbeitete ich noch unter den Bedingungen des Delegationsverfahrens). Allerdings sei bei der nach ihrer Ansicht schwer schizophren gestörten Tochter mit Gesprächen nichts zu machen; denn zum einen sei Klara so gestört, dass man mit ihr sowieso nicht sprechen könne und zum anderen könnten therapeutische Gespräche sogar zu einer Dekompensation führen, so dass sie solche auch nicht befürworten könne. Zu dieser Zeit hatte ich bereits einen Termin mit Frau Wieland und Klara vereinbart, was ich der Psychiaterin auch mitteilte. Gleichzeitig beruhigte ich sie, indem ich sagte, dass ich mit beiden keine aufdeckenden, sondern kompetenzfördernde und (unter-)stützende Gespräche führen würde.

Schließlich kamen Frau Wieland und ihre Tochter in meine Praxis. In dem anschließenden Gespräch wirkte Klara gut orientiert und konnte sich sehr klar verständlich machen. Sie wirkte auf mich wie eine ganz normale Jugendliche. Ein/e nicht vorinformierte/r Beobachter/in wäre wohl kaum auf die Idee gekommen, dass sie kurz zuvor drei Monate wegen schizophrener Verhaltensweisen in der Klinik gewesen war. Allerdings verhielt sich Klara mir gegenüber im Gegensatz zu ihrer Mutter sehr zurückhaltend und verschlossen. Im weiteren Verlauf des Gesprächs stellte sich heraus, dass Klara sich deswegen so schweigsam verhielt, weil ihre Psychiaterin sie davor gewarnt habe, sich therapeutischen Gesprächen bei mir zu unterziehen. Erst als ich versicherte, dass es darauf ankomme, wie solche Gespräche geführt werden und dass keine Gefahr einer psychotischen Reaktion bestünde, öffnete sich Klara mehr und mehr.

Nachdem ich sie nach ihrer zukünftigen Perspektive gefragt hatte, erzählte sie mir, dass sie von zu Hause ausziehen wolle und ihr Soziales Jahr in einem der alten Bundesländer machen möchte, danach wolle sie mit der Ausbildung zur Krankenschwester beginnen. Zur Zeit gehe es ihr gut, allerdings leide sie sehr unter der immer noch ungewöhnlich hohen Dosierung *verschiedener* Neuroleptika. Im weiteren Verlauf des Gesprächs ging es darum, die Psychiaterin davon zu überzeugen, dass sie es wagen könnte, einer Reduzierung der Psychopharmaka zuzustimmen. Beide waren sehr skeptisch, ob das bei der betreffenden Psychiaterin überhaupt möglich sei, worauf ich erwiderte, dass sich ein Versuch doch lohnen könnte, zumal Mutter wie Tochter der Psychiaterin vertrauten. Zudem gehe ich davon aus, dass es für das Empfinden von Sicherheit günstiger ist, mit dem Einverständnis und der Unterstützung eines Psychiaters/einer Psychiaterin Psychopharmaka zu reduzieren bzw. abzusetzen, als eigenmächtig gegen ärztlichen Rat zu handeln. Schließlich besprachen wir, wie sich die Tochter der

Psychiaterin gegenüber zeigen sollte, um die Wahrscheinlichkeit zu erhöhen, dass die Psychiaterin zunächst einer Reduzierung zustimmt. Ich kann mich noch erinnern, dass die betreffende Psychiaterin nach dem Gespräch nochmals bei mir anrief – offensichtlich engagierte sie sich sehr für ihre Patient/inn/en – und mich fragte, ob ich denn nicht gemerkt hätte, dass aufgrund der schweren Störung Klara nicht ansprechbar sei, worauf ich „passen" musste, weil mir das eben nicht aufgefallen war. Danach stellte sich für mich die Frage, wie es zu solch unterschiedlichen Sichtweisen kommen konnte: Zum einen kann es daran liegen, dass sich Klara in den unterschiedlichen Kontexten ebenfalls unterschiedlich gezeigt hat, also offensichtlich sich bei der Psychiaterin unzugänglicher zeigte als bei mir, was im Übrigen nichts mit der Persönlichkeit der Psychiaterin zu tun haben muss – allein dass es sich um eine ärztliche Autorität handelt, könnte einen solchen Unterschied im Verhalten erklären. Zum anderen könnten die verschiedenen Wahrnehmungen auch mit unterschiedlichen Aufmerksamkeitsfokussierungen in Zusammenhang stehen, was die – zugegebenerweise gewagte – These stützt, dass eine Diagnose mehr über den/die Diagnostiker/in als über den/die Diagnostizierte/n aussagt: Um der Arbeit als Psychiater/in möglichst optimal gerecht zu werden, muss er/sie einen sehr scharfen klinisch-diagnostischen Blick hinsichtlich der Störungen bzw. des gestörten Verhaltens seiner/ihrer Patient/inn/en haben. Damit ich als Psychotherapeut meine therapeutischen Kompetenzen optimal nutzen kann, muss ich meinen Blick „gnadenlos" in Richtung Kompetenzen, Ressourcen, Fähigkeiten und positive Eigenschaften meiner Klient/inn/en lenken und darf mich nicht im Dschungel von Problemen und Störungen verfangen.

Zudem habe ich mir die Frage gestellt, aus welchem Grunde die offensichtlich sehr engagierte und sich für ihre Patient/inn/en einsetzende Psychiaterin so große – fast panische – Bedenken hatte, einer Psychotherapie zuzustimmen – als ob es zwangsläufig immer dann zu einer psychotischen „Dekompensation" führen muss, wenn ein/e Psychotherapeut/in auch nur ein Wort an psychotisch definierte Menschen richtet. Meines Erachtens liegen diese Vorbehalte vieler Psychiater/inn/en gegen ein therapeutisches Vorgehen bei psychotischen Problematiken daran, dass sie Psychotherapie mit klassischer Psychoanalyse gleichsetzen. Und bezüglich des klassischen psychoanalytischen Vorgehens bei Psychosen sind diese Zweifel – wie auch Psychoanalytiker/innen selbst bestätigen mussten – berechtigt, weil durch analytische Regression und „aufdeckendes" Vorgehen die eigene Persönlichkeit und das eigene Leben überwiegend defizitär und problematisch erscheinen, was die Verunsicherung der Betroffenen enorm steigert. Aus diesem Grunde war es notwendig, die Psychiaterin zu beruhigen und ihr mitzuteilen, dass im Gespräch bei mir keine aufdeckende Arbeit stattfindet, sondern Kompetenzen und Ressourcen gefördert werden sollen, worum es im Übrigen generell in der Systemischen Psychotherapie geht.

Etwa ein halbes Jahr später berichtete mir die Mutter, dass ihre Tochter es geschafft habe, ihr Soziales Jahr anzutreten, dessen Anforderungen sie zur Zufriedenheit erfülle. Auch die Trennung von ihr habe Klara sehr gut bewältigt. Auf meine Nachfrage, wie es mit den Psychopharmaka und der Psychiaterin weitergegangen sei, berichtete mir Frau Wieland, dass ihre Tochter nach dem letzten Gespräch bei mir nochmals zur Psychiaterin gegangen sei, die aber – wie schon vermutet – darauf bestand, dass die verschriebenen Neuroleptika in der verordneten Dosierung weiter eingenommen werden müssten, weil sonst ein psychotischer Schub drohe. Daraufhin habe sich die Tochter im Einvernehmen mit der Mutter entschlossen, die Neuroleptika zu reduzieren, was ohne Komplikationen gelang.

Die letzte Information darüber, wie sich die Tochter bezüglich ihrer Psychiaterin und den verschriebenen Psychopharmaka verhalten hat, macht deutlich, dass zum einen Menschen autopoietische, also autonome, sich selbst organisierende und produzierende Systeme sind, die unabhängig von anderen ihre eigenen Entscheidungen treffen. Dennoch hielte ich es für günstiger, wenn die Psychiaterin hier flexibler gehandelt und sich darauf eingelassen hätte, die Psychopharmaka unter ärztlicher *und* psychotherapeutischer Kontrolle zu reduzieren; denn das hätte auf beiden Seiten zu mehr Sicherheit geführt. So handelte die Tochter im Bewusstsein, gegen ärztlichen Rat verstoßen zu haben, was in der Regel nicht leicht ist und bereits ein entwickeltes Selbstwertgefühl voraussetzt. Die Psychiaterin verlor auf diese Weise gänzlich jede Möglichkeit der Einflussnahme.

3.2 Ein wechselvolles therapeutisches Verhältnis oder: Der Kampf um die richtige Definition der Wirklichkeit

Frau Ziller[43], eine 36-jährige Frau, kam in meine Praxis, weil sie darüber klagte, dass ihr in der letzten Zeit nichts richtig Spaß mache und sie sich zu allen Tätigkeiten – seien sie auch noch so geringfügig – aufraffen müsse. Zudem fühle sie sich anderen Menschen gegenüber unsicher und verhalte sich sehr zurückhaltend. Sie verstehe sich selbst nicht, weil sie früher ein kontaktfreudiger und offener Mensch gewesen sei. Vor sechs Monaten sei sie das erste Mal in ihrem Leben von ihrem Psychiater in eine psychiatri-

---

[43] Der Name wurde von mir geändert.

sche Klinik eingewiesen worden, weil sie sich verfolgt fühlte und unter akustischen und optischen Halluzinationen litt. Nach fünf Monaten habe man sie dort mit der Diagnose „schizoaffektive Psychose" entlassen.

Weiter teilte sie mir mit, dass sie vor fünf Jahren einen Nervenzusammenbruch hatte. In dieser Zeit lebte sie in einer extrem anstrengenden Situation: Ihr Mann und sie bauten gerade ein Haus, was es erforderlich machte, dass sie arbeiten gehen musste, um dieses Haus finanziell zu ermöglichen. Zudem versorgte Frau Ziller allein ihre Kinder und den Haushalt, half vor ihrer Schichtarbeit in einer Fabrik etwa vier Stunden beim Hausbau, kochte zusätzlich das Essen für die Bauarbeiter und hatte infolgedessen keine einzige freie Minute mehr für sich. Nach neun Monaten kam der psychische Zusammenbruch, der sich in Verdächtigungen manifestierte, andere Leute hätten sie bestohlen. Als ich diese Geschichte hörte, dachte ich sofort: „Was für eine enorme Leistung, unter solchen Bedingungen solange durchgehalten zu haben. Andere Leute wären nach drei Tagen zusammengebrochen." Auch dass sie sich bestohlen fühlte, hatte ja seine Berechtigung, weil tatsächlich der Hausbau ihr gesamtes Geld und ihre Zeit *raubte*. Diese Gedanken teilte ich Frau Ziller mit, die mir meinen Eindruck sofort bestätigte. Sie erzählte mir weiter, dass sie damals zu einem Psychiater gegangen sei, der ihr Orap, ein Neuroleptikum, verschrieben habe. Dadurch hätten ihre Ideen, bestohlen worden zu sein, nachgelassen, so dass sie wieder mehr oder weniger mit ihrer schwierigen Lebenssituation zurecht gekommen sei.

Frau Ziller wuchs unter sehr schwierigen Verhältnissen auf: Ihre Mutter sei psychotisch gewesen, habe nichts mehr gesprochen und habe zurückgezogen auf einem Bauernhof gelebt. Nach ihrer Geburt lebte sie (Frau Ziller) für kurze Zeit bei ihrer Mutter, die sich aber aufgrund der eigenen Problematik nicht ausreichend um ihre Tochter kümmern konnte, so dass Frau Ziller zunächst in ein Heim kam, dann aber bei Pflegeeltern aufwuchs, von ihnen aber wieder ins Heim geschickt wurde und schließlich im Alter von 14 Jahren nochmals von ihnen aufgenommen wurde. Ihre Pflegeeltern waren Zeugen Jehovas und vermittelten ihr ein sehr strenges und religiös geprägtes Weltbild, das wenig Freiheiten zuließ. Im Alter von 18 Jahren wurde sie von ihrem Freund schwanger, worauf sie ihn heiratete. Für diese frühe und überstürzte Jugendliebe gestaltete sich ihre eheliche Beziehung überraschenderweise sehr zufriedenstellend, so dass sich Frau Ziller geborgen und angenommen fühlte und das Muster, das ihr ihre Mutter vorgegeben hatte, durchbrechen konnte. Nach fünf Jahren bekam sie ihr zweites Kind. Die Beschäftigung mit ihren beiden Kindern füllte sie aus, so dass es ihr sehr leicht fiel, sich gut auf sie einzustellen.

In der dritten Sitzung teilte mir Frau Ziller mit, dass sie von ihrem Psychiater Orap und Lithium verschrieben bekam. Ihr Ziel sei es nun, mit ihren Problemen auch ohne Medikamente gut umzugehen. Sie neige dann zu verrückten Ideen, wenn sie das Gefühl habe, dass Leute sie nicht ausreichend beachten oder etwas gegen sie hätten, dann fühle sie sich verfolgt, zweifle an ihrer Wahrnehmung und habe Angst durchzudrehen. Frau Ziller teilte mir weiter mit, dass sie zuvor als Assistentin in einem Labor gearbeitet hätte, was ihr auch gut gefallen habe. Als sie von der Firma an einen anderen Arbeitsplatz versetzt wurde, wo sie die Aufgabe hatte, die Qualität der Produkte zu prüfen, entwickelte sie sehr schnell eine Depression, weil die neue Arbeit sie offensichtlich unterforderte und langweilte. Aus diesem Grunde sorgte sie dafür, in die Produktion versetzt zu werden. Unmittelbar nachdem sie dort ihre Arbeit aufnahm, ging es ihr schlagartig besser und ihre Depression verschwand vollständig. Daraus zog Frau Ziller im Gespräch mit mir den einfachen, aber treffenden Schluss, dass die Depression dann kommt, wenn sie etwas tut, was sie im Grunde nicht will.

Nach diesem erfolgversprechenden Gespräch ging – wie sich später herausstellen sollte – Frau Ziller zu ihrem Psychiater, den ich im Übrigen persönlich relativ gut kenne und wegen seiner fachlichen Kompetenz sehr schätze. Frau Ziller teilte dem Psychiater mit, dass sie sich nun nicht mehr krank fühle und den Wunsch habe, die Psychopharmaka abzusetzen. Ihr Psychiater riet ihr sehr davon ab, da sie – wie er ihr sagte – eine Krankheit habe, die eine beständige medikamentöse Behandlung erfordere, um ihren Gehirnstoffwechsel zu regulieren. Frau Ziller entschloss sich daraufhin, die Psychotherapie bei mir abzubrechen, was sie mir telefonisch mitteilte. Frau Ziller folgerte nämlich, dass psychotherapeutische Gespräche keinen Einfluss auf ihren Gehirnstoffwechsel haben könnten, was – wie ich hier noch anmerken muss – ein Fehlschluss ist, da – wie neuere Forschungen gezeigt haben – mit der Verbesserung des psychischen Befindens ebenfalls physiologische, biochemische und neuroimmunologische Veränderungen einhergehen.

Nach etwas mehr als vier Monaten meldete sich Frau Ziller wieder bei mir, weil sie – trotz Psychopharmaka – einen Rückfall bekommen hatte: Sie fühlte sich auf der Arbeit von verschiedenen Kolleginnen ignoriert und bekam wieder optische und akustische Halluzinationen: So dachte sie beispielsweise, der Teufel spräche zu ihr. Aus diesem Grunde schlussfolgerte sie nun, dass Medikamente alleine offensichtlich doch nicht helfen und entschloss sich, mich wieder aufzusuchen. Im Laufe des Gesprächs berichtete mir Frau Ziller, dass es ihr sehnlichster Wunsch gewesen war, zu Hause eine Familie zu haben und sich um Haushalt und Kinder zu kümmern. Ei-

gentlich hatte sie nie den Wunsch gehabt, auch noch einen Beruf auszu-
üben. Seit dem Hausbau habe sie aber keine andere Möglichkeit: Sie müsse
– ob sie wolle oder nicht – arbeiten. Und wenn sie es recht bedenke, hätten
ihre Probleme erst durch ihr Berufsleben und den Hausbau angefangen.
Während des Gesprächs ging es weiter darum, wie sie damit umgehen könne, wenn sie das Gefühl habe, eine Kollegin ignoriere sie. Der sich im Gespräch entwickelnde Gedanke, dass sie dann zu sich sagen kann: „Na, wenn
sie das braucht, soll sie machen", erleichterte sie sehr, weil sie nun nicht
mehr die Schuld für das abweisende Verhalten der Kollegin bei sich suchen
musste, sondern es bei der Kollegin lassen kann. Auch in der darauf folgenden vierten Sitzung ging es Frau Ziller weiterhin gut. Sie schaffte es, sich
auf ihrer Arbeit, aber auch einer Freundin gegenüber, besser zu behaupten
und nicht mehr automatisch die Schuld für Missstimmigkeiten bei sich zu
suchen.

In der fünften Stunde beklagte sich Frau Ziller wieder über die Wirkungen des Orap. Es wäre ihr lieber, wenn sie es nicht mehr nehmen müsse;
denn dann hätte sie mehr Antrieb und Lust zu arbeiten. Außerdem fühle sie
sich nicht als psychisch krank, denn sie habe im Laufe der Gespräche mit
mir klar erkannt, dass es eindeutige und nachvollziehbare Gründe für ihre
Probleme gab: Sie habe herausgefunden, dass sie dann komische Ideen
entwickle, sich verfolgt fühle oder Halluzinationen bekomme, wenn sie sich
selbst zu wenig Freiraum zugestehe, die Schuld bei sich suche und Dinge
tue, die sie eigentlich nicht tun wolle. Sie machte mir nochmals deutlich,
dass ihre Probleme mit dem Hausbau begonnen hätten und mit ihm und
seinen Folgen zusammenhingen. Hierdurch sei ihr Spielraum extrem eingeschränkt worden. Außerdem sei es in ihrer damaligen Mietwohnung einfa-
cher gewesen, alles sauber zu halten. Zudem ärgerte es sie, dass viele Arbeiten am Haus nicht fachmännisch gemacht worden waren, so dass vieles
unfertig und stümperhaft wirke. Manchmal nerve sie schon allein der An-
blick. Am liebsten wäre es ihr, wenn sie ihr Haus wieder verkaufen würde,
doch leider spiele ihr Mann da nicht mit. Ich bestätigte Frau Ziller in ihrer
Ansicht und bot ihr an, sie dabei zu unterstützen, wie sie es schaffen könnte,
ihren Psychiater davon zu überzeugen, dass das Orap ausgeschlichen werden könne. Da mir Frau Ziller berichtete, dass ihr Psychiater bereits dreimal
dazu bereit gewesen war, das Orap abzusetzen, ging ich – naiverweise davon aus – dass der Psychiater gegen einen weiteren Versuch *mit* psychotherapeutischer Unterstützung nichts einzuwenden hätte.

Wieder ging Frau Ziller nach diesem Gespräch zu ihrem Psychiater und
sagte ihm, dass sie sich nicht mehr psychisch krank fühle und ich gesagt
hätte, dass es sinnvoll sei, das Orap abzusetzen. Frau Ziller versuchte als

Argumentationshilfe meine angebliche Meinung anzuführen. Ich muss hier allerdings richtig stellen, dass ich Frau Ziller nicht gesagt habe, sie solle Orap absetzen, ich habe ihr nur angeboten, sie dabei zu unterstützen, wenn das ihr Wunsch sei. Generell würde ich keinem Klienten/keiner Klientin von meiner Seite aus raten, er/sie solle seine/ihre Neuroleptika absetzen, weil ich damit gegen ein kund/inn/enorientiertes Vorgehen verstieße und meine Klient/inn/en in Loyalitätskonflikte zwischen Psychiater/in und Psychotherapeut stürzen könnte. Wie zu erwarten und folgerichtig, fühlte sich ihr Psychiater in seiner Berufsehre verletzt und bestand darauf, dass es keine Möglichkeit gebe, das Orap abzusetzen, wolle sie nicht riskieren, wieder psychotisch zu werden – obwohl ihr Psychiater zuvor dreimal mit ihr diesen Versuch unternommen hatte. Zudem sei das halt der typische Standpunkt eines Psychologen, aber bei ihrer Erkrankung sei sie auf eine medikamentöse Behandlung angewiesen; denn es handele sich ja um eine biochemische Stoffwechselentgleisung des Gehirns, die nur mit Neuroleptika unter Kontrolle gebracht werden könne. Wieder rief mich Frau Ziller an und beendete die Therapie bei mir, weil ihr Psychiater gesagt habe, dass Psychotherapie in ihrem Falle nichts bringen würde.

Nach etwa einem Monat rief mich Frau Ziller nochmals an und bat wieder um einen Termin, den ich ihr gerne gab. In diesem Gespräch sagte sie mir, dass sich nun eine neue Entwicklung ergeben habe, da sich ihre finanzielle Lage verschärft habe und sie nun zur Schuldnerberatung gehen müsse. Diese Entwicklung stimmte sie zuversichtlich, weil sie dadurch die Möglichkeit bekäme, ihren Mann davon zu überzeugen, dass sie ihr Haus verkaufen müssten. In der nächsten Stunde sagte Frau Ziller, dass sich in der Schuldnerberatung tatsächlich herausgestellt habe, ihr Haus sei nicht zu halten. Ihr Mann sei auch dabei gewesen und habe einem Verkauf schließlich zugestimmt, nun sei sie sehr erleichtert und stelle sich vor, dass sie zukünftig nur noch halbtags arbeiten müsse. In den darauf folgenden Sitzungen stabilisierte sich Frau Zillers Situation immer mehr, so dass sie sich schließlich entschloss, die Psychotherapie zu beenden. Einige Monate später traf ich mich privat mit dem behandelnden Psychiater von Frau Ziller. Mittlerweile hatte er den Eindruck bekommen, dass es Frau Ziller, nachdem klar geworden war, dass das Haus nicht mehr zu halten war, psychisch so gut ging und sie sich nun so weit stabilisiert habe, dass sie auch ohne Psychopharmaka gut zurechtkomme, so dass er nun dem Wunsch von Frau Ziller entsprach und die Psychopharmaka absetzte, was ebenfalls ohne Komplikationen verlief.

An diesem Fallbeispiel wird ersichtlich, dass selbst wenn ein/e Klient/in den Wunsch hat, Psychopharmaka abzusetzen, man – um dieses Ziel zu befördern – sehr umsichtig vorgehen muss, damit Psychiater/innen nicht in ihrer Berufsehre verletzt werden und ein derartiges Ziel vehement verneinen. Wer möchte sich denn schon als Psychiater/in von einem (Psychologischen) Psychotherapeuten vorschreiben lassen, welche Psychopharmaka abgesetzt werden sollen? Wenn dieser Sachverhalt nicht genügend berücksichtigt wird, dann droht – wie aus diesem Fallbeispiel deutlich wird – der Abbruch der Psychotherapie. Deshalb rate ich mittlerweile meinen psychotisch definierten Klient/inn/en, die den Wunsch haben, ihre/n Psychiater/in davon zu überzeugen, Psychopharmaka zu reduzieren bzw. abzusetzen, nicht damit zu argumentieren, dass ich als Psychotherapeut auch dieser Meinung sei, weil das – wenn man sich die Auswirkungen genau betrachtet – eher zu gegenteiligen Reaktionen führt. Mit Hilfe der Frage „Was glauben Sie, wie würde Ihr/e Psychiater/in reagieren, wenn Sie ihm/ihr mitteilten, ich als Psychotherapeut hätte Ihnen geraten, die Medikamente abzusetzen?" lassen sich solche Auswirkungen leicht erkennen. Wenn sie den/die Psychiater/in wirklich überzeugen möchten, dann ist es meines Erachtens am sinnvollsten, wenn sie von sich ausgehen und sagen, dass das allein ihr Wunsch sei und dass sie das Risiko auf sich nehmen, eventuell wieder psychotisch zu reagieren, dass sie aber aus diesem Grunde sich besonders genau beobachten, um sofort bei den kleinsten Anzeichen einer beginnenden psychotischen Reaktion für psychopharmakologische Abhilfe sorgen werden. Hierdurch zeigen sie nämlich, dass sie selbst die Verantwortung für sich übernehmen.

4. Die psychotherapeutische Nutzung von Psychiater/innen und psychiatrischen Institutionen

Wie bereits von mir beschrieben, müssen gute Psychiater/inn/en einen besonders scharfen klinisch-diagnostischen Blick auf ihre Patient/inn/en richten, damit jede Abweichung vom Normalen, jede Störung, möglichst schnell bemerkt wird und regulierende Maßnahmen ergriffen werden können. Psychiater/innen und psychiatrische Institutionen haben eine gesellschaftlich verankerte soziale Kontrollfunktion, die mit diesem klinisch-diagnostischen Blick korrespondiert: Wer sich anderen gegenüber „verrückt", also abgerückt von den herrschenden Konventionen und Kommunikationsregeln verhält, und gleichzeitig mit seinem Verhalten (Sprechen, Tun und Unterlassen) zum Ausdruck bringt, dass er für sich selbst bzw. für andere gefährlich werden könnte, wird zu einem „psychiatrischen Fall", zu einem Menschen also, der aus Gründen der Sicherheit für sich selbst und andere sozial kontrolliert wird. Psychopharmaka, insbesondere Neuroleptika, können als Mittel angesehen werden, die auf biochemischer Ebene soziale Kontrolle ausüben, indem bestimmte Handlungen (Gedanken, Gefühle, Verhaltensweisen) unterdrückt und blockiert werden. Ich muss an dieser Stelle nicht extra erwähnen, dass sie nicht spezifisch nur verrücktes bzw. psychotisches Verhalten unterdrücken, sondern auch auf alle anderen Verhaltensweisen dämpfend wirken, was von den Betroffenen oft sehr unangenehm erlebt wird.

Psychotherapeut/inn/en sollten – wenn sie ihre Arbeit gut machen möchten – einen besonders geschärften Blick auf die Kompetenzen, Ressourcen und positiven Eigenschaften ihrer Klient/inn/en richten, die im psychotherapeutischen Gespräch genau herauszuarbeiten sind und mit Hilfe hilfreicher und anregender Interventionen systematisch verstärkt werden sollen. Bei der Psychotherapie psychotisch diagnostizierter Menschen kann der/die Psychiater/in quasi als Kontrollinstanz dafür genutzt werden, ob der/die Klient/in entsprechende Fortschritte gemacht hat; denn wenn selbst der/die Psychiater/in den Eindruck gewinnt, dass sich der/die Betroffene unter seinem/ihrem kritischen Blick sozialadäquat verhält, so ist das wie die Bewältigung einer schwierigen Bewährungsprobe, was das Selbstvertrauen ungemein stärken kann. Oder anders formuliert: Wenn ein/e Psychiater/in sagt, dass das gezeigte Verhalten normal ist, dann kann man davon ausgehen, dass man von anderen Menschen ebenso wahrgenommen wird.

5. Bedingungen für eine optimale Kooperation

Zum Schluss möchte ich nochmals auf die Bedingungen für eine optimale Kooperation bei größtmöglicher Unterschiedlichkeit der Wirklichkeitskonstruktionen zwischen Psychiater/inne/n und Psychotherapeut/inn/en zurückkommen. Um eine derartige Kooperation möglich zu machen, sollte folgender Grundsatz gelten: Die Aufgabenbereiche der beiden Berufsgruppen sollten so klar wie möglich unterschiedlich definiert sein. Psychiater/innen bzw. psychiatrische Institutionen im Allgemeinen sind für die soziale Kontrolle und die Vergabe von Psychopharmaka zuständig, während Psychotherapeut/inn/en problemlösende Gespräche führen. Negativ formuliert gilt: Psychotherapeut/inn/en sollten nicht versuchen, Psychiater/inne/n vorzuschreiben, ob und in welcher Höhe sie Psychopharmaka verschreiben sollen. Und Psychiater/innen sollten nicht versuchen, Psychotherapeut/inn/en zu erklären, ob und wie sie ihre psychotherapeutischen Gespräche zu führen haben.

Bei Annahme größtmöglicher Unterschiedlichkeit zwischen den beiden Berufsgruppen reicht es für eine optimale Kooperation zum Wohle der Patient/inn/en bzw. Klient/inn/en, sich auf den kleinsten gemeinsamen Nenner, die „statements of common sense", zu einigen. Im Einzelnen handelt es sich dabei um folgende Aussagen:

1. Im Allgemeinen ist es besser, ohne Medikamente leben zu können, als mit ihnen leben zu müssen.
2. Das Risiko psychotischer Verhaltens- und Erlebensweisen ist bei Neuroleptika-Einnahme geringer als ohne.
3. Selbst wenn über eine bestimmte Zeit konstant Neuroleptika eingenommen werden, deren Dosis so bemessen ist, dass sie noch ermöglichen, für sich selbst zu sorgen, kann das allein nicht vor psychotischen Verhaltensweisen schützen.
4. Der Vorteil, dass es unwahrscheinlicher ist bei einer bestimmten Erhaltungsdosis psychotisch zu reagieren, hat aber auch den Nachteil, dass damit neuroleptikaverursachte Lebenseinschränkungen und andere (Neben-)Wirkungen in Kauf genommen werden, wodurch Entwicklungsmöglichkeiten reduziert werden.
5. Wenn jemand keine Neuroleptika mehr nehmen will, kann man ihn/sie schlecht auf Dauer dazu zwingen, tut man es doch, so hat das in der Regel sehr negative Konsequenzen: Der/die Betroffene fühlt sich als Opfer und übernimmt im Laufe der Zeit immer weniger Verantwortung, weil er/sie sich zurecht fremdbestimmt erlebt.

6. Die Vermeidung und frühzeitige Erkennung eines Rückfalls ist mit psychotherapeutischer Unterstützung höher als ohne.

7. Allein aus pragmatischen Gründen ist es für Psychotherapeut/inn/en sinnvoller, davon auszugehen, dass für psychotische Erlebens- und Verhaltensweisen psychische Ursachen verantwortlich sind.

8. Allein aus pragmatischen Gründen ist es für Psychiater/innen sinnvoller, von der grundsätzlich biologisch bedingten Gestörtheit ihrer Patient/inn/en auszugehen, weil hierdurch ihr kritischer und klinisch-diagnostischer Blick für Abweichungen geschärft wird.

9. Jeder Mensch sollte das Recht haben, die Einnahme von Psychopharmaka abzulehnen, selbst wenn die Wahrscheinlichkeit psychotischer Reaktionen hierdurch vergrößert wird.

Ich denke, wenn man sich auf diese Aussagen als kleinsten gemeinsamen Nenner einigen könnte, dann steht einer guten Kooperation zwischen Psychiater/inne/n und Psychotherapeut/inn/en nichts mehr im Wege.

F) Kritik der psychiatrischen Diagnostik – Implikationen und Konsequenzen des „diagnostischen Blicks" in der Biologischen Psychiatrie[44]

1. Einleitung und Problemstellung

Auf dem Gebiet ver-rückter – von der Norm abgerückter – Verhaltens- und Erlebensweisen, die in der Schulpsychiatrie als so genannte endogene Psychosen firmieren, ist meines Erachtens noch einiges an Pionierarbeit zu leisten. Unser Wissen über die Eigenart und Genese „psychotischer" Phänomene ist sehr begrenzt, und bisher sind auch alle Versuche fehlgeschlagen, organische Ursachen nachzuweisen. Psychologische Erklärungen des Wahnsinns stießen – oft gegen den Widerstand der Psychiater – erst in den letzten Jahren auf öffentliche Resonanz, hatten aber – abgesehen von der Systemischen Psychotherapie – keinen wesentlichen Einfluss auf die Therapie der „Psychosen". Die Ursache hierfür liegt meines Erachtens in der Dominanz des somatischen Paradigmas der Biologischen Psychiatrie. Freud konnte zwar dem „Reich der Psychiatrie" die sog. neurotischen Störungen entreißen, doch scheute er sich, „psychotische" Personen psychoanalytisch zu therapieren und überließ sie der psychiatrischen Behandlung.

In der herkömmlichen Schulpsychiatrie wird – wie ich noch zeigen werde – die organische Bedingtheit der „endogenen Psychosen" einfach als Postulat gesetzt und eine Taxonomie der sog. psychopathologischen Erscheinungen aufrecht erhalten, die nicht den beobachteten Phänomenen geschuldet ist, sondern ihnen von außen mehr oder weniger übergestülpt wird. Das diagnostizierte psychiatrische Krankheitsbild tritt dann meist an die Stelle des individuellen „psychotischen" Verhaltens und Erlebens.

Die Funktion dieser Klassifizierungsmacht besteht in der Verfügbarmachung und Kontrollierung normabweichenden Verhaltens unter dem wissenschaftlichen und öffentlichen Legitimationsdruck, dem die Psychiatrie ausgesetzt ist: Analog der Körpermedizin werden dann Diagnosen gestellt, danach Maßnahmen und Behandlungen eingeleitet, die den Schein wissenschaftlicher Abgesichertheit haben und bei mehr oder weniger allen Beteiligten Akzeptanz finden. Die Psychiatriebetroffen selbst übernehmen in der Regel die psychiatrische Terminologie, in dem Versuch, die beängsti-

---

[44] Dieser Artikel wurde bereits 1992 im Forum Kritische Psychologie 29 veröffentlicht. Er wurde von mir in der hier vorliegenden Fassung leicht verändert.

gende Unfassbarkeit der eigenen Erfahrungen in den Griff zu bekommen und die Verantwortung für sich selbst an andere abzugeben. Der Umstand, dass Behandlungen, wie Psychopharmaka und Elektroschock, „Besserungen" in dem Sinne nach sich ziehen können, dass der Betroffene sein „Symptom" in sich zurücknimmt, sich unauffällig gibt – um weitere Behandlungen dieser Art von sich abzuwenden – und manchmal sogar tatsächlich mit dem Leben wieder zurechtkommt, besagt nichts über die Bedingungen und Gründe solcher „Erfolge".

Die psychiatrische Taxonomie, Diagnostik und Behandlung hat nun nicht nur legitimatorische Funktion hinsichtlich der Außendarstellung der Psychiatrie, sondern bildet zwangsläufig auch die Grundlage für die Regulierung der institutionellen und interpersonalen Beziehungen innerhalb der psychiatrischen Anstalt. Diese Beziehungen müssen so gesteuert und gedeutet werden, dass die jeweiligen Diagnosen als gerechtfertigt und die Behandlung der Patienten sinnvoll und vertretbar erscheinen.

Ausgehend von meinen eigenen Erfahrungen als Praktikant in einer psychiatrischen Klinik sind mir einige solcher Strategien der Psychiatrisierung deutlich geworden, wobei die „Schaffung" von Realität und die Abwehr von Gegenevidenz durch eine spezifische psychiatrische Wahrnehmungsstruktur, die sich mir als „psychiatrisch-diagnostischer Blick" aufdrängte, immer mehr in den Mittelpunkt meiner Erfahrungen rückte.

Anmerken möchte ich noch Folgendes: In den letzten 12 Jahren habe ich verschiedene psychiatrische Kliniken unter anderem als Supervisor kennen lernen können, so dass ich mittlerweile davon überzeugt bin, dass viele der von mir gemachten Beobachtungen nicht auf alle psychiatrischen Institutionen übertragen werden können. Für die Biologische Psychiatrie dürften sie ihre Geltung aber behalten.

2. Zur Praxis der psychiatrischen Diagnostik

Während eines Praktikums in einer biologisch orientierten psychiatrischen Klinik hatte ich Gelegenheit, das „Innenleben" der Psychiatrie eingehend kennen zu lernen. Dabei konnte ich beobachten, dass der diagnostische Prozess und besonders die Unterscheidung zwischen sog. neurotischen und psychotischen Störungen mehr von dem Diagnostiker und dem institutionellen Kontext bestimmt wird als von den beobachteten Verhaltensauffälligkeiten der Patienten.

Da ich aufgrund meiner Funktion als Praktikant per definitionem auf der Seite des Anstaltspersonals stand, hatte ich – mit einem eigenen Universalschlüssel ausgerüstet – Zugang zu allen Klinikbereichen und konnte zudem alle wesentlichen Gremien und Versammlungen besuchen: Im Einzelnen nahm ich an den Stations-, Oberarzt- und Chefarztvisiten sowie deren Nachbesprechungen, an dem als Gruppentherapie bezeichneten Stationsgespräch und dessen Supervision, an den Stationsteambesprechungen, an den Klinikkonferenzen und anstaltsinternen Fortbildungsveranstaltungen der Ärzte und Psychologen teil. Ferner hatte ich das Recht, sämtliche Krankenakten der untergebrachten Patienten einzusehen.

Besonders interessierte ich mich für folgende Fragestellungen:
1. Welcher Art ist das Verhältnis zwischen Personal und Patienten?
2. Mit welchem Blick, mit welcher Wahrnehmung betrachten die Mitarbeiter, insbesondere die Psychiater, die Patienten?
3. In welcher Weise werden Diagnosen getroffen?
4. Wie wirkt sich das psychiatrische Krankheitskonstrukt praktisch aus?

Um diese Fragen beantworten zu können, musste ich zunächst die wesentlichen Bestimmungsmomente der intrainstitutionellen Organisationsstruktur erfassen. Die beiden wichtigsten seien hier genannt:

Erstens stellte ich fest, dass das Anstaltsleben von einer strengen Hierarchie zwischen den einzelnen in der Anstalt tätigen Berufsgruppen und unter den Inhabern unterschiedlicher Statusränge innerhalb derselben Berufsgruppe beherrscht wurde. An der Spitze dieser Hierarchie stand der Chefarzt, dem der stellvertretende Leiter der Anstalt folgte. Dann kamen in absteigender Stufenfolge: Oberarzt, Stationsarzt, Psychologen, Oberschwestern, Schwestern, Pfleger, Sozialarbeiter und Beschäftigungstherapeuten. Nach dieser Hierarchieordnung waren die untergeordneten Berufsgruppen bzw. Statusränge den übergeordneten rechenschaftspflichtig und wurden von diesen kontrolliert und zuweilen zurechtgewiesen, was ein Klima der Angst erzeugte. Zweitens beobachtete ich eine fast absolute Abgrenzung des Anstaltspersonals von den Patienten. Ich hatte den Eindruck, dass das Personal versuchte, sich möglichst von den Patienten fern zu halten und die meiste Zeit im Stationszimmer verbrachte, zu dem die Patienten nur in Ausnahmefällen Zugang hatten. Hier herrschte eindeutig die Angst vor einem „zu engen" oder gar persönlichen Kontakt zu den Patienten vor.

Wie eindeutig festzustellen war, wirkte sich diese „Spaltung" zwischen Personal und Patienten entscheidend auf die Wahrnehmung der Patienten durch das Klinikpersonal aus. Die Patienten wurden in erster Linie als „psychisch krank" wahrgenommen, und jede Verhaltensäußerung wurde in dieser Hinsicht beobachtet und registriert. Ich hatte den Eindruck, dass alles, was ein Patient tat oder unterließ, als Ausdruck seiner „psychischen Krankheit" interpretiert wurde: Klagte ein Patient über die unangenehmen Wirkungen seiner Medikation, wurde er als klagsam bezeichnet; verweigerte ein Patient die Medikation, wurde er als krankheitsuneinsichtig oder gar querulatorisch eingestuft; schlief ein Patient untertags, wurde das seiner „Krankheit" zugeschrieben und nicht etwa der sedierenden Wirkung der verabreichten Psychopharmaka.

Das einzige Kriterium dafür, ob sich der Patient krankheitseinsichtig zeigte – und das musste er, wollte er möglichst bald entlassen werden – bestand darin, ob er die Medikation annahm oder nicht. Wenn er sie ablehnte, weil er aus früheren psychiatrischen Behandlungen die äußerst unangenehmen und mitunter gefährlichen Folgen besonders von Neuroleptika kannte, wurde er automatisch als krankheitsuneinsichtig diagnostiziert, was als Kennzeichen einer schwereren Form von Psychose galt. In der Folge versuchte dann das Stationspersonal, den Patienten davon zu überzeugen bzw. ihn dahingehend zu überreden, doch die verordneten Psychopharmaka einzunehmen, denn deren Einnahme sei das Einzige, was ihm wirklich helfen könne. Verweigerte er dennoch beharrlich die Medikation, so wurde er – was ich selbst miterleben konnte – als behandlungsunwillig aus der Anstalt verwiesen, ohne ihn in irgendeiner Weise an eine andere Institution weiterzuvermitteln.

Obwohl die psychiatrisch Tätigen im Grunde die „unerwünschten" Wirkungen von Psychopharmaka, insbesondere Neuroleptika[45], kennen sollten,

---

[45] Neuroleptika wirken blockierend auf das dopaminerge Transmittersystem im Gehirn und verursachen hierdurch extrapyramidalmotorische Symptome: Frühdyskinesien (Bewegungszwang (Akathisie), unwillkürliche Zungen- und Schluckbewegungen, Krämpfe der Wangen- und Nackenmuskulatur etc.), das Parkinsonoid (Bewegungsarmut, reduzierte Mimik etc.) und irreversible Spätdyskinesien (choreathetotische Bewegungen, Schmatzbewegungen, unwillkürliche Mund- und Zun-

herrschte doch eine große Verunsicherung darüber, ob das eigenartige Verhalten der Patienten – wie bspw. nicht ruhig sitzenbleiben zu können, sich ständig bewegen zu müssen, zu zittern, müde und erschöpft zu sein, sich nicht mehr richtig konzentrieren zu können – nun den eingenommenen Neuroleptika oder der vermuteten „psychischen Krankheit" zuzuschreiben sei.

Als Beispiel für diese psychiatrische Konfusion möchte ich einen besonders eindrücklichen „Fall" schildern: Ein Patient, der bei mir ein sog. Konzentrationstraining absolvierte, das darin bestand, Intelligenztestaufgaben zu lösen, klagte darüber, dass er sich nicht mehr so gut konzentrieren könne, seitdem er auf ein anderes neuroleptisches Präparat „umgestellt" worden sei. Außerdem hegte er den Wunsch, seine Psychopharmaka wegen ihrer für ihn äußerst unangenehmen Wirkungen zu reduzieren. Als er der Stationsärztin von seinen verstärkten Konzentrationsschwierigkeiten erzählte, schrieb die Stationsärztin sie seiner „Psychose" zu und erhöhte die neuroleptische Dosis mit der Begründung, dass die verabreichte Menge des Neuroleptikums wohl noch nicht ausreichend gewesen sei, um die sog. neuroleptische Schwelle – also das Einsetzen eines „antipsychotischen" Effekts, der sinnigerweise am Auftreten extrapyramidaler Bewegungsstörungen (Hyperkinesen) festgemacht wird – zu überschreiten. Das Resultat dieser Dosiserhöhung bestand darin, dass sich der Betreffende noch schlechter konzentrieren konnte. Als er dies wieder zur Sprache brachte, wollte die Stationsärztin nochmals die Dosis erhöhen, wogegen ich allerdings intervenierte. Schließlich veranlasste sie, dass das Neuroleptikum schlagartig abgesetzt wurde, wohl wissend, dass hierdurch das gesamte Transmittersystem des Gehirns aus dem Gleichgewicht geraten und die Konzentrationsfähigkeit nur noch weiter in Mitleidenschaft gezogen würde. Das geschah, obwohl der Patient eine langsame Reduzierung für sich erbeten hatte, bis alle Folgen des Neuroleptikums verschwunden seien. Mit dem Argument, dass eine weitere Verschlechterung der Konzentrationsfähigkeit durch das plötzliche Absetzen des „Medikaments" eingetreten sei, sollte der Patient offensichtlich in manipulativer Weise dazu gebracht werden, Ein-

---

genbewegungen etc.). Das Einsetzen von Frühdyskinesien wird als Indiz dafür genommen, dass das Neuroleptikum „antipsychotisch" wirksam geworden ist. Zwischen den erwünschten und den unerwünschten Wirkungen lässt sich daher in der Praxis kaum plausibel unterscheiden: Aufgrund der partiellen Blockierung der Überträgerstoffe des Gehirns kommt es zu einer allgemeinen Hemmung des Denkens, Fühlens und der Motorik. Die sog. produktive Symptomatik wird dabei genauso unterdrückt wie die allgemeinen Lebensvorgänge.

sicht in die scheinbare Notwendigkeit der psychopharmakologischen Behandlung zu zeigen. Da das Behandlungskonzept der Klinik bei „psychotischen" Patienten primär auf die Verabreichung von Psychopharmaka ausgerichtet war, sah ich es als vergeblich an, mit der Ärztin über ihre Handlungsweise zu reden, sondern sprach den betroffenen Patienten selbst an, um ihn zu ermuntern, aktiv auf seine Behandlung Einfluss zu nehmen.

Aufgrund der verschiedenen Visiten, in denen es ausschließlich um die Ermittlung der „richtigen" psychiatrischen Diagnose und der aus ihr abgeleiteten – „indizierten" – psychopharmakologischen Behandlung ging, und anhand der Krankenakten konnte ich feststellen, dass in der Regel dann eine „Psychose" diagnostiziert wurde, wenn der betroffene Patient entweder schon einmal in einer psychiatrischen Anstalt behandelt worden war oder über die Ursachen seines psychischen Leidenszustands nichts berichten wollte oder konnte. Wer dagegen das erste Mal psychiatrisch behandelt wurde oder sehr genau seine persönliche und soziale Situation, unter der er litt, schildern konnte, wurde eher als nur neurotisch eingestuft. Hierdurch erhielt er das Privileg, zum einen nur sehr niedrig medikamentiert zu werden und zum anderen psychotherapeutische Gespräche in Anspruch zu nehmen. Therapeutische Gespräche waren in der Regel den als psychotisch etikettierten Patienten verwehrt, da – nach Ansicht der Psychiater – eine Psychotherapie bei „Psychotikern" während der „akuten Phase" kontraindiziert sei – egal wie eindringlich sich der Patient Gespräche über seine Probleme wünschte.

Aus der beschriebenen psychiatrischen Diagnostik, die der institutionellen Struktur der Psychiatrie geschuldet ist, wird der seit KRAEPELIN vertretene Mythos einer irgendwie gearteten „inneren", endogenen Verursachung psychischer „Störungen" (aufgrund einer durch erbliche Veranlagung hervorgerufenen Gehirnstoffwechselstörung) teilweise begreifbar: Die institutionell aufgerichtete Distanz zwischen Psychiater und Patient, die jede wirkliche Vertrauensbeziehung verunmöglicht, erschwert es, über belastende Lebensereignisse bzw. über eine schwierige Lebenssituation zu berichten. Viele Patienten müssen diese Barriere so stark empfinden, dass sie den Sinn sprachlicher Mitteilung verlieren und sprachlos werden. In der Therapeutischen Wohngemeinschaft, die ich betreute und die derartige Grenzziehungen nicht aufwies, bot sich mir ein völlig entgegengesetzter Eindruck: Denn dort *wollten* die Bewohner mit Nachdruck über ihre Probleme, ihre Lebensgeschichte oder traumatische Kindheitserfahrungen sprechen. In der Klinik dagegen stellte ich besonders in Bezug auf die Psychiater ein sehr begrenztes Mitteilungsbedürfnis der Patienten fest, das von den Psychiatern – auf der anderen Seite der Barriere – als Indiz des Fehlens „äußerer Anlässe" für das psychische Leiden interpretiert bzw. als Krankheitssymptom (Mutismus) diagnostiziert wurde. Die Psychiater folgern aus der „Einsilbigkeit" ihrer Patienten, dass es sich um eine „endogene Psychose" handeln müsse, der durch Gespräche nicht beizukommen sei, wodurch sie den Teufelskreis der Sprachlosigkeit nur noch weiter vorantreiben.

Wie starr die Anstaltspsychiater an der Einstellung festhalten, dass Gespräche bei von ihnen als psychotisch diagnostizierten Patienten kontraindiziert seien, illustriert folgende von mir beobachtete Begebenheit:

Ein junger Mann, der sich in sichtlich erregtem und angespanntem Zustand freiwillig an die Klinik wandte, weil er sich erhoffte, dort durch Gespräche bei der Lösung seiner gravierenden persönlichen Schwierigkeiten unterstützt zu werden, verweigerte beharrlich die Einnahme der ihm verordneten Neuroleptika. Ihm wurde gesagt, dass er Gespräche mit dem Personal erst dann führen dürfe, wenn er Neuroleptika einnähme. Auf diesen Manipulationsversuch ließ er sich aber weiterhin nicht ein, wodurch sich die Fronten zwischen ihm und dem Klinikpersonal verhärteten: Das Klinikpersonal ignorierte ihn und seine Bitten um Gespräche konstant, ließ ihn quasi links liegen. Hierdurch wurde seine Situation immer prekärer: Einerseits hatte er offensichtlich große Angst, die Klinik zu verlassen, andererseits handelte er sich durch seine beharrliche Weigerung, die verordneten „Medikamente"[46] einzunehmen, Konflikte mit dem Personal ein, wodurch er zunehmend in Isolation geriet. In seiner Verzweiflung versuchte er nun, Unterstützung bei seinen Mitpatienten zu finden, was allerdings scheiterte; denn die Klinikpatienten waren ja ihrerseits bestrebt, den Anordnungen der Ärzte zu entsprechen und sich möglichst unauffällig zu verhalten. Hätten sie sich mit ihm solidarisiert, so hätten sie hierfür große Nachteile in Kauf nehmen müssen, wären womöglich später entlassen worden oder hätten eine Erhöhung der Psychopharmakadosen befürchten müssen; denn eine derartige Solidarisierung wäre unter dem „diagnostischen Blick" der Psychiater sicher als Krankheitszeichen gewertet worden. In seiner ausweglos erscheinenden Situation steigerte sich seine Verzweiflung und damit einhergehend seine aggressive Erregtheit zusehends: Er beschimpfte lauthals das Personal und klagte, dass die Patienten nicht ernst genommen, sondern wie kleine Kinder behandelt, infantilisiert würden. Gleichzeitig ärgerte es ihn, dass die

---

[46] Die Bezeichnung „Medikament" stammt aus dem Lateinischen (medicamentum) und bedeutet Heilmittel. Da die psychopharmakologische Behandlung von psychischen „Störungen" nicht heilend wirkt, sondern die „Symptome" unterdrückt, können Psychopharmaka auch nicht als Medikamente oder Heilmittel bezeichnet werden.

Patienten sich dies gefallen ließen und nicht zu ihm hielten. Die Patienten wiederum fühlten sich durch sein provozierendes Verhalten angegriffen und beschwerten sich ihrerseits über ihn. Daraufhin beriet das Personal, wie es mit diesem „querulatorischen" Patienten umgehen sollte: Allen Ernstes machte ein Stationsarzt den Vorschlag, ihn durch einen richterlichen Beschluss zwangseinweisen zu lassen, damit er auf der geschlossenen Station zwangsbehandelt werden könnte. Da der Patient aber in keiner Weise körperlich gewalttätig geworden war und weder Tätlichkeiten androhte, noch Selbstmordabsichten äußerte, lag kein rechtskräftiger Grund vor, der diese Maßnahme hätte rechtfertigen können. Dieser Sachverhalt war dem Stationsarzt klar, so dass er vorschlug, den „Störer" durch das Einschließen in ein Krankenzimmer zu einer tätlichen Handlung im Beisein eines Richters zu provozieren. Gegen die Rechtmäßigkeit dieses Vorgehens hatte der Oberarzt allerdings Bedenken, so dass das Stationsteam beschloss, den Patienten wegen Behandlungsunwilligkeit und fehlender Krankheitseinsicht aus der Klinik zu verweisen. Dieses Beispiel veranschaulicht sehr deutlich, wie eng und starr das psychiatrische Behandlungsschema für „Psychosen" ausgelegt und wie stark das psychiatrische Kontrollbedürfnis mit der psychiatrischen Diagnostik verzahnt ist.

Ein weiterer Fall zeigt m.E., wie mit Hilfe der psychiatrischen Diagnostik innerhalb des Klinikpersonals manipuliert wird, um bestimmte Behandlungen entweder zu fordern bzw. abzuwenden: Nach einer Visite schlug der Chefarzt der Klinik vor, bei einem etwa 50-jährigen Mann, der über Sinnlosigkeitsgefühle, Lust- und Antriebslosigkeit klagte, eine Elektroschock-Behandlung[47] in Erwägung zu ziehen. Nachdem der Chefarzt gegangen war, reagierten die beiden Stationsärzte auf diesen Vorschlag bestürzt; denn sie hielten eine derartige Behandlung für nicht notwendig, wagten es aber nicht,

---

[47] Bisher gibt es in der modernen Psychiatrie keine einheitlichen Richtlinien, bei welchen „psychiatrischen Krankheiten" eine Elektroschock-Behandlung indiziert sei: In Klinik werden „Schizophrene", in einer anderen „Manisch-Depressive" und in einer dritten „Depressive" mit dem Elektroschock behandelt – ein Indiz für die Beliebigkeit psychiatrischer Indikationsstellungen. In dieser psychiatrischen Anstalt mussten für eine Elektroschock-Indikation folgende Bedingungen erfüllt sein: Erstens musste eine sog. endogene Depression diagnostiziert worden sein, zweitens mussten alle anderen psychiatrischen Behandlungsmethoden versagt haben und drittens musste der Betreffende im Intelligenztest (HAWIE) überdurchschnittlich gut abgeschnitten haben. M.E. soll die dritte Indikationsbedingung die nach einer Elektroschock-Behandlung unweigerlich eintretenden irreversiblen Schädigungen der Gehirnsubstanz (Zerstörung von Gehirnzellen) und die damit einhergehenden psychischen Ausfälle kaschieren.

ihm offen ihre Meinung mitzuteilen. Mir selbst fiel die Aufgabe zu, den betreffenden Patienten mit dem HAWIE zu testen. Die beiden Stationsärzte meinten halb scherzhaft und halb ernst zu mir, ich solle doch möglichst schlechte Ergebnisse bei dem Intelligenztest des Patienten erzielen, weil ja dann die Gefahr einer Elektroschock-Behandlung gebannt sei. Hierdurch geriet ich selbst in ein Dilemma: Erklärte ich den Patienten für dumm, bewahrte ihn das vor einer Schock-Behandlung, stigmatisierte ihn aber gleichzeitig als minderbegabt. Tatsächlich erreichte er überdurchschnittliche Testergebnisse, worauf ich ihm riet, sich auf keinen Fall auf eine Schock-Behandlung einzulassen. Auf einer Stationsteambesprechung kam man zu meiner Erleichterung schließlich von einer Elektroschock-Behandlung ab und riet zu einer Einzeltherapie.

Das eigentliche Schlüsselerlebnis, das mich zur Kategorie des „diagnostischen Blicks" führte, hatte ich während einer der wöchentlich stattfindenden zweistündigen Fortbildungsveranstaltungen. Dort wurde den Psychiatern und Psychologen eine Video-Aufzeichnung eines vom Chefarzt der Anstalt durchgeführten psychiatrischen Interviews mit einer jungen Frau vorgeführt, die ich zufälligerweise aus einer von mir betreuten Therapeutischen Wohngemeinschaft kannte. Anhand dieser Aufzeichnung sollten die Teilnehmer der Veranstaltung eine „Skalierung" der bei der Patientin beobachteten „psychopathologischen Merkmale" nach dem AMDP-System[48] vornehmen. Aufgrund folgender Interviewsequenz (Gedächtnisprotokoll) konstatierten alle Anwesenden eine „formale Denkstörung" (Indiz für eine „Schizophrenie") bei der Patientin: Die Patientin berichtete dem interviewenden Chefarzt, dass sie während ihres Studiums zur Vorbereitung auf Prüfungen sehr viel Zeit aufwenden musste und praktisch keine freie Zeit mehr für sich zur Verfügung hatte, wodurch sie sich immer mehr sozial isolierte. Der Interviewer fragte sie daraufhin, ob sie sich von ihrem Studium „aufgefressen" fühlte. Hierauf verstummte die Patientin. Nach einer Pause fragte sie der Chefarzt, was mit ihr los sei. Sie antwortete, dass das Wort „aufgefressen" sie beschäftige; denn manchmal habe sie das Gefühl, von allem aufgefressen zu werden. Worauf der Psychiater erwiderte: „Aber Sie wissen doch, dass Sie nicht aufgefressen werden können?"

---

[48] Das AMDP-System wurde von der „Arbeitsgemeinschaft für Methodik und Dokumentation in der Psychiatrie" entwickelt. Es versucht „psychopathologische Merkmale" zu skalieren, um diese der elektronischen Datenverarbeitung zuführen zu können und um damit eine Vereinheitlichung psychiatrischer Diagnostik zu erzielen. Dies scheint ein verzweifelter Versuch zu sein, objektive Fakten vorzutäuschen, wo nur subjektive Bewertungen stattfinden.

Alle anwesenden Psychiater und Psychologen unterstellten, dass die Patientin das Partizip „aufgefressen" nicht in seiner metaphorischen, sondern in seiner wörtlichen Bedeutung aufgefasst habe. Sie kamen zu der einhelligen Überzeugung, dass es bei der Patientin zu dieser „konkretistischen Bedeutungsverwechslung" gekommen sei, weil die Patientin unter dem „schizophrenen Symptom" einer formalen Denkstörung leide. In Wahrheit aber hat der interviewende Psychiater das Partizip „aufgefressen" im metaphorischen Sinne eingeführt, es dann später in seiner wörtlichen Bedeutung selbst konkretistisch missverstanden und dies der Patientin untergeschoben. Hierzu ein treffendes Zitat der AMDP: „Die Entscheidung über Vorhandensein oder Fehlen eines psychopathologischen Merkmals ist meist mit ziemlicher Sicherheit zu fällen und wird bei lang dauernden regelmäßigen Explorations- und Dokumentations-Übungen auch mit hoher Übereinstimmung der Teilnehmer getroffen" (AMDP 1981, S. 29). Wahrscheinlich waren sich die anwesenden Psychiater und Psychologen auch deswegen in ihrer Fehlwahrnehmung einig, dass die konkretistische Denkstörung bei der Patientin liegen musste, weil sie andernfalls ihrem eigenen Chefarzt ein „schizophrenes Symptom" hätten anhängen müssen.

Nach dieser Fortbildungsveranstaltung habe ich mir die Frage gestellt, wie es zu der absurden Situation kommen konnte, dass den etwa 30 anwesenden Personen kollektiv eine formale Denkstörung unterlief, die sie nicht bei sich wahrnehmen konnten, sondern projektiv der Patientin unterjubelten. Dabei kam ich auf die Idee, dass dieses Phänomen nur durch die Annahme einer besonderen, institutionell vorgegebenen psychiatrisch-diagnostischen Wahrnehmungsstruktur der Psychiater/Psychologen zu begreifen ist. Durch diese und die vorher beschriebenen Beobachtungen zwang sich mir förmlich die Kategorie des „psychiatrisch-diagnostischen Blicks" auf.

3. Der diagnostische Prozess und seine Konsequenzen für die persönliche Identität des Diagnostizierten

Werden die Insassen einer psychiatrischen Anstalt dem „psychiatrisch-diagnostischen Blick" ausgesetzt, so hat die mit dem diagnostischen Prozess einhergehende psychiatrische Pathologisierung tief greifende Konsequenzen für die persönliche Identität und das Selbstverständnis der „Angeblickten".

Um die ganze Tragweite der Auswirkungen dieses diagnostischen Prozesses auf die Identität/Integrität des Diagnostizierten begreifen zu können, ist es zunächst notwendig, zwischen der umgangssprachlichen Diagnostizierung psychischer Auffälligkeiten, wie sie in den Adjektiven „ver-rückt", „irr", „gestört" zum Ausdruck kommt, und den psychiatrischen Diagnosen „Schizophrenie", „Psychose", „Manie", „Depression" etc. zu unterscheiden.

Schon die umgangssprachliche Diagnostizierung – wie sie besonders innerhalb der Familie von den Eltern als Erziehungsinstrument gegenüber ihren Kindern eingesetzt wird, um die Kinder zur Räson zu bringen – kann gravierende Folgen für das psychische Befinden haben und mag in vielen Fällen der psychiatrischen Diagnostizierung vorausgehen: Wenn ein Kind nämlich von seinen bedeutendsten Bezugspersonen, von denen es existentiell abhängig ist, wiederholt als ver-rückt bezeichnet wird, so kann es hinsichtlich seines Selbstbildes stark verunsichert werden und seine Normalität in Frage stellen. In der Regel wird es lernen, dass es bei Streitigkeiten oder Unstimmigkeiten zwischen ihm und anderen Personen den „Fehler" zunächst bei sich zu suchen hat. Aus diesem Grund wird es sich besonders bemühen, alles zu vermeiden, was von anderen als ver-rückt angesehen werden könnte. Dieses Vermeidungsverhalten kann dann wiederum im Extrem zum sozialen Rückzug und zur Isolation führen, was von den signifikanten Anderen (Schulfreunden, Lehrern) höchstwahrscheinlich gleichfalls als Zeichen von Nicht-Normalität gewertet wird.

Gleichzeitig steht und fällt eine positive persönliche Identität mit der sozialen Anerkennung, Bestätigung und Integriertheit: Wird nun das Kind, das schon in seiner Herkunftsfamilie – aus welchen Gründen auch immer – als ver-rückt etikettiert wurde, später als Erwachsener aufgrund seiner Unsicherheitsgefühle nochmals psychiatrisch diagnostiziert, muss sich konsequenterweise seine existentielle Verunsicherung und sein negatives und brüchiges Selbstbild noch verstärken, was weitere psychiatrische Etikettierungen zur Folge haben und schließlich zur „Chronifizierung" führen kann. Diese „ontologische Unsicherheit" (vgl. LAING, 1981; S. 33ff) als Folge eines Etikettierungsprozesses ließe sich m.E. auch als „Vulnerabilität" (Verletzlichkeit) begreifen, die also „gemacht" wird und nicht aufgrund genetischer Disposition entsteht. Um es klar zu stellen: Ich denke nicht, dass abweichendes Verhalten/psychisches Leiden bloße Folge eines Etikettierungsprozesses ist – die Verhältnisse sind weit komplizierter –, aber die Etikettierung kann *eine* gravierende Ursache von Identitätsproblemen sein.

Oft übernehmen die Bezugspersonen des psychiatrisch Diagnostizierten die psychiatrische Sichtweise und halten Ausschau nach „Krankheitszeichen", was zu einer zusätzlichen Verunsicherung führt. Mitunter kann er sich von ihren kritischen Blicken verfolgt fühlen. Von der sozialen Umwelt werden oft alle Formen von Gefühlsäußerungen bei psychiatrisch Diagnostizierten als „Krankheitszeichen" gewertet: Ist der Betreffende traurig, kann dies als depressives Symptom aufgefasst werden; ist er gut gestimmt oder gar glücklich, kann dies als erstes Anzeichen einer Manie missverstanden werden. So wurde beispielsweise eine etwa 40-jährige Frau, die seit mehreren Monaten unter heftigen Sinnlosigkeitsgefühlen, Depressionen und Apathie litt, für „manisch" gehalten, als sie nach mehreren therapeutischen Gesprächen wieder neuen Mut fasste, einen Einkaufsbummel unternahm und zum Friseur ging.

Um dieser automatischen Psychopathologisierung aus dem Weg zu gehen, sind die Betroffenen oft gezwungen, ihre soziale Welt zu teilen in jene Personen, die vom Stigma wissen dürfen, und solche, vor denen es zu verbergen ist. Aus diesem Grund wird der psychiatrisch Diagnostizierte darauf bedacht sein, möglichst wenig Emotionen zu zeigen (vgl. GOFFMAN, 1984; S. 25) und heftige Auseinandersetzungen zu vermeiden. Aus Angst vor seinen Gefühlen wird er versuchen, sich zwanghaft selbst zu beobachten und zu kontrollieren, doch gerät er hierdurch nur in einen neuen Teufelskreis: Zum einen kann die Unterdrückung der eigenen Gefühle und die ständige Selbstkontrolle auch als Indiz einer psychischen „Störung" gedeutet werden. Zum anderen besteht die Gefahr, dass die unterdrückten Gefühle doch irgendwann in einer bestimmten konflikthaften Situation durch einen nicht mehr zu kontrollierenden Ausbruch zum Ausdruck kommen.

Durch die psychiatrische Diagnose kommt es innerhalb des Individuums zu einer Spaltung in sog. gesunde und kranke Anteile. Hierdurch kann sich der Betroffene niemals ganz sicher sein, ob seine Gedanken, Gefühle, Vorstellungen, Handlungen etc. nun krank oder gesund sind: Sind seine Entscheidungsschwierigkeiten und Unsicherheiten schon Zeichen der „typisch schizophrenen Ambivalenz"? Ist seine Freude nicht Ausdruck inadäquat gehobener Stimmung? Sind seine Einschlafschwierigkeiten nicht schon Vorboten einer tiefen Depression?

Verstärkt wird dieser Prozess des „Sich-selbst-gegenüber-fremd-Werdens" (vgl. RIEMANN, 1987; S. 402ff), der Entfremdung und Depersonalisation, noch dadurch, dass die Patienten einer psychiatrischen Anstalt in der Regel dazu gezwungen werden, die psychiatrische Diagnose zu übernehmen, also Krankheitseinsicht zu beweisen, um entlassen zu werden. Für den Patienten gibt es kaum eine Möglichkeit, aus seiner Krankenrolle auszubrechen: Einmal als psychisch krank diagnostiziert, immer als psychisch krank angesehen. Durch die Übernahme der psychiatrischen Diagnose wird erreicht, dass sich der Patient zu sich selbst wie ein kontrollierender Psychiater verhält. Die beständige verunsichernde Selbstkontrolle wird institutionell gefördert, die Patienten durch diesen „Zwang zum Selbstzwang" leichter kontrollierbar.

Nachdem der psychiatrisch-diagnostische Blick sein „Objekt" erfasst hat, vollzieht sich also mit diesem eine Metamorphose: Je länger ein Mensch dem psychiatrisch-diagnostischen Blick ausgesetzt ist, um so mehr verliert er seine eigene Geschichte, seine eigene Identität, statt dessen übernimmt er die vermeintliche Wahrheit des ihn beurteilenden und klassifizierenden Blicks. Diese „Wahrheit" besagt, dass der Beobachtete nur bloßer „Träger" einer „psychischen Erkrankung" sei, die ihm als Fremdes gegenüberstehe und auf die er keinen direkten Einfluss mehr habe (Entkontextualisierung). Hierdurch verstärkt sich der Objektstatus des Angeblickten nochmals und der Psychiater tritt als allein handelndes und wissendes Subjekt in Erscheinung. Der objektivierte Patient erfährt zu der unterstellten Fremdbestimmung durch eine angenommene „psychische Krankheit" nochmals eine Verdoppelung der Fremdbestimmung durch die psychiatrische Behandlung. Schließlich identifiziert er sich paradoxerweise mit der erfahrenen Fremdbestimmung:

„ ‚Ich habe eine Depression', ‚Ich habe eine Psychose', so ähnlich wie ‚Ich habe eine Blinddarmentzündung' – die ganze leidvolle Konfliktsituation wird ausgelagert, zu einem *Ding* gemacht, das man besitzt, das aber nichts mit dem eigenen Leben zu tun hat. Der Kampf tobt sich auf einem sicheren Ablenkungsschauplatz aus: Den verlorenen Schlüssel unter der Straßenlaterne suchen, weil es dort heller ist" (LUGER 1990; S. 117).

Einerseits ist die psychiatrische Diagnose durch ihre soziale Stigmatisierung und Diskriminierung mit einer Reduzierung der Lebenschancen (z.B. durch Probleme bei der Partner- und Arbeitsplatzsuche) verbunden, andererseits bietet sie einen Schutz des Betroffenen vor den Anforderungen des Lebens, so dass sie ihm zum einen eine Entschuldigung für seinen Misserfolg bietet und zum anderen ihm so etwas wie „Narrenfreiheit" gewährt: „Du musst schon Verständnis dafür haben, dass ich nicht abwaschen kann, aber ich bin eben krank/kränker als du."

4. Institutionelle Aspekte des diagnostischen Blicks: Der psychiatrische Schutzwall

Die klinische Welt der Psychiatrie hat meines Erachtens die traditionellen psychiatrischen Krankheitskonzepte mit ihrem medizinischen Paradigma der Psyche weit mehr bestimmt als die tatsächlichen psychischen Phänome-ne, die ja eigentlich objektiv untersucht und kategorisiert werden sollten. Das Milieu der Anstalt, ihre institutionelle Organisationsform und ihre hier-archische Ordnung mussten zwangsläufig zu einer scheinbar scharfen Grenzziehung zwischen dem Personal und den Insassen, zwischen psy-chisch „gesund" und „krank", führen. Die medizinisch ausgerichtete An-staltsrealität sorgte für die künstliche Isolierung der Patienten von ihrem sozialen Kontext, so dass sich folgerichtig auch in den psychiatrischen Krankheitskonzepten psychosoziale Bedingungen nur als Randerscheinun-gen finden lassen. Der unmittelbare Einfluss des diagnostischen Prozesses, der mitunter identitätszersetzende und desintegrative Folgen haben kann, wurde als mitverursachende Komponente ver-rückten Verhaltens ausge-blendet. Außerdem muss sich zwangsläufig das Verhalten der Menschen unter den artifiziellen Bedingungen des Anstaltslebens verändern, da es sich ja an die neuen Begebenheiten der klinischen Welt anpassen muss.

Auch die Wahrnehmung des Psychiaters, sein diagnostischer Blick, wird von der Anstaltsrealität erfasst, durchdrungen und verzerrt. Diese institutio-nell bedingte Wahrnehmungsverzerrung korrespondiert nochmals mit der medizinisch ausgerichteten Ausbildung und dem entsprechenden individua-listischen Menschenbild der scheinbar naturwissenschaftlichen Psychiatrie. Die vermeintlich wissenschaftlich legitimierte, gesellschaftliche Definiti-ons- und Normierungsfunktion konzentriert sich in der institutionellen Psy-chiatrie. Dort ergreift sie sowohl die Insassen als auch das Personal.

GOFFMAN stellte in seiner Untersuchung über totale Institutionen, zu de-nen er u.a. Gefängnisse, psychiatrische Anstalten, Klöster, Armenasyle, Waisenhäuser rechnete, fest, dass diese sich durch eine formell vorge-schriebene soziale Distanz zwischen Personal und Insassen „auszeichnen" (vgl. GOFFMAN, 1986, S. 19). Diese soziale Distanz führt zwangsläufig zu einer reduktionistischen Sicht des Patienten, der nun als der ganz Andere wahrgenommen wird. Ein einfühlendes Verständnis für die besondere Lebenssituation und die persönliche Problematik als Ausdruck dieser Lebenssituation läßt dieser „distanzierte Blick" nicht zu.

Sobald die klinische Welt der psychiatrischen Anstalt und das damit untrennbar verbundene normative Wahrnehmungsmuster die Menschen in ihren Bann zieht, werden die beiden Klassen des psychiatrischen Systems – Personal und Patienten – von existentieller Unsicherheit und Angst erfasst. Auf Seiten des Personals verschwimmen nun die verinnerlichten und scheinbar klar abgrenzbaren Kriterien für „normales/gesundes" und „normabweichendes/krankes" Verhalten/Erleben/Fühlen/Denken aufgrund der konzentrierten Konfrontation mit ver-rückten Verhaltens- und Erlebensweisen und des gleichzeitigen institutionell vorgeschriebenen Zwanges, jedes Verhalten der Patienten beständig zu beobachten und unter diagnostischen Gesichtspunkten zu bewerten. Doch um die Grenzziehung zwischen Personal und Patienten und damit die Anstaltsordnung aufrecht zu erhalten, muss diese Verunsicherung vollkommen kaschiert werden. Würde sich nämlich das Personal mit dem Blick betrachten, den es auf die Patienten richtet, liefe es zwangsläufig Gefahr, selbst diagnostiziert, d.h. mit psychiatrischen Kategorien versehen zu werden: Dem „diagnostischen Blick" sind alle Angeblickten gleichermaßen unterworfen, in seiner Wahrnehmungsstruktur ist er ein totalitärer. Um also seiner automatischen Etikettierungs- und damit Stigmatisierungsfunktion entgehen zu können, schützt sich das Personal vor der Totalität des diagnostischen Blicks, indem es die gesellschaftliche Grenzziehung zwischen Normalität und Ver-rücktheit zu einer absolut unüberwindlichen Demarkationslinie stilisiert: Jedes Verständnis für das ver-rückte Verhalten der Patienten muss infolge dieser künstlich errichteten Distanz auf der Strecke bleiben, da sich per definitionem auf der einen Seite dieser Demarkationslinie die personifizierte „geistige Gesundheit" und auf der anderen Seite die Personifikation „psychischer Krankheit" befindet.

So dienen die weißen Kittel des Anstaltspersonals zum einen als Versinnlichung dieser psychiatrischen Demarkationslinie und zum anderen als Schutz des Personals vor ihrem eigenen diagnostischen Blick. Allerdings kann dieses rigide Schisma die Verunsicherung des Personals niemals ganz im Zaum halten, weil es kontinuierlich immer wieder aufgerichtet werden muss. Schließlich gelingt es nie vollständig, aus dem Bewusstsein zu streichen, dass es sich hier in Wahrheit nur um eine artifizielle Trennungslinie zwischen psychisch „gesund" und „krank" handelt, die sich treffend auch als „psychiatrischer Schutzwall" bezeichnen lässt. Dieser Schutzwall speist in einer Art Rückkopplungsschleife die Blindheit des diagnostischen Blicks, die eine doppelte ist: Zum einen kann das Personal da, wo es sich selbst anblickt, nun nichts mehr wahrnehmen, was ver-rückt ist, und zum anderen vermag es bei den Patienten nichts mehr mit Sicherheit zu erkennen, was nicht in eine psychiatrische Kategorie passt, nachdem einmal eine psychiatrische Diagnose gestellt worden ist. Und hier – also beim Blick auf die Patienten – verdoppelt sich die Blindheit nochmals, da das durch die bedrohliche, fremdbestimmte und funktionelle Realität der klinischen Welt induzierte Verhalten nicht als ein auf diesen Hospitalisierungsprozess reaktives verstanden wird. Die iatrogenen[49] Einflüsse während der Hospitalisierung, die das Verhalten der Patienten mehr oder weniger bestimmen, sind vor allem die Machtlosigkeit gegenüber dem Klinikpersonal, die Isolation von Bezugspersonen, die Mortifikation[50] durch Übernahme des Krankheitsstigmas und die Entpersönlichung aufgrund der distanzierten Behandlung als bloßes Objekt der Psychiatrie.

Dass die klinische Welt der Psychiatrie nicht heilsam, sondern in diesem Sinne ver-rücktmachend wirkt, widerspricht natürlich dem Ethos des Klinikpersonals, das durch diese Erkenntnis ein wichtiges sinnstiftendes Motiv für seine Arbeit verlieren würde.

Das psychiatrische Verständnis oder besser Missverständnis des menschlichen Wesens konstituiert nun aber gleichzeitig Realitäten, die sich individuell bei den Insassen psychiatrischer Kliniken manifestieren. Das bedeutet, die intrainstitutionelle „psychiatrische Spaltung" setzt sich im betroffenen und ihr unterworfenen Individuum als Abspaltung ver-rückter bzw. aufgrund des stattgefundenen diagnostischen Prozesses als „krank" erlebter Anteile fort. Die eigene Persönlichkeit kann so nicht mehr als „heil" (etymologisch geht „heil" auf „kailo-" (indogerm.) zurück, was „unversehrt, vollständig, ganz" bedeutet) erlebt und erfahren werden. Im Extrem kann dies tatsächlich zu einem psychiatrie-induzierten Persönlichkeitszerfall und Identitätsverlust führen, so dass sich das betroffene Individuum selbst nicht mehr versteht und sich von sich selbst entfremdet. Indem der Diagnostizierte nun auf einen bloßen Träger einer festgestellten „Geisteskrankheit", die den Charakter einer autonomen Entität annimmt und ihm fremd gegenüberstehen muss, reduziert wird, trägt sein Denken, Fühlen und Handeln das Signum der „psychischen Krankheit". Mit diesem Kainszeichen läuft er Gefahr – je mehr er an dieses Fremde als Autonom-Krankes glaubt – in existentielle Unsicherheit hinsichtlich seiner eigenen Identität/Integrität zu

---

[49] iatrogene (griech.) Krankheiten: durch Handlungen und Äußerungen des Arztes hervorgerufene Krankheiten/Störungen
[50] Mortifikation (lat.): *Kränkung*, Abtötung unerwünschter oder als gefährlich eingeschätzter Gefühle und Begierden

fallen: All seine Lebensäußerungen und Wahrnehmungen muss er jetzt daraufhin untersuchen, ob sie nicht Ausdruck der diagnostizierten „Geistes- krankheit" sind, weil sie eben gerade unter dem „Blick des anderen" Anlass waren, an seiner Normalität zu zweifeln. Seine Selbstreflexion wird so von einer beständigen Selbstdiagnose begleitet.

5. Voraussetzungen und Charakteristika des diagnostischen Blicks

5.1 Der psychiatrische Krankheitsbegriff

Um die Implikationen des psychiatrisch-diagnostischen Blicks wissen- schaftshistorisch nachzuvollziehen und theoretisch begreifbar zu machen, ist es notwendig, genauer auf den psychiatrischen Krankheitsbegriff einzu- gehen, da die psychiatrische Diagnostik untrennbar mit dem medizinischen Krankheitsparadigma verwoben ist. KURT SCHNEIDER (1887 - 1967), der zu den Vätern der biologisch orientierten Psychiatrie nach dem Zweiten Welt- krieg zählt und dessen „Klinische Psychopathologie" (1973) bis heute als Leitfaden der klinischen Diagnostik gilt, schreibt:

> „Der Krankheitsbegriff ist für uns gerade in der Psychiatrie ein streng medizinischer. Krankheit selbst gibt es nur im Leiblichen und „krankhaft" heißen wir seelisch Abnormes dann, wenn es auf krankhafte Organprozesse zurückzuführen ist. [...] Wir fundieren also den Krank- heitsbegriff in der Psychiatrie ausschließlich auf krankhafte Verän- derungen des Leibes. [...]
> Die der Zyklothymie und Schizophrenie zugrunde liegenden Krank- heitsvorgänge kennen wir nicht. Dass ihnen aber Krankheiten zugrunde liegen, ist ein sehr gut gestütztes Postulat, eine sehr gut begründete Hypothese" (1973; S. 7f).

Und weiter gibt SCHNEIDER zu:

> „Dass es außer den abnormen Spielarten seelischen Wesens und den durch Krankheit begründbaren seelischen Abnormitäten auch noch diese „endogenen Psychosen" (die Schizophrenien und die Zyklothymie – K.M.) gibt, ist das Ärgernis der Human-Psychiatrie. [...] Wir stehen [...] im Sinne eines heuristischen Prinzips zu der Hypothese und da- mit zu dem ‚krankhaft'" (ebd.; S. 10).

Tatsächlich muss heute nach fast 100-jähriger biologischer Forschung hinsichtlich des Nachweises einer spezifischen zerebralen Ursache der „endogenen Psychosen" festgestellt werden, dass weder spezifische morphologische noch physiologische Befunde gefunden werden konnten (vgl. SCHARFETTER, 1987; S. 32). Das bedeutet, dass erstens diese Hypothese alles andere als gut begründet ist und dass sie zweitens bis heute als heuristisches Prinzip versagt hat. Im Gegenteil: Es lässt sich viel begründeter behaupten, dass sie der Erkenntnisgewinnung bezüglich psychosozialer, lebensgeschichtlicher Ursachen ver-rückten Verhaltens und Erlebens hinderlich war und damit „antiheuristisch" ist. Der diagnostische Prozess transformiert also ver-rückte Verhaltensweisen aufgrund des psychiatrischen Glaubenssatzes einer biologischen Verursachung „psychotischen" Verhaltens per definitionem in eine medizinische Krankheit somatischen Ursprungs.

5.2 Das gesellschaftliche Ausgrenzungsparadigma

Die Geschichte der Psychiatrie und damit der psychiatrischen Diagnostik ist – wie MICHEL FOUCAULT in seiner 1961 erstmals erschienenen Studie „Wahnsinn und Gesellschaft" gezeigt hat – nicht von den gesellschaftlichen Mechanismen des Ausschlusses, der Ausgrenzung und der Isolierung zu trennen. So wie im hohen Mittelalter die Leprakranken vom öffentlichen Leben ausgeschlossen und in Leprosorien interniert wurden – was nach FOUCAULT ein Grund dafür war, dass die Lepra als Massenphänomen aus dem Abendland verschwand –, wurden die Wahnsinnigen schließlich im 17. Jahrhundert denselben gesellschaftlichen Werten, Bildern und Strukturen des Ausschlusses unterworfen. Gesellschaftlich bestand die Hoffnung, den Wahnsinn durch dasselbe Ausgrenzungsparadigma wie bei der Lepra zum Verschwinden zu bringen. Und so wurden große Internierungsstätten geschaffen – wofür z.T. noch die alten Leprosorien Verwendung fanden –, um zunächst all jene, die aus der aufgeklärten Gesellschaft gefallen waren (Arme, Landstreicher, Sträflinge und Verwirrte), unter Gewahrsam zu nehmen.

Der Diagnostizierungs- und Etikettierungsprozess setzt diesen gesellschaftlichen Mechanismus der Ausgrenzung in subtilerer Weise fort: Heute werden zwar die als „psychisch krank" Diagnostizierten in der Regel nicht auf Lebenszeit interniert, doch mit fast der gleichen Undurchdringlichkeit Leben lang an: Die anderen werden ihn als anders behandeln. Sie werden ihm gegenüber misstrauisch sein, vielleicht sogar Angst vor ihm haben. Er wird große Mühe haben, seine „Unschuld", seine Normalität zu beweisen, und Schwierigkeiten bekommen, seine Arbeit zu behalten oder eine neue zu finden.

5.3 Emil Kraepelin: Opfer des psychiatrisch-diagnostischen Blicks

Durch die Entwicklung immer differenzierterer und ausgefeilterer Aussonderungs- und Ausgrenzungsmechanismen der „Unvernünftigen" hat der „psychiatrisch-diagnostische Blick" eine progrediente Verschärfung erfahren: Als Selektionsinstrument wurde er rasiermesserscharf. Doch erblindete er nahezu vollkommen als Wahrnehmungsorgan für das, was den Wahnsinn ausmacht und ihn bedingt. Die heute gebräuchlichen psychiatrischen Klassifikationssysteme (ICD 10, DSM-III-R) mit ihren nosologischen Begrifflichkeiten gehen auf EMIL KRAEPELIN (1854 - 1925) zurück, der das Verhalten seiner Patienten unter klassifikatorischen Gesichtspunkten beobachtete und nach nosologischen Gesichtspunkten systematisierte. Dabei sammelte er alle unverständlichen, außergewöhnlichen Verhaltens- und Erlebensweisen, wertete diese als Symptome einer zugrunde liegenden Krankheit, sortierte sie nach Ähnlichkeitsmerkmalen und ordnete sie bestimmten, aus letzteren abgeleiteten Krankheitseinheiten zu, die er wiederum in ein mehr oder weniger geschlossenes nosologisches System brachte, wodurch er nun jedem Patienten „seine Krankheit" zuweisen konnte.

Damit KRAEPELIN ein solches psychiatrisches Klassifikationssystem entwickeln konnte, musste er einen komplizierten Transformationsprozess vornehmen, in den implizit eine Unmenge an Hypothesen, Vorannahmen und Vorurteilen eingingen. So nahm er an, dass es sich bei den beobachteten Verhaltensweisen um unverständliche handelte. Er nahm an, dass sie Krankheitssymptome darstellten. Er nahm an, dass diese Symptome nochmals unterschiedlichen Krankheiten zugeordnet werden könnten. Gleichzeitig flossen in KRAEPELINs Klassifikationssystem und in seine Beschreibung psychiatrischer Krankheitsbilder eine Vielzahl moralischer Verurteilungen ein, die er als solche allerdings nicht reflektieren konnte. Dies muss im Übrigen nicht verwundern, da der psychiatrisch-diagnostische Blick als sezierender nur in eine Richtung schauen kann: vom Subjekt (Psychiater) zum Objekt (Patient). In dieser Hinsicht war KRAEPELIN bloßes Opfer eines geschichtlich schon präformierten Blickes, einer historisch verankerten Wahrnehmungsstörung. Bis heute ist es nicht gelungen, den Mythos eines objektiv-wertfreien psychiatrischen Klassifikationssystems zu entlarven. So schreibt KLAUS DÖRNER:

„Das Kraepelinsche Diagnosen- und Krankheitsschema hat ... eine in der Wissenschaftsgeschichte ganz ungewöhnliche Stabilität erwiesen. Die Grundbegriffe – Psychose, Neurose, Psychopathie, Schizophrenie (bei KRAEPELIN eigtl. Dementia praecox – K.M.), manisch-depressive Krankheit usw. – sind auch heute unangezweifelte Kernstücke jedes in Forschung, Praxis und Lehre angewandten Diagnosenschemas; sie bilden so auch die Basis des psychiatrischen Alltags" (1981; S. 139).

5.4 Die Transformation des Wahnsinns in ein biologisches Ereignis

Die Einordnung des Wahnsinns in ein System von Krankheiten impliziert allerdings einen Transformationsprozess, den HERZOG wie folgt beschreibt:

„Der Arzt muss hermeneutisch vorgehen, er muss die Klagen (der Patienten – K.M.) interpretieren. [...] Er muss die besondere Krankheit identifizieren, die die Störung gesetzt hat und zwar als biologisches Ereignis. Er muss Diagnostik treiben. Zu diesem Zweck verlässt er die Mitteilungen und ihre Interpretation, begibt sich aus der sozialen in die biologische Ereignisebene und reduziert die Klage mit ihren vielen möglichen Ereignisverknüpfungen auf biologische Variablen. [...] Ein Arzt, der von der Klage direkt auf Krankheit oder Schädigung schließt, mag aus Erfahrung das Richtige treffen; naturwissenschaftlich handelt er nicht" (1984; S. 13f).

Festzuhalten bleibt hier, dass die Transformation der Klagen in biologische Sachverhalte und damit die Grundlage der psychiatrischen Diagnostik auf einem Glaubenssatz beruht. Sie stellt damit kein naturwissenschaftliches, sondern ein höchst spekulatives Vorgehen dar. Die Einordnung und Transformierung wahnsinniger Verhaltensweisen in eine „Botanik von Geisteskrankheiten" suggeriert zudem, dass es sich bei den diagnostizierten „Krankheiten" um quasi autonome Entitäten handelt, die ohne weiteres von ihrem „Träger" zu abstrahieren sind und quasi ein Eigenleben führen. So interessierte folgerichtig nur noch die Krankheitsgeschichte, welche einen vorherbestimmten naturgesetzlichen Verlauf haben sollte, und die „Krankengeschichte" geriet mehr und mehr in Vergessenheit (vgl. KEUPP, „Psychisches Leid als gesellschaftlich produzierter Karriereprozess", 1987). Indem sich der psychiatrisch-diagnostische Blick allein auf eine hypostasierte Krankheit und ihre Geschichte konzentriert, blendet er konsequent all das aus, was sich nicht in das psychiatrisch-medizinische Paradigma des Wahns einordnen lässt: Die distanzierte Eindimensionalität seiner Wahrnehmung raubt dem im Doppelsinne wahnsinnigen Leiden die individuell-biographische und damit gesellschaftliche Bedeutung. Dem Ver-rückten wird hierdurch jeglicher Sinn genommen. Sein Verhalten/Erleben/Fühlen/Denken wird ihm entrissen, indem es als sinnlos/unsinnig entwertet wird. Und so werden auch die individuellen lebensgeschichtlichen Erfahrungen/Verletzungen bedeutungslos, und es beginnt ein Prozess der Enteignung der Subjekthaftigkeit des betroffenen Menschen, indem er nur noch als Objekt des Arztes in Erscheinung tritt, der seine „Krankheit" behandelt.

6. Ausblick

Die spezifische Wahrnehmungsstörung, wie sie im diagnostischen Blick zutage tritt, und ihre negativen Konsequenzen können meines Erachtens niemals innerhalb des psychiatrischen Systems durch eine Berichtigung ihrer „Fehler" aufgehoben werden, da das Fundament der psychiatrischen Diagnostik selbst das Problem darstellt: Die Institution „Psychiatrie" und damit ihre gesellschaftliche Funktion basieren ja gerade auf der von mir aufgezeigten Wahrnehmungs- und Denkstörung. Die „Fehler" der psychiatrischen Diagnostik können also nur durch Beseitigung ihrer Ursachen behoben werden, also indem die Hypothese der Endogenese der „Schizophrenie", der „Depression" und der „Zyklothymie" auch als heuristisches Prinzip endlich aufgegeben und die psychiatrische durch eine psychosoziale Diagnostik aufgehoben wird. Konsequent durchgeführt könnte eine psychosoziale Diagnostik zu einer „Entpathologisierung der Psyche" führen: Normabweichende Verhaltens- und Erlebensweisen würden dann nicht als pathologische Symptome gedeutet, sondern als lebensgeschichtlich gewordene psychische Verarbeitungs- und Ausdrucksformen begriffen werden, die wiederum in einem spezifischen sozialen Kontext, einer bestimmten individuellen Situation und einer bestimmten Interaktion/Kommunikation entstehen und zum Ausdruck kommen.

G) Zum Schluss einige provokative Thesen

1. Die Untersuchungen der Familien mit einem sich psychotisch verhaltenden Mitglied von MARA SELVINI PALAZZOLI et al. (1992, S. 236-255) weisen in eine ähnliche Richtung wie die hier dargestellten Zusammenhänge. Allerdings gehen SELVINI PALAZZOLI und ihr Team davon aus, dass man zusätzlich zu engen Loyalitätsbindungen noch eine gestörte elterliche Beziehung annehmen muss. Aufgrund meiner praktischen Arbeit mit solchen Familien muss ich einer solchen Annahme jedoch widersprechen. Um psychotisches Verhalten und Erleben *hinreichend und vollständig* zu erklären, benötigt man – wie ich gezeigt habe – *allein* einen existentiell erlebten Ambivalenzkonflikt aufgrund extrem starker Loyalitätsbindungen. Das mag erstaunlich klingen, da es auf den ersten Blick dem gesunden Menschenverstand widerspricht, weil die Schwere der ins Auge springenden Symptomatik eine/n zur Vermutung nötigt, dass es hierzu auch gravierender Ursachen bedarf. System- und Chaosforschung haben jedoch gezeigt, dass minimale Ursachen auch extreme Auswirkungen haben können (Schmetterlingseffekt).

2. Zwischen psychotisch und neurotisch diagnostiziertem Verhalten und Erleben gibt es auf der systemisch-psychodynamischen Ebene zunächst weder einen prinzipiellen noch einen qualitativen Unterschied. Allerdings kommt bei psychotischen Problematiken – im Gegensatz zu neurotischen – hinzu, dass sie in der Regel sowohl von den Betroffenen selbst als auch von äußeren Beobachter/inne/n (Angehörige, professionelle Helfer/innen etc.) so erlebt werden, dass der sich psychotisch verhaltende Mensch nicht Subjekt dieser Verhaltensweisen ist, sondern ihr Objekt, er also für das eigene Verhalten und Denken nicht verantwortlich gemacht werden kann. Im juristischen Kontext führt das zum Konzept der Schuldunfähigkeit und im allgemeinen Verständnis zu der Ansicht der Unzurechnungsfähigkeit. Eine derartige Wirklichkeitskonstruktion halte ich deswegen für problematisch, weil sie psychotisches Verhalten durch die Zuweisung des besonders geschützten Raumes der Narrenfreiheit fördert. Warum sollte man für sein Unbewusstes nicht genau so verantwortlich sein wie für sein Bewusstes?

3. Die Hypothese, dass es sich bei psychotischen Erlebens- und Verhaltensweisen um Symptome einer zugrunde liegenden biologischen Erkrankung handelt, die wiederum nur Menschen mit einer genetischen Disposition trifft, hat meines Erachtens im entscheidenden Ausmaß dazu beigetragen, dass psychotische Phänomene aufgrund einer sich selbst erfüllenden Prophezeiung eine weit schlechtere Prognose ihrer Über-

windung und Lösung als die meisten anderen psychischen Probleme haben. Diese Hypothese fördert Chronifizierungsprozesse, die ein selbständiges Leben – frei von sozialpsychiatrischer Betreuung – be- wenn nicht gar verhindern. Längsschnittuntersuchungen hinsichtlich des Verlaufs psychotischer Phänomene scheinen diese Feststellung zu bestätigen: Es wurde beispielsweise nachgewiesen, dass die Prognose in Entwicklungsländern für psychotisch diagnostizierte Menschen signifikant günstiger ist als in Industrieländern, was meines Erachtens daran liegt, dass als schizophren diagnostizierte Menschen in Entwicklungsländern weit weniger unter körpermedizinischen Gesichtspunkten betrachtet und behandelt werden als in entwickelteren Ländern.

4. Die von Psychiater/inne/n angeführten Resultate von Zwillings- und Adoptionsstudien mögen alles Mögliche beweisen, die Erblichkeit von Schizophrenie jedoch mit Sicherheit nicht: Bei Konkordanzraten eineiiger Zwillinge für Schizophrenie von etwas mehr als 30% (vgl. die finnischen Studien von TIENARI), muss man sich die Frage stellen, wie sich der Mythos der Erblichkeit bis heute halten konnte. Vermutlich aufgrund der Drohung, die wissenschaftliche Reputation als Psychiater/in zu verlieren, haben faktisch alle Forscher/innen diese Konkordanzraten als Beweis der Erblichkeit fehlinterpretiert. Denn selbst wenn man zum einen annähme, dass die 30%ige Konkordanzrate allein erblich bedingt sei, spricht eine Diskordanzrate von etwas weniger als 70% für den überwältigenden Einfluss *äußerer* Faktoren. Zum anderen wäre es naiv, davon auszugehen, dass eine Konkordanzrate von 30% aufgrund erblicher Einflüsse zustande kommt, weil erstens ähnliche Umwelten zu ähnlichen inneren Dynamiken führen und zweitens bestimmte Verhaltensweisen und psychische Symptome infolge von Loyalitätsbindungen übernommen werden können. Wenn man berücksichtigt, dass die Bindung zwischen eineiigen Zwillingen in der Regel sogar noch stärker als die zu den eigenen Eltern ist, dann ist eine solche Übernahme als sehr wahrscheinlich anzusehen und man muss sich eher wundern, dass allein aus diesem Grunde die Konkordanzraten nicht noch größer ausfallen.

5. Es besteht weiter keine Notwendigkeit, zur Erklärung psychotischer Erlebens- und Verhaltensweisen frühkindliche Störungen oder Traumatisierungen anzunehmen. Ebenso rigoros und mit Nachdruck muss das Konzept schizophrenogener, klammernder, „over-protectiver", emotional überengagierter oder sonst wie gestörter Eltern zurückgewiesen werden. Nicht nur weil es die Entwicklung einer familienorientierten bzw. systemischen Psychosentherapie besonders in den USA enorm zu-

rückgeworfen hat, sondern auch weil Eltern hierdurch in extremer Weise diffamiert und beschuldigt werden, für das psychotische Verhalten ihres Kindes verantwortlich zu sein, was aufgrund der damit einhergehenden Schuldgefühle erst zu dem überengagierten Verhalten von Eltern führt.

6. Ebenfalls lässt sich feststellen, dass die Applikation der immer noch modernen Vulnerabilitätshypothese ZUBINs, also die Annahme einer bei schizophren diagnostizierten Menschen vorliegenden besonderen Verletzlichkeit, die Wahrscheinlichkeit erhöht, verletzlich zu reagieren. Überspitzt kann gesagt werden, dass die Vulnerabilitätshypothese erst die besondere Form der Vulnerabilität hervorruft, die sie hypostasiert. Damit verschärft sie – unbeabsichtigt – die verletzliche Position sich schizophren zeigender Menschen.

7. Der antipsychotische Effekt von Neuroleptika führt aufgrund der *unspezifischen* Reduzierung des Dopaminstoffwechsels auch – neben den vielfältigen anderen nicht erwünschten Wirkungen auf den gesamten Organismus – zu einer Lähmung des von mir beschriebenen inneren Kampfes zwischen den dichotomen Kräften der Eigen- und Familienloyalität. Hierdurch wird die innerpsychische Dynamik enorm gedämpft, was zwangsläufig zu einem Abklingen psychotischer Symptome führen muss. Dieser Zusammenhang sollte weder zu der kurzschlüssigen Folgerung führen, dass psychotisches Verhalten und Erleben auf einer Dopaminstoffwechselstörung beruhe, noch dass sie hierfür *ursächlich* sei; denn zum einen sind kognitive und emotionale Prozesse ohne entsprechende zentralnervöse Transmittervorgänge überhaupt nicht vorstellbar und zum anderen wurde ein solch veränderter Dopaminstoffwechsel bis heute nicht nachgewiesen. Aber auch ein eindeutig nachgewiesener veränderter bzw. erhöhter Dopaminstoffwechsel wäre kein Beleg für ein *ursächliches* Hervorrufen psychotischer Symptome; denn veränderte Gedanken, Gefühle, Stimmungen, Verhaltensweisen etc. führen zu veränderten Transmitterstoffwechselprozessen. Schließlich korrelieren sämtliche psychischen Vorgänge mit physiologischen Prozessen des Nervensystems. Abweichende, nicht der Konsens-Realität entsprechende Gedanken, Wahrnehmungen und Gefühle lassen somit im Vergleich zu normalen auf unterschiedliche physiologische Prozesse schließen; den Rückschluss aber, dass die sie begleitenden Stoffwechselprozesse *biologisch-krankhaft* sind, lassen sie nicht zu. Generell lässt sich formulieren, unterschiedliche Gedanken, Gefühle, Stimmungen, Verhaltensweisen etc. werden von ebenfalls unterschiedlichen physiologischen Abläufen begleitet.

8. Sowenig wie ein Regengott notwendig ist, um das Phänomen „Regen" zu erklären, sowenig ist es notwendig, auf eine besondere genetische Disposition zu rekurrieren, um psychotisches Verhalten und Erleben zu erklären. So genannte endogen-psychotische Phänomene lassen sich allein und vollständig auf der psychischen Ebene erklären, wodurch sie allerdings die Berechtigung verlieren, „endogen" genannt zu werden.

9. Man braucht zwar ein Gehirn, um psychische bzw. nicht-exogen psychotische Probleme haben zu können, man braucht jedoch hierfür – im Sinne von KURT SCHNEIDER – *kein krankhaftes* Gehirn. Im Gegenteil: Ein Gehirn darf keine großen Schädigungen in seiner Struktur aufweisen, damit es noch endogen-psychotische Verhaltens- und Erlebensweisen erzeugen kann. Eigenartigerweise bestätigt die Psychiatrie diese Hypothese *praktisch*, indem der/die Psychiater/in dann die Diagnose „Schizophrenie" stellt, wenn Organschädigungen ausgeschlossen werden können, andernfalls müsste er/sie differentialdiagnostisch eine exogene Psychose diagnostizieren. *Theoretisch* negiert die Biologische Psychiatrie aber beständig genau das, was sie *praktisch* vollzieht.

10. Die in letzter Zeit entwickelten bildgebenden Verfahren wie die Kernspintomographie haben nachgewiesen, dass eine schizophrene bzw. psychotische Symptomatik ein anderes Aktivitätsbild des Gehirns verursacht als bei Fehlen dieser Symptomatik. Wofür spricht das? Mitnichten für die These, dass es sich um eine ursächlich organische Erkrankung handelt. Denn würde man bei diesen bildgebenden Verfahren keinen Unterschied feststellen können, bliebe nur die – wenig wissenschaftliche – Erklärung, dass es sich um Magie und Zauberei handeln müsse, weil jede spezifische geistige Tätigkeit eine spezifische neuronale bzw. hirnphysiologische Aktivität voraussetzt bzw. mit einer solchen einhergehen muss: Beim Geigespielen werden andere Areale des Gehirns aktiviert, die auch sichtbar gemacht werden können, als bei der Berechnung mathematischer Aufgaben oder dem Sprechen einer Fremdsprache. Solche Forschungsergebnisse bestätigen eher meine These, dass man ein soweit intaktes und aktives Gehirn benötigt, um psychotische Symptome möglich zu machen.

11. Dem Wortsinne nach müssten exogene Psychosen endogene genannt werden, weil man hier eine *innere*, d.h. organisch bedingte, Störung objektiv feststellen kann. Endogene Psychosen müssten dagegen exogene genannt werden, weil hierfür eben keine innere Störung gefunden werden kann, sondern *äußere*, d.h. psychosoziale, Ursachen vorliegen.

12. Die Fähigkeit, in bestimmten Situationen neurotisch bzw. psychotisch zu reagieren, gehört untrennbar zur conditio humana. Es wäre ein Rätsel, wenn es die conditio humana nicht erlauben würde, psychotisch zu reagieren. *Wenn* ein Mensch nicht (mehr) über diese Kompetenz verfügt, *dann* muss man davon ausgehen, dass sein Gehirn eine organisch nachweisbare Schädigung hat. Das Gleiche gilt für eine hypostasierte genetische Disposition, die ursächlich für physiologisch bedingte Stoffwechselentgleisungen im zentralnervösen Transmittersystem zuständig sein soll. D.h., ein Mensch, der von seiner genetischen Ausstattung her nicht fähig ist, unter bestimmten Kontextbedingungen psychotisch zu reagieren, hat einen genetischen Defekt. Sollte es den Genetiker/inne/n gelingen, Gene, welche vermeintlich für endogene Psychosen prädisponieren sollen, zu identifizieren und sie zu beseitigen oder zu verändern, so kann man davon ausgehen, dass das Produkt dieser genetischen Manipulation alles Mögliche sein kann, nur eines mit Sicherheit nicht mehr: ein menschliches Wesen.

Natürlich sind die hier von mir angeführten Thesen plakativ und pointiert. Wenn Sie das nicht abhält, mir Ihre kritischen Anmerkungen zu ihnen zukommen zu lassen, wäre ich Ihnen sehr dankbar. Ich freue mich dann auf eine erkenntnisgenerierende kontroverse Diskussion.

H) Literatur- und Quellenverzeichnis

Ackerknecht, Erwin H. (1985). *Kurze Geschichte der Psychiatrie*. 3. verbesserte Aufl. Ferdinand Enke Verlag, Stuttgart.

AMDP (Arbeitsgemeinschaft für Methodik und Dokumentation in der Psychiatrie) (Hrsg.) (1981). *Das AMDP-System: Manual zur Dokumentation psychiatrischer Befunde*. Springer-Verlag, Berlin, Heidelberg, New York.

American Psychiatric Association (1989). *Diagnostisches und Statistisches Manual Psychischer Störungen. DSM-III-R*. Revision der 3. Aufl. von 1987. Beltz Verlag, Weinheim und Basel.

American Psychiatric Association (1996). *Diagnostisches und Statistisches Manual Psychischer Störungen. DSM-IV*. Hogrefe-Verlag, Göttingen, Bern, Toronto, Seattle.

Bateson, Gregory (1984) et al. *Schizophrenie und Familie. Beiträge zu einer neuen Theorie*. 1. Aufl. Suhrkamp Verlag, Frankfurt am Main.

Bateson, Gregory (1985). *Ökologie des Geistes. Anthropologische, psychologische, biologische und epistemologische Perspektiven*. Suhrkamp Verlag, Frankfurt/Main.

Berg, Insoo Kim (2001). *Living Solution-oriented Communication in Organizations*. Vortrag auf dem 1. Weltkongress für systemisches Management. Wien.

Bleuler, Eugen (1983). *Lehrbuch der Psychiatrie*. 15. Aufl. neubearb. von Manfred Bleuler. Springer-Verlag, Berlin, Heidelberg, New York.

Bleuler, Eugen (1988). *Dementia praecox oder Gruppe der Schizophrenien*. Mit einem Vorwort von Manfred Bleuler. Nachdr. d. Ausg. Leipzig, Wien: Deuticke, 1911. Edition Diskord, Tübingen.

Böker, Wolfgang & Hans Dieter Brenner (Hrsg.) (1987). *Bewältigung der Schizophrenie: Multidimensionale Konzepte, psychosoziale und kognitive Therapien, Angehörigenarbeit und autoprotektive Anstrengungen*. 1. Aufl. Verlag Hans Huber, Bern.

Boszormenyi-Nagy, Ivan & James Framo (Hrsg) (1975). *Familientherapie. Theorie und Praxis*. 2 Bde. Rowohlt Taschenbuch Verlag, Reinbek.

Boszormenyi-Nagy, Ivan & Spark, Geraldine (1981). *Unsichtbare Bindungen. Die Dynamik familiärer Systeme*. Klett-Cotta, Stuttgart.

Brill, Karl-Ernst (Hrsg.) (1990). *„Zum Wohle der Betreuten". Beiträge zur Reform des Vormundschafts- und Pflegschaftsrechts: Betreuungsgesetz*. Psychiatrie-Verlag, Bonn.

Bührung, Petra (2000). Kampf gegen das Stigma. *Deutsches Ärzteblatt* vom 16. Juni 2000, S. F-380.

Calaprice, Alice (2000). *Einstein sagt. Zitate, Einfälle, Gedanken*. Piper Verlag, München, Zürich.

Cecchin, Gianfranco; Lane, Gerry & Ray, Wendel A. (1993). *Respektlosigkeit. Eine Überlebensstrategie für Therapeuten.* Carl-Auer-Systeme Verlag, Heidelberg.

Ciompi, Luc (1982). *Affektlogik. Über die Struktur der Psyche und ihre Entwicklung. Ein Beitrag zur Schizophrenieforschung.* 1. Aufl. Klett-Cotta, Stuttgart.

Conen, Marie-Luise (1996). Vortrag auf dem Kongress „Science/Fiction: Fundamentalismus und Beliebigkeit in Wissenschaft und Therapie". Heidelberg.

Deissler, Klaus (1999). *Beiträge zur systemischen Therapie.* Infam, Marburg.

Deissler, Klaus (1999). *Psychische Krankheit – gibt es die?* In: Deissler, Klaus. Beiträge zur systemischen Therapie. Infam, Marburg.

Dilling, H.; Mombour, W. & Schmidt, M. H. (Hrsg.) (1991). WHO (Weltgesundheitsorganisation). *Internationale Klassifikation psychischer Störungen. ICD-10 Kapitel V (F). Klinisch-diagnostische Leitlinien.* Verlag Hans Huber, Bern, Göttingen, Toronto.

Dörner, Klaus (1981). *Diagnosen der Psychiatrie. Über die Vermeidungen der Psychiatrie und Medizin.* 2. Aufl. Campus Verlag, Frankfurt am Main.

Dörner, Klaus (1984). *Bürger und Irre. Zur Sozialgeschichte und Wissenschaftssoziologie der Psychiatrie.* Überarb. Neuaufl. Europäische Verlagsanstalt, Frankfurt am Main.

DuVal, M. (1979). *Schizophrenia Bulletin* 5. S. 631-636.

Falloon, Ian (1991). *Das Familienmanagement der Schizophrenie.* In: Retzer, Arnold (Hrsg.). Die Behandlung psychotischen Verhaltens. Psychoedukative versus systemische Ansätze. Carl-Auer-Systeme Verlag, Heidelberg.

Fischer, Hans Rudi & Retzer, Arnold (2001). Seminar: *Systemisches Konfliktmanagement.* Heidelberg.

Foucault, Michel (1984). *Psychologie und Geisteskrankheit.* 7. Aufl. Suhrkamp Verlag, Frankfurt am Main.

Foucault, Michel (1985a). *Wahnsinn und Gesellschaft. Eine Geschichte des Wahns im Zeitalter der Vernunft.* 6. Aufl. Suhrkamp Verlag, Frankfurt am Main.

Foucault, Michel (1985b). *Die Geburt der Klinik. Eine Archäologie des ärztlichen Blicks.* Ullstein Verlag, München.

Glasersfeld, Ernst von (1990): *Einführung in den radikalen Konstruktivismus.* In: Watzlawick, Paul (Hrsg.): Die erfundene Wirklichkeit. Wie wissen wir, was wir zu wissen glauben? Beiträge zum Konstruktivismus. Piper Verlag, München.

Goffman, Erving (1984). *Stigma. Über Techniken der Bewältigung beschädigter Identität.* Suhrkamp Verlag, Frankfurt am Main.

Goffman, Erving [1986 (1961)]. *Asyle. Über die soziale Situation psychiatrischer Patienten und anderer Insassen.* 6. Aufl. Suhrkamp Verlag, Frankfurt am Main.

Gottesman, Irving I. (1993). *Schizophrenie. Ursachen, Diagnosen und Verlaufsformen.* Spektrum Akademischer Verlag, Heidelberg, Berlin, Oxford.

Haley, Jay (1991). *Die Psychotherapie Milton H. Ericksons.* Vorwort von Karl Herbert Mandel. Pfeiffer, München.

Haley, Jay (1988). *Ablösungsprobleme Jugendlicher. Familientherapie - Beispiele - Lösungen.* Reihe „Leben lernen" 50. Pfeiffer, München.

Haug, Wolfgang (1986). *Die Faschisierung des bürgerlichen Subjekts. Die Ideologie der gesunden Normalität und die Ausrottungspolitiken im deutschen Faschismus.* Argument Verlag, Berlin.

Herzog, Gunter (1984). *Krankheitsurteile. Logik und Geschichte in der Psychiatrie.* 1. Aufl. Psychiatrie-Verlag, Rehburg-Loccum.

Holtz, Karl-Ludwig (1999). *Beratung und Therapie – ein Unterschied, der einen Unterschied macht.* In: M.E.G.a.Phon 10/99, Nummer 30.

IGST (Internationale Gesellschaft für systemische Therapie) (1999). *Organisation von Ambivalenz bei Psychosen und Borderline.* Heidelberg

Imber-Black, Evan; Roberts, Janine & Whiting, Richard (1993). *Rituale. Rituale in Familien und Familientherapie.* Übers. Sally & Bernd Hofmeister. 1. Aufl. Carl-Auer-Systeme Verlag, Heidelberg.

Jaspers, Karl (1973). *Allgemeine Psychopathologie.* Springer, Berlin, Heidelberg, New York.

Kanfer, Frederick; Reinecker, Hans & Schmelzer, Dieter (1996). *Selbstmanagement-Therapie. Ein Lehrbuch für die klinische Praxis.* Springer, Berlin, Heidelberg, New York.

Kardorff, Ernst von (1978). *„Modellvorstellungen über psychische Störungen: Gesellschaftliche Entstehung, Auswirkungen, Probleme".* In: Keupp, Heiner & Zaumseil, Manfred (Hrsg.). Die gesellschaftliche Organisierung psychischen Leidens. Suhrkamp Verlag, Frankfurt am Main.

Keupp, Heinrich (Hrsg.) (1979). *Normalität und Abweichung. Fortsetzung einer notwendigen Kontroverse.* 1. Aufl. Urban & Schwarzenberg, München, Wien, Baltimore.

Keupp, Heiner (1987a). *Psychosoziale Praxis im gesellschaftlichen Umbruch.* Psychiatrie-Verlag, Bonn.

Keupp, Heiner (1987b). *„Psychisches Leid als gesellschaftlich produzierter Karriereprozess".* In: Heiner Keupp. Psychosoziale Praxis im gesellschaftlichen Umbruch. 1. Aufl. Psychiatrie-Verlag, Bonn.

Keupp, Heiner (1987c). *„Normalität und Abweichung – Psychisches Leiden in einer sich wandelnden gesellschaftlichen Ordnung".* In: Keupp, Heiner. Psychosoziale Praxis im gesellschaftlichen Umbruch. 1. Aufl. Psychiatrie-Verlag, Bonn.

Keupp, Heiner (1987d). *„Soziale Netzwerke als alltägliche Lebenswelt und ihre Bedeutung für die Entstehung und Bewältigung psychosozialer Probleme".* In: Keupp, Heiner. Psychosoziale Praxis im gesellschaftlichen Umbruch. 1. Aufl. Psychiatrie-Verlag, Bonn.

Keupp, Heinrich & Zaumseil, Manfred (Hrsg.) (1978). *Die gesellschaftliche Organisierung psychischen Leidens. Zum Arbeitsfeld klinischer Psychologen.* 1. Aufl. Suhrkamp Verlag, Frankfurt am Main.

Kisker, Freyberger, Rose, Wulff (Hrsg.) (1987). *Psychiatrie, Psychosomatik, Psychotherapie.* 4. Neubearb. u. erw. Aufl. Georg Thieme Verlag, Stuttgart.

Kluge, Friedrich (1975). *Etymologisches Wörterbuch der deutschen Sprache.* 21. Aufl. Walter de Gruyter, Berlin, New York.

Kraepelin, Emil (1913). *Psychiatrie. Ein Lehrbuch für Studierende und Ärzte. III. Band: Klinische Psychiatrie.* II. Teil. 8. vollst. umgearb. Aufl. Verlag von Johann Ambrosius Barth, Leipzig.

Lehmann, Peter (1986). *Der chemische Knebel. Warum Psychiater Neuroleptika verabreichen.* 1. Aufl. Peter Lehmann Antipsychiatrieverlag, Berlin.

Lehmann, Peter (1996a). *Schöne neue Psychiatrie. Band 1. Wie Chemie und Strom auf Geist und Psyche wirken.* Peter Lehmann Antipsychiatrieverlag, Berlin.

Lehmann, Peter (1996b). *Schöne neue Psychiatrie. Band 2. Wie Psychopharmaka den Körper verändern.* Peter Lehmann Antipsychiatrieverlag, Berlin.

Ludewig, Kurt (1993). *Systemische Therapie. Grundlagen klinischer Theorie und Praxis.* Klett-Cotta, Stuttgart.

Luger, Hans (1989). *KommRum. Der andere Alltag mit Verrückten.* 1. Aufl. Psychiatrie-Verlag, Bonn.

Madanes, Cloé (1997). *Sex, Liebe und Gewalt. Therapeutische Strategien zur Veränderung.* Carl-Auer-Systeme Verlag, Heidelberg.

Maturana, Humberto R. (1985a). *Erkennen: Die Organisation und Verkörperung von Wirklichkeit.* Vieweg, Braunschweig, Wiesbaden.

Maturana, Humberto R.; Varela, Francisco J. & Uribe, R. (1985b). *"Autopoiese: die Organisation lebender Systeme, ihre nähere Bestimmung und ein Modell".* In: Maturana, Humberto R.. Erkennen: Die Organisation und Verkörperung von Wirklichkeit. Vieweg, Braunschweig, Wiesbaden.

Mrochen, Siegfried (1999). *Beratung aus sozialpädagogischer Sicht.* In: M.E.G.a.Phon 10/99, Nummer 30.

Mücke, Klaus & Potzesny Bettina (1988). *„Die therapeutische Wohngemeinschaft als Bestandteil eines entpsychiatriesierenden Modells – KommRum (Berlin)".* In: Karl-Ernst Brill (Hrsg.). Betreutes Wohnen – Neue Wege in der psychiatrischen Versorgung. München: AG-Spak-Publ.

Mücke, Klaus (1989a). *„Die therapeutische Wohngemeinschaft – Psychosoziale Alternative oder psychiatrische Nachsorginstitution".* In: Pro Mente Sana 3/89, Schweiz, Weinfelden.

Mücke, Klaus & Potzesny, Bettina (1989b). *Therapie in Wohngemeinschaften.* In: Stattbuch 4, Berlin. Stattbuch Verlag GmbH, Berlin.

Mücke, Klaus (1990). *Mythos „Schizophrenie" oder Die Genese des „diagnostischen Blicks"*. Unveröffentlichte Diplomarbeit, FU Berlin.

Mücke, Klaus (1992). „Kritik der psychiatrischen Diagnostik: Implikationen und Konsequenzen des „diagnostischen Blicks" in der Psychiatrie". In: *Forum Kritische Psychologie*, 29. Argument-Verlag, Hamburg.

Mücke, Klaus (1996). *Systemische Psychotherapie*. DYNAMIC Verlag, Steeden.

Mücke, Klaus (1998). *Systemische Beratung und Psychotherapie – ein pragmatischer Ansatz*. Klaus Mücke ÖkoSysteme Verlag, Berlin.

Mücke, Klaus (1999). Verschulung als Totengräberin der Systemischen Psychotherapie. *Zeitschrift für systemische Therapie*, 17: S. 94-100.

Mücke, Klaus (2000a). Bert Hellinger – oder: Wer verfügt über die Wahrheit? – Systemische Betrachtungen. *Zeitschrift für systemische Therapie*, 18: S. 171-182.

Mücke, Klaus (2000b). Zur professionellen Chronifizierung psychosozialer Probleme. *Report Psychologie*, 25: S. 508-518.

Mücke, Klaus (2000c). Psychotherapie unter elenden und unwürdigen Bedingungen. *Report Psychologie*, 25: S. 584-593.

Mücke, Klaus (2000d). Wertschätzung als zentrales, dialektisches Wirkprinzip in der Systemischen Psychotherapie. *Zeitschrift für systemische Therapie*, 18: S. 224-248.

Mücke, Klaus (2000e). Replik auf die Kommentare von Rotthaus, v. Schlippe und Bayer zu dem Aufsatz von Klaus Mücke. *Zeitschrift für systemische Therapie*, 18: S. 260-262.

Mücke, Klaus (2001a). *Probleme sind Lösungen. Systemische Beratung und Psychotherapie – ein pragmatischer Ansatz*. Lehr- und Lernbuch. Klaus Mücke ÖkoSysteme-Verlag, Potsdam.

Mücke, Klaus (2001b). Psychotherapie unter elenden und unwürdigen Bedingungen – 2. Teil. Das Psychotherapeutengesetz als Wiege und Grab der Psychologischen Psychotherapie? *Report Psychologie*, 26: S. 104-113.

Mücke, Klaus (2001c). *Die schizophrene Krise als Lösungsversuch existentiell erlebter Loyalitätsambivalenz – Ein systemisches und entwicklungs-psychologisches Erkärungsmodell*. In: Rotthaus, Wilhelm (Hrsg.): Systemische Kinder- und Jugendlichenpsychotherapie. Carl-Auer-Systeme Verlag, Heidelberg.

Mücke, Klaus (2001d). Geistige Brandstiftung und die Mystifizierung des Gewissens. *Zeitschrift für systemische Therapie*, 19: S. 93-113.

Mücke, Klaus (2001e). Beratung und Psychotherapie – ein Unterschied? *Zeitschrift für systemische Therapie*, 19: S. 167-172.

Ockham, Wilhelm von (1987). *Texte zur Theorie der Erkenntnis und der Wissenschaft*. Lateinisch/Deutsch. Reclam, Stuttgart.

Presseinformation der Universität Köln (Kölner Forschungsstudie) 13/98

Pschyrembel, Willibald (1986). *Klinisches Wörterbuch.* 255., völlig überarb. u. stark erw. Aufl. de Gruyter, Berlin, New York.

Psychotherapie-Richtlinien in der Fassung vom 11.12.1998

Redlich, Fredrick C. & Freedman, Daniel X. (1984). *Theorie und Praxis der Psychiatrie. Band 1 und 2.* Suhrkamp Verlag, Frankfurt am Main.

Retzer, Arnold (Hrsg.) (1991). *Die Behandlung psychotischen Verhaltens. Psychoedukative versus systemische Ansätze.* Carl-Auer-Systeme Verlag, Heidelberg.

Retzer, Arnold (1994). *Familie und Psychose. Zum Zusammenhang von Familieninteraktion und Psychopathologie bei schizophrenen, schizoaffektiven und manisch-depressiven Psychosen.* Gustav Fischer, Stuttgart, Jena, New York

Retzer, Arnold (1995). Fortbildung: *Systemische Paartherapie.* Berlin.

Retzer, Arnold (1997). Fortbildung: Aufbaukurs: *Systemische Psychotherapie.* Heidelberg.

Retzer, Arnold (1998). Fortbildung: *Psychosentherapie.* Heidelberg.

Retzer, Arnold & Simon, Fritz (1998). „Therapeutische Schnittmuster" – Ein Projekt. Schizophrenie-Therapie I. *Familiendynamik,* 23: 303-315.

Retzer, Arnold & Simon, Fritz (1998). „Therapeutische Schnittmuster" – Ein Projekt. Schizophrenie-Therapie II. *Familiendynamik,* 24: 100-114.

Riemann, Gerhard (1987). *Das Fremdwerden der eigenen Biographie. Narrative Interviews mit psychiatrischen Patienten.* 1. Aufl. Wilhelm Fink Verlag, München.

Rosenhan, David (1979). *„Die Kontextabhängigkeit psychiatrischer Diagnosen".* In: Keupp, Heinrich (Hg.). Normalität und Abweichung. Fortsetzung einer notwendigen Kontroverse. Urban & Schwarzenberg, München, Wien, Baltimore.

Rosenhan, David (1990). *„Gesund in kranker Umgebung".* In: Watzlawick Paul (Hrsg.). Die erfundene Wirklichkeit. Wie wissen wir, was wir zu wissen glauben? Beiträge zum Konstruktivismus. 6. Aufl. Piper & Co. Verlag, München.

Satorius, N.; Shapiro, R. & Jablonsky, A. (1974). The International Pilot Study of Schizophrenia. *Schizophrenia Bulletin,* 11: S. 21-35, 1974.

Scharfetter, Christian (1987). *„Definition. Abgrenzung. Geschichte".* In: Kisker, Lauter, Meyer, Müller, Strömgren (Hrsg.). Psychiatrie der Gegenwart 4. Schizophrenien. 3., völlig neu gestaltete Aufl. Springer, Berlin, Heidelberg, New York, London, Paris, Tokyo.

Scharfetter, Christian (1986). *Schizophrene Menschen. Bewußtseinsbereiche und Psychopathologie, Ich-Psychologie des schizophrenen Syndroms, Forschungsansätze und Deutungen, Therapiegrundsätze.* Mit einem Geleitwort von Prof. Dr. Manfred Bleuler. 2. überarb. u. erw. Aufl. Urban und Schwarzenberg, München-Weinheim.

Scheff, Thomas [1980 (1966)]. *Das Etikett „Geisteskrankheit". Soziale Interaktion und psychische Störung.* Fischer Taschenbuch Verlag, Frankfurt am Main.

Schimpf, Monika (1991-1993). Weiterbildung: *Systemische Familientherapie*. Berlin.

Schmidt, Gunther (1996a). Fortbildung: *Systemische und hypnotherapeutische Konzepte für Beratung/Therapie bei Suchtproblemen in diversen Kontexten - Vom Such(t)-Prozess zum Finde-Prozess (Seminar I)*. Heidelberg.

Schmidt, Gunther (1996b). *Fortbildung: Systemische und hypnotherapeutische Konzepte für Beratung/Therapie bei Suchtproblemen in diversen Kontexten - Vom Such(t)-Prozess zum Finde-Prozess (Seminar II)*. Heidelberg.

Schmidt, Gunther (1997a). Fortbildung: *Psychosomatische Lösungen statt psychosomatische „Krankheiten" - Hypnotherapeutische und systemische Konzepte für die Nutzung psychosomatischer Probleme zur Entfaltung der unbestechlichen Weisheit des Organismus im System (Seminar II)*. Heidelberg.

Schmidt, Gunther (1997b). Weiterbildung: *Systemische und hypnotherapeutische Konzepte für die Organisationsberatung, Coaching und Persönlichkeitsentwicklung*. Heidelberg.

Schmidt, Gunther (1999a). Fortbildung: *Nutzung von Krisen als Chancen – Spektrum hypnotherapeutischer und systemischer Kriseninterventionen*. Heidelberg.

Schmidt, Gunther (1999b). Fortbildung: *Selbsthypnose, Selbstmanagement und imaginative Verfahren*. Heidelberg.

Schmidt, Gunther (2000). Fortbildung: *Systemische und hypnotherapeutische Konzepte für Patienten mit Psychosediagnosen*. Hamburg.

Schmidt, Gunther & Simon, Fritz (1996). Fortbildung: Aufbaukurs: *Systemische Psychotherapie*. Heidelberg.

Schneider, Kurt (1973). *Klinische Psychopathologie*. 10. unveränd. Aufl. Georg Thieme Verlag, Stuttgart.

Selvini Palazzoni, Mara; Cirillo, Stefano; Sellini, Matteo & Sorrentino, Anna Maria (1992). *Die psychotischen Spiele in der Familie*. Übs. Ruth Ensslin-Frey. 1. Aufl. Klett-Cotta, Stuttgart.

Selvini Palazzoli, Mara; Boscolo, Luigi; Cecchin, Giorgio & Prata, Giuliana (1985). *Paradoxon und Gegenparadoxon. Ein neues Therapiemodell für die Familie mit schizophrener Störung*. Übers. Georgine Steininger. 4. Aufl. Klett-Cotta, Stuttgart.

Shazer, Steve de (1998). Fortbildung: *Die Konstruktion passender Schlüssel für Lösungen – Erfolgreiche Wege der Kurzzeitpsychotherapie*. Heidelberg.

Simon, Fritz (1990). *Meine Psychose, mein Fahrrad und ich. Zur Selbstorganisation der Verrücktheit*. Carl-Auer-Systeme Verlag, Heidelberg.

Simon, Fritz (1997). *Die Kunst, nicht zu lernen. Und andere Paradoxien in Psychotherapie, Management, Politik ...* Carl-Auer-Systeme Verlag, Heidelberg.

Simon, Fritz B. (1993). *Unterschiede, die Unterschiede machen. Klinische Epistemologie: Grundlage einer systemischen Psychiatrie und Psychosomatik. Mit ei-*

nem Geleitwort von Helm Stierlin. 1. Aufl. Suhrkamp Verlag, Frankfurt am Main.

Simon, Fritz; Clement, Ulrich & Stierlin, Helm (1999). *Die Sprache der Familientherapie. Ein Vokabular. Kritischer Überblick und Integration systemtherapeutischer Begriffe, Konzepte und Methoden.* Klett-Cotta, Stuttgart.

Sternberger, Dolf (1991). *„Aus dem Wörterbuch des Unmenschen". Vorbemerkungen zu den Ausgaben von 1945, 1957, 1967 und 1986.* In: Sternberger, Dolf. Schriften XI. Sprache und Politik. Insel Verlag, Frankfurt am Main.

Stierlin, Helm (1982). *Delegation und Familie. Beiträge zum Heidelberger familiendynamischen Konzept.* 1. Aufl. Suhrkamp Verlag, Frankfurt am Main.

Stierlin, Helm (1985). *Das Tun des Einen ist das Tun des Anderen. Eine Dynamik menschlicher Beziehungen.* Suhrkamp Verlag, Frankfurt am Main.

Stierlin, Helm (1989). *Individuation und Familie. Studien zur Theorie und therapeutischen Praxis.* 1. Aufl. Suhrkamp Verlag, Frankfurt am Main.

Stierlin, Helm (1992). *Von der Psychoanalyse zur Familientherapie.* Deutscher Taschenbuch Verlag, München.

Stierlin, Helm (1993). *Eltern und Kinder. Das Drama von Trennung und Versöhnung im Jugendalter.* Suhrkamp Verlag, Frankfurt am Main.

Stierlin, Helm (1994). *Ich und die anderen. Psychotherapie in einer sich wandelnden Gesellschaft.* Klett-Cotta, Stuttgart.

Stierlin, Helm & Retzer, Arnold (1996). Fortbildung: *Psychosetherapie: Stand der Kunst.* Heidelberg 11.-12.7.1996.

Stierlin, Helm; Rücker-Embden, Ingeborg; Wetzel, Norbert & Wirsching, Michael (1992). *Das erste Familiengespräch. Theorie – Praxis – Beispiele.* Klett-Cotta, Stuttgart.

Stierlin, Helm; Simon, Fritz B. & Schmidt, Gunther (1987). *Familiäre Wirklichkeiten.* Klett-Cotta, Stuttgart.

Stolz, Peter (1990). *Die Sprache bringt es an den Tag. Zum Begriff der Betreuung.* In: Brill, Karl-Ernst (Hrsg.). „Zum Wohle der Betreuten". Beiträge zur Reform des Vormundschafts- und Pflegschaftsrechts: Betreuungsgesetz. Psychiatrie-Verlag, Bonn.

Supprian, Ulrich (1993). *Chronobiologische Gestalten endogener Psychosen.* Beltz, Psychologie-Verlags-Union, Weinheim.

Szasz, Thomas (1976). *Die Fabrikation des Wahn-Sinns. Gegen Macht und Allmacht der Psychiatrie.* Fischer Taschenbuch Verlag, Frankfurt am Main.

Szasz, Thomas (1982). *Schizophrenie. Das heilige Symbol der Psychiatrie.* Fischer Taschenbuch Verlag, Frankfurt am Main.

Tienari, Pekka; Sorri, Anneli; Lahti, Ilpo; Naaral, Mikko; Wahlberg, Karl-Erik; Rönkkö, Tuula; Moring, Juha & Pohjola, Jukka (1987). *„Familienumfeld und die Ätiologie der Schizophrenie. Implikationen der finnischen Schizophrenie-*

Studie an Adoptivfamilien". In: Stierlin, Helm; Simon, Fritz B. & Schmidt, Gunther. Familiäre Wirklichkeiten. Stuttgart: Klett-Cotta.

Tölle, Rainer (1988). *Psychiatrie*. 8. neubearb. Aufl. Springer-Verlag, Berlin, Heidelberg, New York, London, Paris, Tokyo.

Trenkle, Bernhard. Vortrag auf dem Münchner Hypnotherapiekongress 1996.

Watzlawick, Paul (1986). *Die Möglichkeit des Andersseins. Zur Technik der therapeutischen Kommunikation*. 3. Aufl. Verlag Hans Huber, Bern, Stuttgart, Wien.

Watzlawick, Paul (1988). *Münchhausens Zopf oder: Psychotherapie und „Wirklichkeit". Aufsätze und Vorträge über menschliche Probleme in systemischkonstruktivistischer Sicht*. Verlag Hans Huber, Bern, Stuttgart, Toronto.

Watzlawick, Paul (1990). *Die erfundene Wirklichkeit. Wie wissen wir, was wir zu wissen glauben? Beiträge zum Konstruktivismus*. Piper Verlag, München.

Watzlawick, Paul; Weakland, John & Fisch, Richard (1988). *Lösungen. Zur Theorie und Praxis menschlichen Wandels*. Verlag Hans Huber, Bern, Stuttgart, Toronto.

Weber, Gunthard (Hrsg.) (1993). *Zweierlei Glück. Die systemische Psychotherapie Bert Hellingers*. Carl-Auer-Systeme Verlag, Heidelberg.

Weeks, Gerald R., und Luciano L'Abate (1985). *Paradoxe Psychotherapie. Theorie und Praxis in der Einzel-, Paar- und Familientherapie*. Übers. Karlheinz Brandt. Hrsg. Helmut Remschmidt. Klinische Psychologie und Psychopathologie, Bd. 36. 1. Aufl. Enke, Stuttgart.

Whitehead, Alfred North & Russel, Bertrand (1990). *Principia Mathematica. Vorwort und Einleitungen*. Mit einem Beitrag von Kurt Gödel. Suhrkamp Verlag, Frankfurt/Main.

Wynne, Lyman & Singer, Margaret Thaler (1965). *Denkstörung und Familienbeziehung bei Schizophrenen*. Psyche, 19. Jahrgang: S. 82-160.

Zubin, J. (1987). *„Mögliche Implikationen der Vulnerabilitätshypothese für das psychosoziale Management der Schizophrenie"*. In: Böker/Brenner (Hrsg.). Bewältigung der Schizophrenie. 1. Aufl. Verlag Hans Huber, Bern.

Abbildungsverzeichnis

Alle Abbildungen bzw. Tabellen, die unten stehend nicht verzeichnet sind, stammen vom Autor.

Abbildung	Quelle
8	United Feature Syndicat Inc.
10	Deutsches Ärzteblatt vom 16.06.2000, S. F-380
11	Mrochen 1999, S. 11
14	Retzer, Schumacher, Weber & Fischer 1997, S. 260

Tabelle	Quelle
4	Ludewig 1993, S. 123

Personenregister

Sachregister

Klaus Mücke

Probleme *sind* Lösungen

Systemische Beratung und Psychotherapie
– ein pragmatischer Ansatz –
Lehr- und Lernbuch

Das Buch „**Probleme** *sind* **Lösungen**. Systemische Beratung und Psychotherapie – ein pragmatischer Ansatz" ist nicht nur ein **Lehrbuch in Systemischer Psychotherapie und Beratung**. Mit ihm können auch **Anregungen** für die **Lösung von Problemen** gewonnen werden. Es vermittelt zudem allgemein verständliche **Einsichten** hinsichtlich der **systemischen Verwurzelung** des Menschen. Aufgrund seiner ausführlichen **Sach-, Personen- und (Fall-)Geschichtenregister** kann es darüber hinaus als **Nachschlagewerk** genutzt werden.

65 Abbildungen, 12 Tabellen und mehr als **80 Fallbeispiele** veranschaulichen die dargestellten Themenbereiche.

ISBN 3-9806094-1-3, 489 S., (15 x 21) cm;
48,00 DM, 360,00 ÖS, 48,00 SFr; 24,54 EURO

„**Das Buch ist inhaltsreich, kompetent und spannend geschrieben, didaktisch gut geordnet und durchdacht, so dass es sich als Lehrbuch der Systemischen Beratung und Therapie empfiehlt.**" *Prof. Dr. med. Dr. phil. Helm Stierlin*

„**Es gelingt dem Autor, Theorie und Praxis in verständlicher Weise aufeinander zu beziehen und die ganze systemische Denkweise einmal in kommunikationsfreundlicher Weise aufzuarbeiten.**" *Prof. Dr. F. Schulz von Thun*

„**Neben anderen Standardwerken empfehle ich dieses Buch weiter an Studierende und Weiterbildungsteilnehmer/innen, die einen gut lesbaren Überblick erhalten wollen, und an Praktiker/innen, die sich mal wieder Anregungen für ihren Alltag holen wollen, gewissermaßen als unterhaltsame, nicht allzu anstrengende Auffrischung.**" *Prof. Dr. Johannes Herwig-Lempp*
(Kontext, Zeitschrift für Familientherapie)

„**Ich habe Ihr Buch erhalten und bin begeistert von der Klarheit, Lesbarkeit, der Fülle an Information und ‚Wahrheiten' - eine Fundgrube und Freude. Vielen Dank.**" *Dr. Sybille Ebert-Wittich*

In jeder guten Buchhandlung
Oder direkt vom Verlag: portofreie Lieferung
ÖkoSysteme Verlag Klaus Mücke
Heinrich-von Kleist-Str. 1a, 14482 Potsdam
klaus.muecke@t-online.de; www.klaus-muecke.de